图文中华史学

两晋南北朝史

吕思勉◎著

人民东方出版传媒
People's Oriental Publishing & Media
東方出版社
The Oriental Press

图书在版编目（CIP）数据

两晋南北朝史 / 吕思勉 著 . 一 北京：东方出版社，2023.12
ISBN 978-7-5207-3274-1

Ⅰ . ①两… Ⅱ . ①吕… Ⅲ . ①中国历史 – 魏晋南北朝时代 Ⅳ . ① K235

中国国家版本馆 CIP 数据核字 (2023) 第 198252 号

两晋南北朝史
（LIANGJIN NANBEICHAO SHI）

作　　者：吕思勉
责任编辑：邢　远　徐洪坤
出　　版：东方出版社
发　　行：人民东方出版传媒有限公司
地　　址：北京市东城区朝阳门内大街 166 号
邮　　编：100010
印　　刷：天津旭丰源印刷有限公司
版　　次：2023 年 12 月第 1 版
印　　次：2023 年 12 月第 1 次印刷
开　　本：650 毫米 ×920 毫米　1/16
印　　张：18
字　　数：200 千字
书　　号：ISBN 978-7-5207-3274-1
定　　价：88.00 元
发行电话：（010）85924663　85924644　85924641

总序

中国文化是一个大故事，是中国历史上的大故事，是人类文化史上的大故事。

谁要是从宏观上讲这个大故事，他会讲解中国文化的源远流长，讲解它的古老性和长度；他会讲解中国文化的不断再生性和高度创造性，讲解它的高度和深度；他更会讲解中国文化的多元性和包容性，讲解它的宽度和丰富性。

讲解中国文化大故事的方式，多种多样，有中国文化通史，也有分门别类的中国文化史。这一类的书很多，想必大家都看到过。

现在呈现给读者的这一大套书，叫作“图文中国文化系列丛书”。这套书的最大特点，是有文有图，图文并茂；既精心用优美的文字讲中国文化，又慧眼用精美图像、图画直观中国文化。两者相得益彰，相映生辉。静心阅览这套书，既是读书，又是欣赏绘画。欣赏来自海内外二百余家图书馆、博物馆和艺术馆的图像和图画。

“图文中国文化系列丛书”广泛涵盖了历史上中国文化的各个方面，共有十六个系列：图文古人生活、图文中华美学、图文古人游记、图文中华史学、图文古代名人、图文诸子百家、图文中国哲学、图文传统智慧、图文国学启蒙、图文古代兵书、图文中华医道、图文中华养生、图文古典小说、图文古典诗赋、图文笔记小品、图文评书传奇，全景式地展示中国文化之意境，中国文化之真境，中国文化之善境，中国文化之美境。

这是一套中国文化的大书，又是一套人人可以轻松阅读的书。

期待爱好中国文化的读者，能从这套“图文中国文化系列丛书”中获得丰富的知识、深层的智慧和审美的愉悦。

王中江

2023 年 7 月 10 日

前言

在中国古代史上，若要用一个字形容两晋南北朝，那便是“乱”。五胡之乱、八王之乱……横跨三百年的时间里，政权的频繁更迭，历史人物的登场落幕，如走马一般，让人唏嘘喟叹。同时，两晋南北朝又是一次民族大融合时期。吕思勉在开篇时就说：“魏、晋之际，中国盛衰强弱之大界也。自三国以前，异族恒为我所服，至五胡乱起，而我转为异族所服矣。”

吕思勉的《两晋南北朝史》，洋洋洒洒，一气呵成，对两晋南北朝的政治制度、社会生活、文化艺术、宗教等做了系统的研究。此次编选，秉承删繁就简、就重避轻的原则，以两晋南北朝的政治发展为中心，梳理出了这一时期的历史脉络，并选用300余张图片附以图注对这段历史的文化、宗教、社会生活等方面进行了补充，力求做到不失原貌，又使其焕发时代光彩，符合当下阅读要求。

目录

第一章　西晋乱亡 001
第一节　齐献王争立 002
第二节　八王之乱（上） 026
第三节　八王之乱（下） 048
第四节　洛阳沦陷 060

第二章　东晋乱亡 073
第一节　元帝东渡 074
第二节　桓温废立 084
第三节　淝水之战 112
第四节　桓玄篡逆 130

第三章　北朝概览　153

第一节　孝文迁洛　154

第二节　魏分东西　172

第三节　齐篡东魏　186

第四节　周篡西魏　204

第四章　南朝概览　215

第一节　宋治盛衰　216

第二节　齐治盛衰　230

第三节　梁武政治废弛　240

第四节　隋并梁陈　268

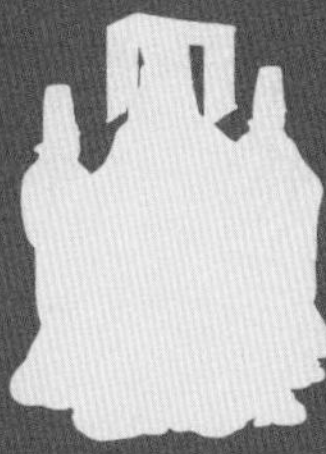

第一章 西晋乱亡

第一节　齐献王争立

晋初异族，形势虽云可忧，其力尚未足与中国相敌，使内外安乂，未尝不可徐图。八王难作，授之以隙，而势乃不可支矣。八王之乱，原于杨、贾之争；杨、贾之争，又原于齐献王之觊觎大位。推波助澜，譬彼舟流，靡知所届，君子是以作事谋始也。

齐献王攸，为武帝同母弟。皆文明王皇后所生。景帝无后，以攸为嗣。《晋书·武帝纪》云：文帝自谓摄居相位，百年之后，大业宜归攸。每曰："此景王之天下也。"议立世子，属意于攸。何曾等固争，武帝之位乃定。《攸传》亦云：攸特为文帝所宠爱。每见攸，辄抚床呼其小字曰："此桃符坐也。"然《贾充传》云：文帝以景帝恢赞先业，方传位于攸。充称武帝宽仁，且又居长，有人君之德，宜奉社稷。及文帝寝疾，武帝请问后事。文帝曰："知汝者贾公闾也。"则文帝初无宋宣公之心。《羊琇传》云：武帝未立为太子，声论不及弟攸。文帝素意重攸，恒有代宗之议。琇密为武帝画策，甚有匡救。又观文帝为政损益，揆度应所顾问之事，皆令武帝默而识之。其后文帝与武帝论当世之务，及人间可否，武帝答无不允，由是储位遂定。武帝即位，琇宠遇甚厚。观于琇，知贾充之见信于武帝，亦有由也。

武帝后曰武元杨皇后，生毗陵悼王轨、惠帝、秦献王柬。悼王二岁

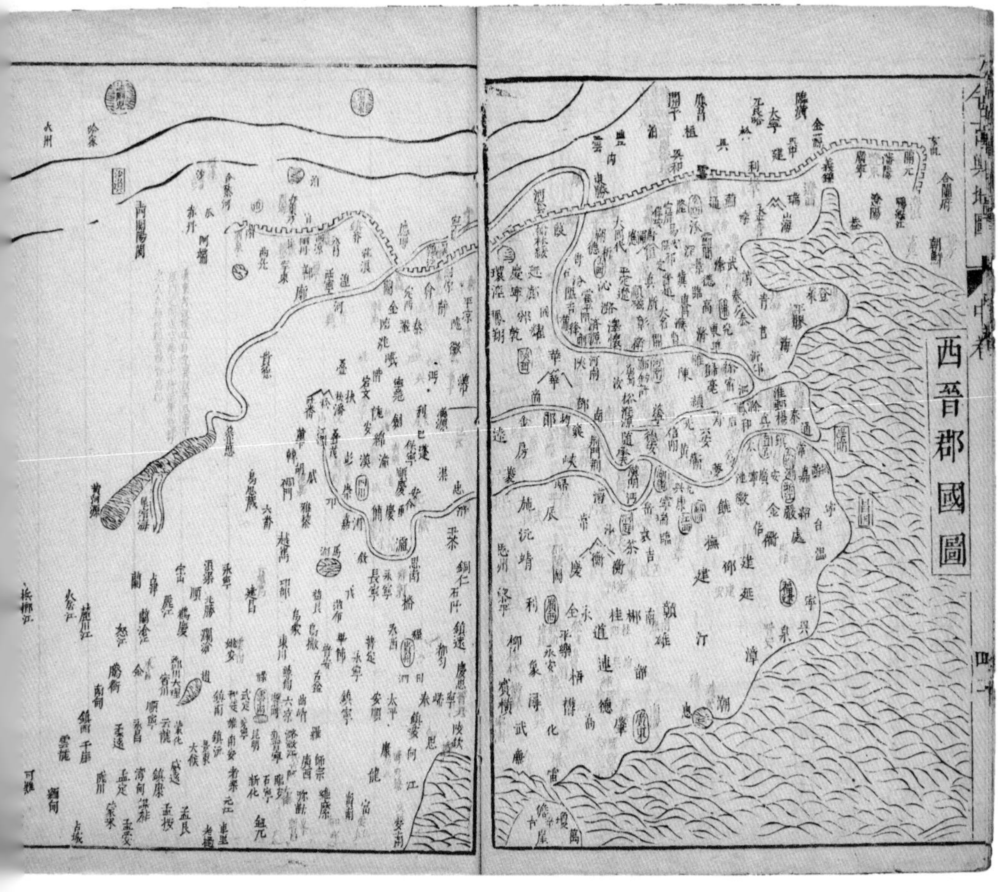

西晋郡国图

选自《今古舆地图》明刻本 （明）吴国辅、沈定之/撰

西晋行政区域规分沿用东汉的州、郡、县制度。晋武帝时共十九州，晋惠帝时为二十一州，除诸侯国的长官称内史外，其他州的长官称刺史，辅官有别驾、治中、诸曹从事等，郡的长官称太守，县的长官称县令或县长。西晋时期，诸侯王要在朝廷任职，不『就国』，因此国家大权慢慢落入了势力较大的诸侯王手中，并最终引发了『八王之乱』。

而夭。惠帝以泰始三年（267年），立为皇太子。十年（274年），后有疾。时帝宠胡贵嫔，后恐后立之，太子不安。临终，枕帝膝曰："叔父骏女男胤，讳芷，字季兰，小字男胤。有德色，愿陛下以备六宫。"因悲泣。帝流涕许之。后崩。咸宁二年（276年），立男胤为皇后。是为武悼杨皇后。生渤海殇王恢。亦二岁而薨。太康五年（284年）。《惠帝纪》云：帝尝在华林园，在洛阳。本东汉芳林园。魏齐王芳时，避讳，改为华林。闻虾蟆声，谓左右曰："此鸣者为官乎？私乎？"及天下荒乱，百姓饿死，帝曰："何不食肉糜？"其蒙蔽皆此类。然荡阴之役，荡阴，汉县，今河南汤阴县。嵇绍被害于帝侧，血溅御服，帝深哀叹之；及事定，左右欲浣衣，帝曰："此嵇侍中血，勿去。"则绝不类痴骇人语。

《贾后传》云：帝尝疑太子不慧，且朝臣和峤等多以为言，《和峤传》：峤见太子不令，因侍坐曰："皇太子有淳古之风，而季世多伪，恐不瞭陛下家事。"帝默然不答。后与荀顗、荀勖同侍。帝曰："太子近入朝，差长进，卿可俱诣之，粗及世事。"既奉诏而还，顗、勖并称太子明识弘雅，诚如圣诏。峤曰："圣质如初耳。"帝不悦而起。峤退居，恒怀慨叹。知不见用，犹不能已。在御坐，言及社稷，未尝不以储君为忧。帝知其言忠，每不酬答。或以告贾妃，妃衔之。惠帝即位，拜太子太傅。太子朝西宫，峤从入。贾后使帝问峤曰："卿昔谓我不瞭家事，今日定云何？"峤曰："臣昔事先帝，曾有斯言。言之不效，国之福也。臣敢逃其罪乎？"《荀勖传》：帝素知太子暗弱，恐后乱国，遣勖及和峤往观之。勖还，盛称太子之德，而峤云太子如初。欲试之。尽召东宫大小官属，为设宴会，而密封疑事，使太子决之。停信待反。妃大惧，倩外人作答。答者多引古义。给使张泓曰："太子不学，而答诏引义，必责作草主，更益谴责，不如直以意对。"妃太喜。语泓："便为我好答，富贵与汝共之。"泓素有小才。具草，令太子自写。帝省之，甚悦。先

晋武帝司马炎像

选自《古帝王图》卷
（唐）阎立本／原作
此为宋人摹本　收藏于
美国波士顿博物馆

司马炎（236—290年），字安世，司马昭长子。266年，司马炎逼迫魏元帝曹奂禅让，即位为帝，国号晋。279年，司马炎命贾充、杨济、杜预、王濬等伐吴，280年孙皓投降，孙吴灭亡，实现了自黄巾之乱以来分裂局势的统一。司马炎在位初期勤于政事，社会经济繁荣，史称『太康之治』，但灭吴后，他逐渐怠惰政事，奢侈腐化。加之罢废州郡武装、大肆分封宗室、允许诸王自选长吏和按等置军，且无法处理少数民族内迁问题，这些均为八王之乱与永嘉之乱埋下隐患。

示太子少傅卫瓘，瓘大踧踖，众人乃知瓘先有毁言。《瓘传》：惠帝之为太子也，朝臣咸谓纯质不能亲政事。瓘每欲陈启废之，而未敢发。后会宴陵云台。瓘托醉，因跪帝床前曰："臣欲有所启。"帝曰："公所言何邪？"瓘欲言而止者三，因以手抚床曰："此坐可惜。"帝意乃悟。因缪曰："公真大醉邪？"瓘于此不复有言。贾后由是怨瓘。启废太子，此何等事？造膝而陈，犹虑不密，岂有于宴会时言之者？望而知其不足信也。殿上皆称万岁。充密遣语妃曰："卫瓘老奴，几破汝家。"夫使惠帝之昏愚而果如《帝纪》所言，岂当复问以疑事？虽以意对，亦岂足见信？且帝果欲试太子，岂不能召而面问之，而必封事使决？下比为奸欺者，多出于左右近习，而不出于官属，帝亦岂不知之？故知史之所传，绝不足信也。

贾充为尚书令，兼侍中。《充传》云：充无公方之操，不能正身率下，专以谄媚取容。侍中任恺、中书令庾纯等，刚直守正，咸共疾之。又以充女为齐王妃，惧后益盛。及氐、羌反叛，帝深以为虑，恺因进说，请充镇关中。乃下诏，以充为使持节都督秦、凉二州诸军事。充自以为失职，深衔任恺，计无所从。将之镇，百僚饯于夕阳亭。荀勖私焉。充以忧告。勖曰："公，国之宰辅，而为一夫所制，不亦鄙乎？然是行也，辞之实难。独有结婚太子，不顿驾而自留矣。"充曰："然。孰可寄怀？"对曰："勖请行之。"俄而侍宴，论太子婚姻事，勖因言充女才质令淑，宜配储宫。而杨皇后及荀𫖮，亦并称之。《武元杨皇后传》：初，贾充妻郭氏，使赂后，求以女为太子妃。及议太子婚，帝欲娶卫瓘女，然后盛称贾后有淑德，又密使太子太傅荀𫖮进言，上乃听。《贾后传》：初，武帝欲为太子娶卫瓘女。元后纳贾、郭亲党之说，欲婚贾氏。帝曰："卫公女有五可，贾公女有五不可。卫家种贤而多子，美而长、白。贾家种妒而少子，丑而短、黑。"元后固请，荀𫖮、荀勖，并称充

焚裘示俭

选自《帝鉴图说》法文外销画绘本 （明）佚名 收藏于法国国家图书馆

据《晋书·武帝纪》记载，太医司马程据向晋武帝司马炎献上了一件用野鸡毛制成的裘衣，鉴于曹魏末期社会形成的奢靡之风，司马炎命人将其焚毁在大殿前，并昭告天下，此后不准进献此类奇技异服。在其『矫以仁俭』的治理下，西晋于太康元年出现了升平的景象，史称『太康之治』。

羊车游宴

选自《帝鉴图说》法文外销画绘本（明）佚名 收藏于法国国家图书馆

咸宁七年（281年），刚灭吴国，司马炎就将孙皓后宫留下的5000名美女安排到了自己的后宫。这样，加上他从曹氏宫廷收留的和从民间掳掠的美女，数量达万人之多，可比肩《史记》里记载秦始皇『后宫列女万余人，气上冲于天』的盛况。面对这么多的美女，司马炎不知如何选择，于是索性坐上羊车，羊到哪个宫门口停下，晚上就临幸该宫的美女。那些常年难得皇帝宠信的美女，争相『贿赂』拉车的羊只，有的在门口挂竹叶柳条，有的在地上撒盐。虽然司马炎后宫无数，儿子也生了25个，但是他把皇位传给了自己的白痴儿子司马衷，以至于大臣都说『此座可惜』。司马炎死后，司马氏家族兄弟侄儿们互相残杀多年，即八王之乱，五胡乱华。在这场腥风血雨中，首都洛阳和长安相继陷落，司马氏家族除了司马睿外，几乎被斩尽杀绝。因此，司马炎的荒淫是西晋动乱的源头。

女之贤，乃定婚。说与《充传》又异。帝纳其言。

会京师大雪，平地二尺，军不得发。既而皇储当婚，遂诏充居本职。贾后册为太子妃，事在泰始八年（272年）二月。《任恺传》云：恺恶贾充之为人也，不欲令久执朝政，每裁抑焉。充病之，不知所为。后承间言恺忠贞方正，宜在东宫。帝从之，以为太子少傅，而侍中如故。充计画不行。会秦、雍寇扰，天子以为忧。恺因曰："秦、凉覆败，关右骚动，此诚国家之所深虑。宜速镇抚，使人心有庇。自非威望重臣有计略者，无以康西土也。"帝曰："谁可任者？"恺曰："贾充其人也。"中书令庾纯亦言之。于是诏充西镇长安。《裴楷传》：转侍中。帝尝问曰："朕应天顺人，海内更始，天下风声，何所得失？"楷对曰："陛下受命，四海承风，所以未比德于尧、舜者，但以贾充之徒尚在朝耳。"时任恺、庾纯，亦以充为言。帝乃出充为关中都督。此则直陈充之奸邪，与《任恺传》谓以计间之者亦异。充用荀勖计得留。充既为帝所遇，欲专名势；而庾纯、张华、温颙、向秀、和峤之徒，皆与恺善；杨珧、骏弟。王恂、文明皇后弟。华廙等，充所亲敬；于是朋党纷然。帝知之，召充、恺宴于式乾殿，谓曰："朝廷宜一，大臣当和。"充、恺各拜谢而罢。既而充、恺以帝已知之而不责，结怨愈深。《庾纯传》：初，纯以贾充奸佞，与任恺共举充西镇关中，充由是不平。充尝宴朝士，而纯后至。充谓曰："君行常居人前，今何以在后？"纯曰："旦有小市井事不了，是以来后。"世言纯之先尝有伍伯者，充之先有市魁者，充、纯以此相讥焉。及纯行酒，充不时饮。纯曰："长者为寿，何敢尔乎？"充曰："父老不归供养，将何言也？"纯因发怒，曰："贾充，天下凶凶，由尔一人。"充曰："充辅佐二世，荡平巴蜀，有何罪而天下为之凶凶？"纯曰："高贵乡公何在？"众坐因罢。充左右欲执纯，中护军羊琇，侍中王济右之，因得出。充惭怒，上表解职。纯惧，上河南尹、关

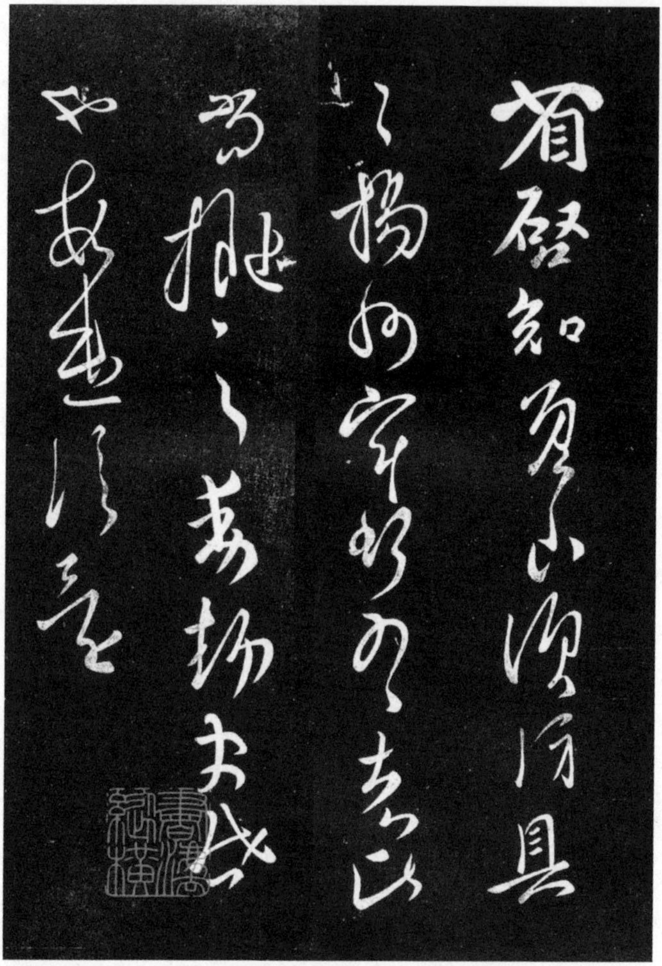

《省启帖》

（西晋）司马炎

晋武帝司马炎擅长书法，宋陈思《书小史》记载：『帝善行草书。』宋《宣和书谱》中说：『武帝喜作字，于草书尤工，落笔雄健，挟英爽之气。』据传，司马炎从小就爱学习，少年时代，他的书房外边有梅花，只要他勤奋读书，梅花就开了；当他停止学习，去游戏时，梅花就谢了。这就是晋武帝『好文则梅开，废学则梅谢』的故事，梅花因此也有『好文木』的称号。

内侯印绶，上表自劾。御史中丞孔恂劾纯。诏免纯官。又以纯父老不求供养，使据礼典正其臧否。议者言纯于礼律未有违。帝复下诏，言“疑贾公亦醉”，复以纯为国子祭酒。此事与汉魏其、武安之事绝相类，而纯终获保全，可见晋武之宽仁，非汉武所及。然朋党之祸，往往乘在上者之宽仁而起，此又不可不知也。或为充谋曰：“恺总门下枢要，得与上亲接，宜启令典选，便得渐疏。此一都令史事耳。且九流难精，间隙易乘。”充因称恺才能，宜在官人之职。帝不之疑，即日以恺为吏部尚书，侍觐转希。充与荀勖、冯统承间浸润，谓恺豪侈，用御食器。充遣尚书右仆高阳王珪安平献王子。奏恺遂免官。《卫瓘传》云：瓘咸宁初拜尚书令，加侍中。太康初，迁司空，侍中、令如故。武帝敕瓘第四子宣尚繁昌公主。数有酒色之过。杨骏素与瓘不平，骏复欲专重权，遂与黄门等毁之，讽帝夺宣公主。瓘惭惧，告老逊位。《和峤传》云：迁中书令。旧监、令共车入朝，时荀勖为监。峤鄙勖为人，以意气加之，每同乘，高抗专车而坐，乃使监令异车，自峤始也。又云：峤转侍中，愈被亲礼。与任恺、张华相善。张华，当晋初为黄门侍郎，数岁拜中书令，后加散骑常侍。帝潜与羊祜谋伐吴，群臣多以为不可，惟华赞成其计。及将大举，以华为度支尚书。乃量计运漕，决定庙算。众军既进，而未有克获，贾充等奏诛华以谢天下。帝曰：“此是吾意，华但与吾同耳。”吴灭，进封广武县侯，增邑万户。华名重一世，众所推服。晋吏及仪礼、宪章，并属于华，多所损益。当时诏诰，皆所草定。声誉益盛，有台辅之望焉。而荀勖自以大族，恃帝恩深，憎疾之。每伺间隙，欲出华外镇。会帝问华：“谁可托寄后事？”对曰：“明德至亲，莫如齐王。”间言遂行，出为持节都督幽州诸军事。朝议欲征华入相，又欲进号仪同。初华毁征士冯恢于帝，统即恢之弟也。尝侍帝，从容论魏、晋事。因曰：“钟会才具有限，而太祖夸奖太过，使构凶逆。宜思坚冰之渐，无使如会之徒，复致覆丧。”帝默然。顷之，征华为太常，以太庙屋栋折免官，遂终帝之世，以列侯朝见。观此诸文，知当时拥右太子及欲废太子者，各有其徒，仍是一朋党之见耳。武帝明知之而不能破，尚何以为久远之图哉！当时为朋党者多权戚，非下士，此其所以难破。然欲破朋党，断不能以其为权戚而遂多顾忌也。《齐王攸传》云：文帝寝疾，虑攸不安，为武帝叙汉淮南王、魏陈思王故事而泣。临崩，执攸手以授帝。太后临崩，亦流涕谓帝曰：“桃符性急，而汝为兄不慈，我若遂不起，恐必不能相容。以是属汝，勿忘我言。”及帝晚年，诸子并弱，而太子不令，朝臣内外，皆属意于攸。中书监荀勖、侍中冯紞，皆谄谀自进，攸素疾之。勖等以朝望在攸，恐其为嗣，祸必及己，乃从容言于帝曰：“陛下万岁之后，太子不得立也。”帝曰：“何哉？”勖曰：“百僚皆归心于齐王，太子焉得立乎？陛下试诏齐王之国，必举朝以为不可，则臣言有征矣。”紞又言曰：“陛下遣诸侯之国，成五等之制，宜从亲始，亲莫若齐王。”案，此时已不言五等之制矣，亦见此说之诬。帝既信勖言，又纳紞说。太康三年（282 年），乃下诏，以攸为大司马，都督青州诸军事。明年，策就国。攸愤怨发疾，乞守先后陵，不许。帝遣御医诊视，希旨皆言无疾。疾转笃，犹催上道。攸自强入辞。辞出信宿，欧血而薨。时年三十六。当时争攸不可出者：尚书左仆射王浑，河南尹向雄。浑子济，尚常山公主。济既谏请，又累使公主与甄德妻长广公主俱入，稽颡泣请。帝怒，谓侍中王戎曰：“兄弟至亲。今出齐王，自是朕家事，而甄德、王济，连遣妇来生哭人。”《杨珧传》曰：珧初以退让称，晚乃合朋党，构出齐王攸。中护军羊琇，与北军中候成粲谋，欲因见珧手刃之。珧知而辞疾不出，讽有司奏琇，转为太仆。自是举朝莫敢枝梧，而素论尽矣。《琇传》云：齐王出镇，琇以切谏忤旨，左迁太仆。既失宠，愤怨，遂发病，以疾笃求退，拜特进，加散骑常侍，还第卒。琇欲与成粲手刃杨珧，尚复成何事体？此而不黜，国家尚安有政刑？抑以琇受武帝恩眷之深，而亦与齐王为党，齐王又安得不出乎？琇一蹉跌，遽发病死，而《向雄传》亦云雄以忧卒，盖非徒愤怨，又益之以畏祸矣。当时情势如此，齐王不死，恐蹀血相争之祸，不待八王之难也。齐王之将之国也，下太常议崇锡文物。庾纯子旉[1]为博士，与博士大叔广、刘暾、毅子。缪蔚、郭颐、秦秀、傅珍等上表谏。太常郑默，祭酒曹志，魏陈思王孙。并过其事。志又奏议：当如博士等议。帝以博士不答所问，答所不问，大怒，策免默。尚书朱整、褚䂮等奏请收旉等八人付廷尉科罪。诏免志官，以公还第。其余皆付廷尉。纯诣廷尉自首：旉以议草见示，愚浅听之。诏免纯罪。廷尉刘颂奏旉等大不敬，弃市论，求平议。尚书奏请报听廷尉行刑。尚书夏侯骏谓朱整曰："国家乃欲诛谏臣。官立八坐，正为此事。卿可共驳正之。"整不从。骏怒，起曰："非所望也。"乃独为议。左仆射魏舒、右仆射王晃等从骏议。奏留中七日，乃诏秀等并除名。《秦秀传》云：秀素轻鄙贾充。伐吴之役，闻其为大都督，谓所亲曰："充文案小才，乃居伐国大任，吾将哭以送师。"初，贾充前妻李氏，丰之女。丰诛，李氏坐流徙。后娶城阳太守郭配女，城阳，汉郡，晋改为东莞，今山东莒县。名槐。生子黎民，幼殇。女午，通于充为司空时所辟掾韩寿，充因以妻之，生子谧。充薨，槐辄以谧为黎民子，奉充后。郎中令韩咸等上书求改立嗣，事寝不报。槐遂表陈：是充遗意。帝乃诏以谧为鲁公世孙，以嗣其国。自非功如太宰，始封无后如太宰，所取必己自出如太宰，皆不得以为比。及下礼官议充谥，秀议：充以异姓为后，绝父祖之血食，开朝廷之祸门，请谥曰荒。夫异姓为后，固非古礼所许，然武帝既特为充下诏，即不可以常礼

〔1〕 古同"敷"。——编者注

拘矣，秀挟私忿悻悻如此，士君子之风度，复何存乎？《王济传》言：济素与从兄佑不平，佑则《武帝纪》云：帝末年用其谋，遣太子母弟秦王柬都督关中，楚王玮、武帝第五子。淮南王允亦武帝子。并镇守要害，以强帝室；玮督荆州，允督扬州。又恐杨氏之逼，以为北军中候，典禁兵者也。当时廷议之喧嚣，其故可以想见。观文帝及文明太后临终之言，知武帝与齐王不和已久。《贾充传》言：充西行既罢，寻迁司空，侍中、尚书令、领兵如故。会帝寝疾，笃，河南尹夏侯和谓充曰："卿二女婿，亲疏等耳，立人当立德。"充不答。帝疾愈，闻之，徙和光禄勋，乃夺充兵权，而位遇无替。然则充婚太子，仅足免患，谓以贪恋权势而出此，尚非其情。抑观此，又知帝不授天下于齐王之决，与其谓齐王以荀勖等而见疏，不如谓勖等以拥右太子而见亲矣。充既婚太子之后，犹以夏侯和一言而见猜防，则知未婚太子以前见出之由，未必任恺等之言获听也。《充传》云："恺等以充女为齐王妃，惧后益盛。"当时排充，或未必不借口于此。史家杂采众辞，刊落不尽处，往往露出异说也。充前妻李氏，生二女：褒、裕。褒一名荃，裕一名濬。武帝践阼，李以大赦得还。帝特诏充置左右夫人。充母亦敕充迎李氏。郭槐怒，攘袂数充。充乃答诏，托以谦冲，不敢当两夫人盛礼，实畏槐也。荃为齐王攸妃，欲令充遣郭而还其母。时沛国刘含母及帝舅羽林监王虔前妻，皆毌丘俭孙女。此例既多，质之礼官，皆不能决。虽不遣后妻，多异居私通。充自以宰相，为海内准则，乃为李筑室于永年里，而不往来。荃、濬每号泣请充，充竟不往。会充当镇关右，公卿供帐祖道。荃、濬惧充遂去，乃排幔出，于坐中叩头流血，向充及群僚陈母应还之意。众以荃王妃，皆惊起而散。充甚愧愕，遣黄门将宫人扶去。既而郭槐女为皇太子妃，帝乃下诏，断如李比，皆不得还。后荃恚愤而薨。观此，又知郭槐求婚太子之由。而充两女婿亲疏等，而充终亲惠帝而疏齐王者，亦或有其闺房嬖畏之私焉。世及为礼之世，往往以一人一家之私，诒累及于政事，凡在势者皆然，正不必南面之尊而后尔，君子是以穆然于大同之世也。

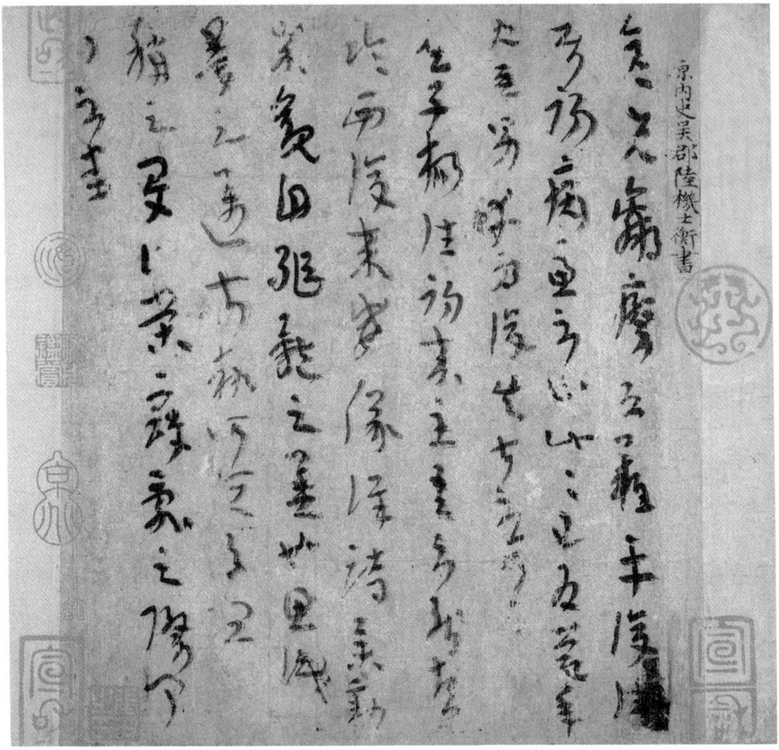

《平复帖》

（西晋）陆机　收藏于故宫博物院

陆机（261—303年），字士衡，吴郡吴县（今江苏苏州）人。陆抗之子，陆逊之孙。西晋著名的文学家，与弟弟陆云合称『二陆』。孙吴灭亡后，『二陆』隐居故里，闭门读书十年。太康十年（289年），『二陆』来到洛阳谋仕途，才气得到张华认可，名声大振，有『二陆入洛，三张减价』（『三张』指张载、张协和张亢）之誉。此帖为陆机为病友写的信札，为草书作品，此帖释文有两个版本，本书取其中之一，此图内容为：『彦先羸瘵，恐难平复。往属初病，虑不止此，此已为节年使至。男幸有复失，甚忧耳。舍（或庶）子杨往，初来至，吾不能起。临西复来，威仪详时，举动成观。自躯体之恙也，思识梦之迈甚，执所恒与君。稍之闵凶，棠寇乱之际，闻问不悉』。

两晋南北朝的“以孝治天下”

魏晋南北朝时期，政权更迭虽频繁，但始终坚持“以孝治天下”。于是，迎来了《孝经》研究的一大高峰，主要有：晋元帝的《孝经传》，晋孝武帝的《总明馆孝敬讲义》，梁武帝的《孝经义疏》，梁简文帝的《孝经义疏》，北魏孝明帝的《孝经义记》等。北魏孝文帝还命人把《孝经》翻译成了鲜卑语……皇帝们还会亲自去为大臣学子们讲《孝经》，弘扬孝道。鲁迅在《魏晋风度及文章与药及酒之关系》中说：“（魏晋）为什么要以孝治天下呢？因为天位从禅位，即巧取豪夺而来，若主张以忠治天下，他们的立脚点便不稳，办事便棘手，立论也难了，所以一定要以孝治天下。”在官方的大力推崇下，民间也出现了很多孝子。

李密像

选自《圣像全图十忠十孝经》清刊本 （清）佚名

李密（224—287年），名虔，字令伯，益州犍为郡武阳县（今四川彭山）人。李密幼年经历凄惨，出生6个月丧父，母亲也被迫改嫁，由祖母刘氏抚养成人。因此，李密很是孝敬祖母。《晋书·李密传》记载：『祖母有疾，他痛哭流涕，夜不解衣，侍其基右。膳食、汤药必亲自口尝然后进献。』泰始三年（267年），晋武帝诏征李密为太子洗马，诏书连下。此时，祖母刘氏已96岁，李密不忍抛下，便写下《陈情表》，述说自己无法赴任的原因。晋武帝看后，感动不已，不再征召，还给予了赏赐。待刘氏去世，服丧期满后，李密才出仕。

王祥卧冰得鲤图
选自《二十四孝图》册（元）佚名 收藏于俄勒冈大学·乔丹·施尼策美术馆

王祥（？—268年），字休征，琅琊（今山东临沂）人。王祥生母早逝，继母朱氏待他很不好。一年冬天，朱氏生病了，想吃鲜鱼。王祥到街上看了一圈也没有卖的，回家时路过河边，他心想河里一定有鱼，于是便脱掉衣服，躺卧在冰面上。不一会儿，冰面竟然真的裂开，跳出两条鲤鱼。

庾黔娄尝粪忧心
选自《二十四孝图》册（元）佚名 收藏于俄勒冈大学·乔丹·施尼策美术馆

庾黔娄（479—587年），字子贞，新野人。南齐名士。庾黔娄任孱陵令时，刚到任十天，突然心惊汗冷，想到家中可能有事，便马上辞官回家。果然，到家时，父亲已经病重了两日，请来看病的大夫对他说：『欲知瘥剧，但尝粪苦则佳。』庾黔娄毫不犹豫地尝了父亲的粪便，发现是甜的，悲伤不已，不停跪拜北斗星，希望父亲不要死去。不料，天空中只传来：『征君寿命尽，不复可延。汝诚祷既至，止得申至月末。』父亲死后，庾黔娄守孝三年。

吴猛恣蚊饱血图

选自《二十四孝图》册（元）佚名 收藏于俄勒冈大学·乔丹·施尼策美术馆

吴猛（？—374年），字世云，豫章分宁（今江西南昌）人，晋朝著名道士、神仙，世称大洞真君，十二真君之一。吴猛幼年时，母亲早逝，与父亲相依为命。由于家境贫寒，买不起蚊帐，每到夏夜，父亲总被蚊虫叮咬得睡不好觉。吴猛为了让父亲能睡好，脱了衣服让蚊子叮咬，这样蚊子吸饱了自己的血后，就不会去叮咬父亲了。

楊香搤虎救父
深山逢白額
努力搏
腥風父子
俱無
恙
脫離
口中

杨香扼虎救父图

选自《二十四孝图》册（元）佚名 收藏于俄勒冈大学・乔丹・施尼策美术馆

杨香，生卒年不详，晋朝人。杨香十四岁时，随父亲到田间割稻，父亲受老虎袭击，杨香奋不顾身，在手无寸铁的情况下与老虎搏斗，最终救下父亲。如今河南省沁阳市崇义镇杨香村仍有杨香墓。

《杜预像》

［日］佚名　收藏于美国洛杉矶县立艺术博物馆

杜预（222—285年），字元凯，京兆郡杜陵县（今陕西西安）人。杜预出生于关中士族京兆杜氏，从小博览群书，最喜《左传》，自称有『《左传》癖』。曹魏时任尚书郎，后成为司马昭高级幕僚，被封为丰乐亭侯。西晋建立后，吴国尚未灭亡，仍然控制着长江中下游以南的广大地区。司马炎很想发动灭吴战争，但朝廷内部意见并不统一，只有羊祜、张华等少数人支持，以致错过了很多机会。咸宁四年（278年），镇守荆州的主帅羊祜病重，临终前向司马炎举荐了杜预接替自己的位置。司马炎改任杜预为镇南大将军，到达荆州之后，杜预用计除掉了镇守孙吴西大门西陵的名将张政，为晋军南下创造了有利条件。咸宁五年（279年），杜预将一切准备就绪后，上书司马炎请战，但镇守扬州的主帅王浑却上表司马炎说孙皓要举全国之力抵抗晋军，并趁机诬诟杜预，使司马炎起了疑心，将开战推迟一年。杜预知道后，心急如焚，三次上书，透彻分析了灭吴的利弊，最终使司马炎下定决心。同年十一月，司马炎调遣大军二十万，兵分六路，东西水陆并进，进攻孙吴。不过，杜预只是西线指挥。攻占江陵后，他挥师东进，配合攻打建邺。灭吴战争后，杜预仍为镇南大将军，除积极训练士兵外，还在当地兴修水利工程，深受百姓爱戴，人称其为『杜父』。

《金谷园图》

（清）华喦　收藏于上海博物馆

绿珠（？—300年），姓梁，白州博白县人（今广西博白）。古越人以珍珠为贵，生男孩叫『珠男』，生女孩叫『珠女』，绿珠的名字便源于此。绿珠『美而艳，善吹笛』，还善舞，最喜欢跳《明君》。太康年间，石崇出任交趾采访使，途经博白时，路遇绿珠，被她的美貌惊艳，遂用三斛明珠将她纳为妾，即为『量斛聘美』。石崇非常宠爱绿珠，为了一解绿珠的思乡之情，他在洛阳金谷园里，挑选有山有水的地方为绿珠修建了梳妆楼，供其居住。石崇其人有些虚荣，每次宴饮时，必要让绿珠出来吹笛跳舞助兴，赵王司马伦的宠臣孙秀一见绿珠也垂涎她的美貌。永康元年（300年），孙秀向石崇索要绿珠无果后，便唆使司马伦领兵围住了金谷园。当时，石崇正在大宴宾客，得知消息后，他对绿珠说：『我因你而获罪。』绿珠哭泣着说：『妾当效死君前，不令贼人得逞！』于是，绿珠坠楼殉情，石崇全家也被孙秀杀害。

潘岳与石崇像

选自《后三国演义》插图　（清）佚名

潘岳（247—300年），又名潘安，字安仁，西晋文学家。《世说新语》记载：『潘岳妙有姿容，好神情。少时挟弹出洛阳道，妇人遇者，莫不连手共萦之。』此即为『掷果盈车』的典故来源。后来，人们常用『貌比潘安』形容男子俊美。石崇（249—300年），字季伦，小名齐奴，西晋司徒石苞的第六子。为人奢暴好杀，喜行谄媚之事，『八王之乱』时遭孙秀所陷，被处死。晋武帝时，石崇曾出任荆州刺史。

韩寿墓表（拓本）

韩寿（？—300年），字德真，南阳人。他年少风流，风度翩翩，《晋书》评价他『美姿貌，善容止』。韩寿曾投权臣贾充门下，任司空掾（司空秘书）。

西晋堆塑楼台人像釉陶五联罐

西晋四系带盖盒

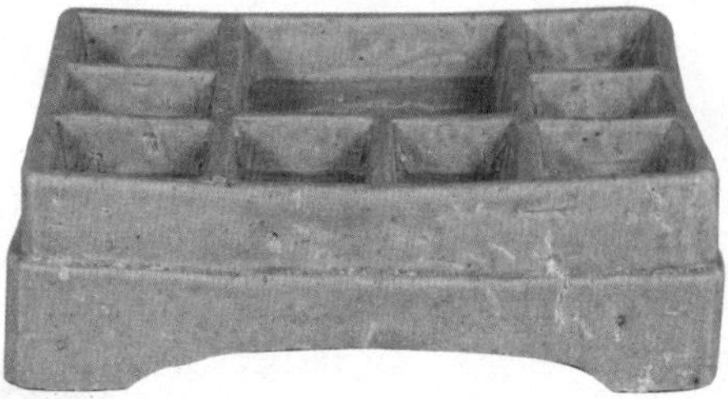
西晋青瓷长方果盘

西晋青瓷钵

西晋釉陶双耳罐

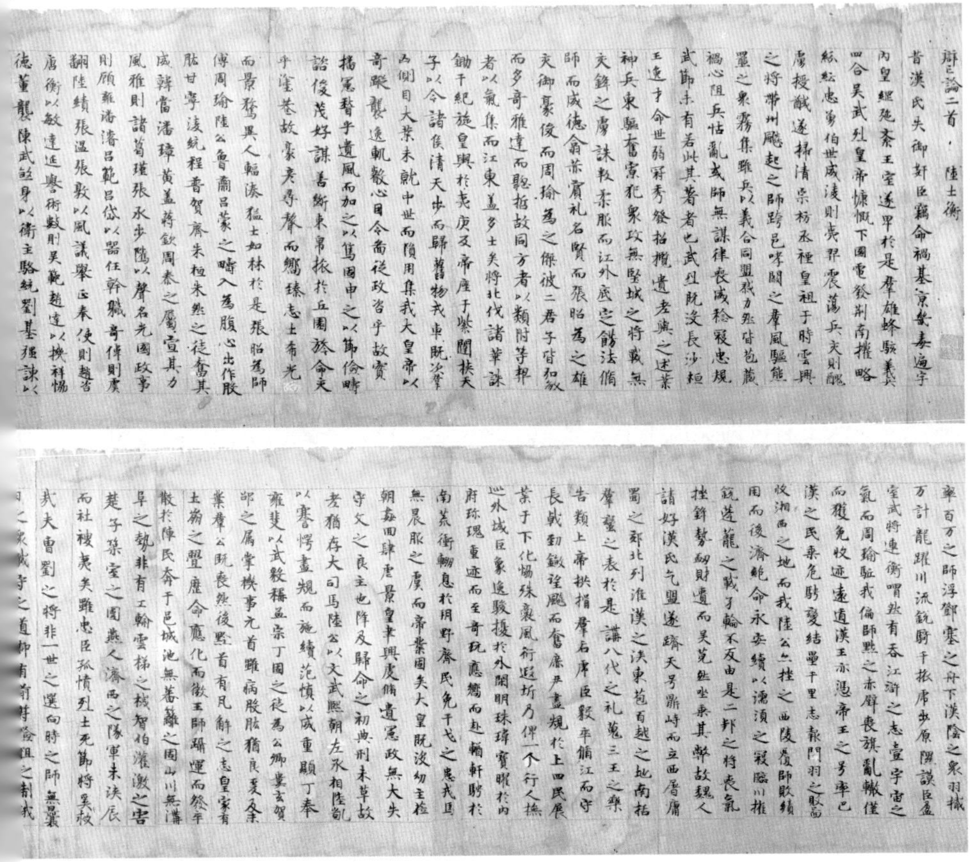
辯亡論二首 陸士衡
昔漢氏失御姦臣竊命禍基京畿毒遍宇
內皇綱弛頓王室遂卑於是羣雄蜂駭義兵
四合吳武烈皇帝慷慨下國電發荊南權略
紛紜忠勇伯世威凌則夷羿震蕩兵交則醜
虜授馘遂掃清宗祊蒸禋皇祖于時雲興
之將帶州飈起之師跨邑哮闞之羣風驅熊
羆之衆霧集雖兵以義合同盟戮力然皆苞藏
禍心阻兵怙亂或師無謀律喪威稔寇忠規
武節未有若此其著者也武烈既沒長沙桓
王逸才命世弱冠秀發招攬遺老與之述業
神兵東驅奮寡犯衆攻無堅城之將戰無
交鋒之虜誅叛柔服而江外底定飾法脩
師而威德翕赫賓禮名賢而張昭為之雄
交御豪俊而周瑜為之傑彼二君子皆弘敏
而多奇雅達而聰哲故同方者以類附等契
者以氣集而江東蓋多士矣將北伐諸華誅
鋤干紀旋皇輿於夷庚反帝座于紫闥挾天
子以令諸侯清天步而歸舊物戎車既次羣
凶側目大業未就中世而隕用集我大皇帝以
奇蹤襲逸軌叡心因令圖從政咨于故實
播憲稽乎遺風而加之以篤固申之以節儉疇
諮俊茂好謀善斷束帛旅於丘園旌命交
乎塗巷故豪彥尋聲而響臻志士希光
而景騖異人輻湊猛士如林於是張昭為師
傅周瑜陸公魯肅呂蒙之疇入為腹心出作股
肱甘寧淩統程普賀齊朱桓朱然之徒奮其
威韓當潘璋黃蓋蔣欽周泰之屬宣其力
風雅則諸葛瑾張承步騭以聲名光國政事
則顧雍潘濬呂範呂岱以器任幹職奇偉則虞
翻陸績張溫張惇以諷議舉正奉使則趙咨
唐衡以敏達延譽術數則吳範趙達以禨祥協
德董襲陳武殺身以衛主駱統劉基強諫以
率百万之師浮鄧塞之舟下漢陰之衆羽檝
万計龍躍川流銳騎千旅虎步原隰謀臣盈
室武將連衡喟然有吞江滸之志壹宇宙之
氣而周瑜驅我偏師黜之赤壁喪旗亂轍僅
而獲免收迹遠遁漢王亦憑帝王之號率巴
漢之民乘危騁變結壘千里志報關羽之敗圖
收湘西之地而我陸公亦挫之西陵覆師敗績
困而後濟絕命永安續以濡須之寇臨川摧
銳蓬籠之戰孑輪不反由是二邦之將喪氣
挫鋒勢衄財匱而吳莞然坐乘其弊故魏人
請好漢氏乞盟遂躋天號鼎峙而立西屠庸
蜀之郊北裂淮漢之涘東苞百越之地南括
羣蠻之表於是講八代之禮蒐三王之樂
告類上帝拱揖羣后虎臣毅卒循江而守
長戟勁鎩望飈而奮庶尹盡規於上四民展
業于下化協殊裔風衍遐圻乃俾一介行人撫
巡外域巨象逸駿擾於外閑明珠瑋寶曜於內
府珍瑰重迹而至奇玩應響而赴輶軒騁於
南荒衝輣息於朔野齊民免干戈之患戎馬
無晨服之虞而帝業固矣大皇既沒幼主蒞
朝姦回肆虐景皇聿興虔修遺憲政無大失
守文之良主也降及歸命之初典刑未滅故
老猶存大司馬陸公以文武熙朝左丞相陸凱
以謇諤盡規而施績范慎以威重顯丁奉
離斐以武毅稱孟宗丁固之徒為公卿樓玄賀
邵之屬掌機事元首雖病股肱猶良爰及末
葉羣公既喪然後黔首有瓦解之志皇家有
土崩之釁曆命應化而微王師躡運而發卒
散於陣民奔于邑城池無藩籬之固山川無溝
阜之勢非有工輸雲梯之械智伯灌激之害
楚子築室之圍燕人濟西之隊軍未浹辰
而社稷夷矣雖忠臣孤憤烈士死節將奚救
哉夫曹劉之將非一世之選向時之師無曩
日之衆戰守之道抑有前符險阻之利俄

《辩亡论》唐敦煌抄本

（晋）陆机／著 收藏于中国国家图书馆

陆机『少有奇才，文章冠世』，被誉为『太康之英』。西晋时期，纸虽然开始大量普及，但价格仍然很高，在文士阶层中使用得最多。左思写出《三都赋》后，引起洛阳文坛轰动，『豪贵之家，竞相传写』，引发纸的价格上涨，遂有『洛阳纸贵』之说。与此相似的是，陆机探讨孙吴为何会被西晋灭亡的《辩亡论》唐代人在抄写时，使用过『雌黄』来涂改，遂有『信口雌黄』之说。

第二节　八王之乱（上）

八王者汝南文成王亮，楚隐王玮，赵王伦，齐武闵王冏，献王子。长沙厉王乂，武帝第六子。成都王颖，武帝第十六子。河间王颙，太原烈王瓌子。瓌，安平献王子。东海孝献王越也。高密文献王泰子。泰，宣帝弟馗子。晋诸王与于乱事者，不仅此八人，而《晋书》以此八人之传，合为一卷，故史家皆称为八王之乱焉。八王之乱，初因杨、贾之争而起，仅在中央，继因赵王篡立，齐、成都、河间三王起兵讨之，遂至覃及四国。晋初乱原，虽云深远，《晋书》谓扇其风，速其祸者，咎在八王，则不诬也。

《晋书·后妃传》云：贾后性酷虐，尝手杀数人；或以戟掷孕妾，子随刃堕。武帝闻之，大怒，将废之。武悼皇后、充华赵粲、杨珧皆为之言，荀勖亦深救之，故得不废。武悼皇后数诫厉之，贾后不知其助己，因以致恨；谓后构之于武帝；忿怨弥深。此等记载，信否亦未可知。要之杨、贾不和，则为事实，而争端潜伏矣。太熙元年（290年）四月，武帝崩。据《帝纪》：帝之崩在己酉，辛丑即以杨骏为太尉，都督中外诸军，录尚书事。而《骏传》云：帝自太康以后，不复留心万几，惟耽酒色。始宠后党，请谒公行。骏及珧、济，皆骏弟。势倾天下，时人有三杨之号。及帝疾笃，骏尽斥群公，亲侍左右。因辄改易公卿，树其心腹。会帝小间，见所用者正色曰："何得便尔？"乃诏中书：以汝南王亮与骏夹辅王室。骏从中书借诏观之，得便藏匿。信宿之间，上疾遂笃。后乃奏帝，以骏辅政。帝颔之。便召中书监华廙，令何劭，口宣帝旨，使作遗诏，以骏为太尉、太子太傅、假节、都督中外诸军事。侍中、录尚书、领前将军如故。自是二日而崩。与《帝纪》所书自辛丑至己酉凡历九日者迥异，可见史文之不实也。《帝纪》云：帝寝疾弥留，至于大渐，佐命元勋，皆已先没。群臣皇惑，计无所从。会帝小差，有诏以汝南王亮辅政，又欲令朝士有名望年少者数人佐之。杨骏秘而不宣。帝寻复迷乱。杨后辄为诏，以骏辅政。促亮进发。帝寻小间，问汝南王来未，意欲见之，有所付托。左右答言未至。帝遂困笃。说与《骏传》略同，而无自是二日而崩语，盖因与上文所记之日不合，故删之也。汝南王亮时为大司马，出督豫州，镇许昌。今河南许昌县。或说亮率所领入废骏，亮不能用，夜驰赴许昌。时司空石鉴，与中护军张劭，监统山陵。有告亮欲举兵讨骏。骏大惧，白太后，令帝为手诏，诏鉴、劭率陵兵讨亮。鉴以为不然，保持之。遣人密觇视，亮已别道还许昌。于是骏止。惠帝即位，以骏为太傅，大都督，假黄钺，录朝政，百官总己。骏虑左右间己，乃以其甥段广、张邵为近侍。凡有诏命，帝省讫，入呈太后然后出。又多树亲党，皆领禁兵。八月，立广陵王遹为皇太子，是为愍怀太子。母谢淑媛，父以屠羊为业，选入后庭为才人，惠帝在东宫，将纳妃，武帝虑其年幼，未知帷房之事，遣往东宫侍寝而生適者也。殿中中郎孟观、李肇，素不为骏所礼。黄门董猛，自帝为大子，即为寺人监，在东宫，给事于贾后。乃与肇、观潜相结托。贾后令肇报亮，使连兵讨骏。亮曰："骏之凶暴，死亡无日，不足忧也。"肇报楚王玮，玮然之。于是求入朝。骏素惮玮，先欲召入，防其为变，因遂听之。及玮至，观、肇乃启帝，夜作诏，中外戒严，遣使奉诏废骏，以侯就第。东安公繇，琅邪武王伷子。伷，宣帝子。率殿中四百人随其后以讨骏。太傅主簿朱振说骏：烧云龙门，索造事者首。开万春门，引东宫兵及外营兵，云龙，洛阳宫城正南门。万春，东门。拥翼皇太子，入宫取奸人。骏素怯懦，不决。殿中兵出，骏逃于马厩，以戟杀之。观等受贾后密旨，诛骏亲党，夷三族。死者数千人。时元康元年（291 年）三月也。杨后题帛为书，射之城外，曰："救太傅者有赏。"贾后因宣言太后同逆。诏送后于永宁宫。魏世太后所居。特全后母高都君庞氏之命，听就后居止。贾后讽有司奏废太后为庶人，以庞付廷尉行刑。庞临刑，太后抱持号叫。截发稽颡，上表诣贾后，称妾，请全母命，不见省。初，太后尚有侍御十余人，贾后夺之。明年，三月，绝膳而崩。

杨骏既诛，征汝南王亮为太宰，与太保卫瓘同辅政。以秦王柬为太将军。东平王楙后改封竟陵王。义阳成王望子。望，安平献王子。为抚军大将军。楚王玮为卫将军，领北军中候。下邳王晃安平献王子。为尚书令。东安公繇为尚书左仆射，进封王。繇欲擅朝政，与亮不平。初，繇有令名，为父母所爱。其兄武陵庄王澹，恶之如仇。屡构繇于亮，亮不纳。诛杨骏之际，繇屯云龙门，兼统诸军。是日，诛赏三百余人，皆自繇出。澹因隙谮之。亮惑其说，遂免繇官，以公就第。坐有悖言，废徙带方。《贾后传》云：繇密欲废后，贾氏惮之。带方，汉县，公孙康置郡，故治在今朝鲜平壤西南。楙曲事杨骏，骏诛，依法当死，繇与楙善，故得不坐。至是，亦免官，遣就国。玮少年果锐，多立威刑，朝廷忌之。亮奏遣诸王还藩，与朝臣廷议，无敢应者，惟卫瓘赞其事，玮憾焉。玮长史公孙弘，舍人岐盛，并薄于行，为玮所昵。瓘等恶其为人，虑致祸乱，将收盛。盛知之，遂与弘谋，因李肇，矫称玮命，谮亮、瓘于贾后。后不之察，使惠帝为诏曰："太宰、太保，欲为伊、霍之事，王宜宣诏，令淮南、忠壮王允。长沙、成都王屯宫诸门，废二公。"夜使黄门赍以授玮。玮欲复奏，黄门曰："事恐漏泄，非本意也。"玮乃止。遂勒本兵，复矫召三十六军，胡三省《通鉴注》曰：晋洛城内外三十六军。遣弘、肇收亮、瓘杀之。岐、盛说玮："可因兵势，诛贾模、郭彰。匡正王室，以安天下。"玮犹豫未决。会天明，帝用张华计，遣赍驺虞幡麾众曰："楚王矫诏。"众皆释杖而走，玮左右无复一人。帝遣谒者诏玮还营，遂执下廷尉。诏以玮矫制害二公，又欲诛灭朝臣，图谋不轨，遂斩之。公孙弘、祁盛，皆夷三族。长沙王乂，以玮同母，贬为常山王，之国。杨骏之诛也，司空陇西王泰领骏营。玮之被收，泰严兵将救之。祭酒丁绥谏曰："公为宰相，不可轻动。且夜中仓卒，宜遣人参审定问。"泰从之。玮既诛，乃以泰录尚书事。迁太尉，守尚书令。改封高密王。

楚王之乱，事在元康元年六月，自此至永康元年（300年）四月梁、赵之乱，安谧者实历九年，可知以西晋丧乱，归狱于贾后者之诬。《贾充传》言：贾谧权过人主，奢侈逾度。室宇崇僭，器服珍丽。歌僮舞女，选极一时。开阁延宾，海内辐凑。贵游、豪戚及浮竞之徒，莫不尽礼事之。又言后从舅郭彰，充素相亲遇，亦豫参权势，宾客盈门。世人称为贾、郭。奢僭交通，为当时权戚之通病，未可专罪贾后一家。《传》又言充从子模，沉深有智算。贾后既豫朝政，拜模散骑常侍，二日，擢为侍中。模尽心匡弼。推张华、裴頠，同心辅政。数年之中，朝野宁静，模之力也。此为当时之实录。视他权戚之秉政者，不犹愈乎？《贾后传》云：模知后凶暴，恐祸及己，乃与裴頠、王衍谋废之，衍悔而谋寝。《华传》云：惠帝即位，以华为太子少傅。与王戎、裴楷、和峤，俱以德望为杨骏所忌，皆不与朝政。楚王玮诛，华以首谋有功，拜侍中、中书监。贾谧与后共谋，以华庶族，儒雅有筹略，进无逼上之嫌，退为众望所依，欲倚以朝纲，访以政事而未决。以问裴頠。頠素重华，深赞其事。华遂尽忠匡辅，弥缝补阙。虽当暗主、虐后之朝，而海内晏然，华之功也。裴頠时为侍中，其《传》云：頠以贾后不悦太子，抗表请增崇太子所生谢淑妃位号。乃启增置后卫率吏，给二千兵。《职官志》：惠帝建东宫，置卫率，初曰中卫率。泰始五年（269 年），分为左右，各领一军。愍怀太子在东宫，又加前后二率。此即下文刘卞所谓四率也。于是东宫宿卫万人。頠深虑贾后乱政，与司空张华、侍中贾模议废之而立谢淑妃。华、模皆曰："帝自无废黜之意，若吾等专行之，上心不以为是。且诸王方刚，朋党异议，恐祸如发机，身死国危，无益社稷。"此谋遂寝。案贾充为頠从母夫，王衍亦婚于贾谧，俱不应有废贾后之意，况贾模乎？当时方重门第，谢淑妃屠家女岂可以母仪天下哉？楚王既诛，愍怀未废，九年之中，贾后初无大乱政事；而惠帝愚暗，朝局实后所主持；废之何为？华、頠终与贾后俱死，知其无背贾氏之心。即谓华、頠皆士君子，顾虑名义，不敢轻犯，亦安能隐忍至于九年之

久？且纵不敢为非常之举，独不可引身而退乎？《张华传》言：华少子韪，以中台星坼，劝华逊位，华不从。将死，张林称诏诘之曰：“卿为宰相，任天下事，太子之废，不能死节，何也？”华曰：“式乾之议，臣谏事具存，非不谏也。”林曰：“谏若不从，何不去位？”华不能答。《裴颀传》：或说颀曰：“幸与中宫内外，可得尽言。言若不从，则辞病而退。二者不立，虽有十表，难乎免矣。”颀慨然久之，而竟不能行。论者因訾华、颀贪恋权位，其实华、颀皆非如是之人，此观其生平而可知，史文不足信也。颀之请崇谢淑妃位号，增东宫宿卫，盖正所以示大公，为贾氏久远计耳。《贾模传》云：模潜执权势，外形欲远之，每事启奏贾后，事入，辄取急或托疾以避之；至于素有嫌忿，多所中陷，朝廷甚惮之；皆近深文周内。又云：贾后性甚强暴，模每尽言，开陈祸福，后不能从，反谓模毁己，于是委任之情日衰，而谗间之徒遂进，模不得志，忧愤成疾卒，则更莫须有之辞矣。一云模与颀、衍谋废后，衍悔而事寝，一又云颀欲废后而华、模不从，其辞先已不仇，知其皆不足信也。

竹林七贤

“竹林七贤”是指魏末晋初的七位名士，即嵇康、阮籍、山涛、向秀、刘伶、王戎及阮咸。他们经常在山阳县（今河南焦作修武县）的竹林里饮酒纵歌，弹琴弄文，不拘礼法，清静无为，是魏晋名士风流的代表。

《竹林七贤画像砖》

（南朝）佚名　收藏于南京博物院

这块南朝的竹林七贤画像砖距他们生活年代相去不远，所画应最接近他们当时的形象。

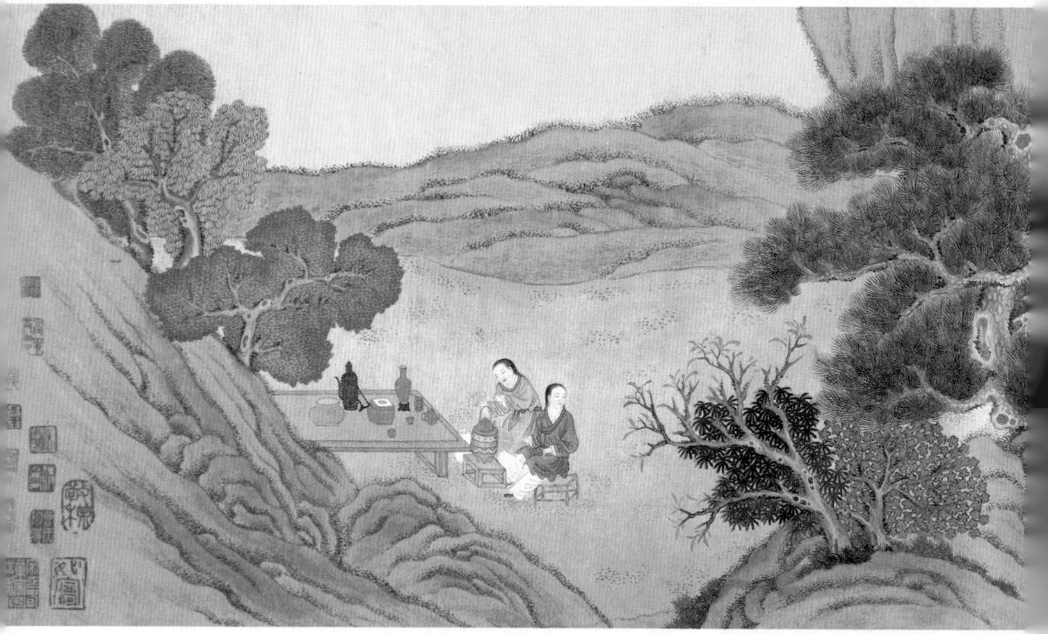

《竹林七贤图》卷

（清）禹之鼎 收藏于故宫博物院

竹林七贤推崇老庄之学，但除嵇康、阮籍、刘伶、阮咸外，山涛、王戎还兼杂儒术，向秀还好名教。『竹林七贤』的仕途之路走得很无奈，嵇康、阮籍、刘伶面对司马氏的篡魏始终不肯合作；嵇康死后，向秀被迫出仕；阮咸不被司马炎重用；山涛起先不愿做司马氏的官，但四十岁后投靠司马师，成为高官。

阮籍像

选自《吴郡名贤图传赞》清刊本　（清）孔继尧

阮籍（210—263年），字嗣宗，陈留尉氏（今河南开封）人，曾任步兵校尉，人称『阮步兵』。与嵇康并称『嵇阮』。阮籍有匡扶天下之大志，但无奈时运不济，在司马氏手下任官时，常常以醉酒来避乱，因此得以寿终。《世说新语》关于阮籍的记载颇多：阮籍曾在母亲丧礼时，仍然喝酒吃肉，却在下葬之际号叫吐血。阮籍能作青白眼，嵇喜来吊丧，他便作白眼对之；嵇康听后，带了琴与酒前去吊丧，阮籍又以青眼以对。因此，后世以青眼表示对人尊重，白眼表示对人轻视。阮籍经常漫无目的地驾车出游，直到没有路时，才痛哭折返，『穷途末路』典故即出自于此。

刘伶像

选自《吴郡名贤图传赞》清刊本　（清）孔继尧

刘伶（221—300年），字伯伦，曾为建威参军。平生嗜酒，曾作《酒德颂》。《世说新语》中说他『恒纵酒放达。或脱衣裸形在屋中』。人们嘲笑刘伶不尊礼法，他反驳道：『我以天地为宅舍，以屋室为衣库，你们为何入我裤中？』刘伶的妻子担心他喝酒伤身，便劝其戒酒。刘伶表示自己酒瘾太大，要向神灵发誓才灵。其妻信以为真，为他准备好了供台和祭品。哪料刘伶拿起祭祀的酒肉就享用，很快又大醉了。

王戎像

选自《吴郡名贤图传赞》清刊本　（清）孔继尧

王戎（234—305年），字濬冲，官至司徒，封安丰侯，人称『王安丰』，是『竹林七贤』中最年少的一位。王戎与妻子感情甚笃。《世说新语·惑溺》记载，妻子称他为『卿』。按当时的礼节，妇人应以『君』称其夫，『卿』是夫对妻的称呼。王戎便劝妻子说，妇人称自己丈夫为卿，按礼法是不恭敬的，以后就不要再这样叫了。其妻说：『亲卿爱卿，是以卿卿。我不卿卿，谁当卿卿？』这就是成语『卿卿我我』的出处。

山涛像

选自《吴郡名贤图传赞》清刊本　（清）孔继尧

山涛（205—283年），字巨源，与嵇康交好。山涛四十岁时，出任司马氏的官。嵇康知道后非常生气，写下《与山巨源绝交书》。但嵇康临死前，还是把女儿托付给了山涛，并说：『巨源在，汝不孤矣。』山涛不负所托，后来举荐嵇康的儿子嵇绍为秘书丞。晚年，山涛多次以老病为由辞官，直至七十七岁时，晋武帝司马炎才答应让他辞职归隐。归家两年后，山涛去世。

嘉慶御覽之寶

嵇康抚琴

选自《七贤图》卷 （宋末元初）钱选 收藏于中国台北「故宫博物院」

嵇康（224—263年，一说223—262年），字叔夜，娶曹操曾孙女，曾任曹魏中散大夫，世称嵇中散。嵇康的死与钟会有很大关系。钟会曾去拜访嵇康，但遭冷遇。钟会觉得自讨没趣，起身要走，嵇康说：「何所闻而来？何所见而去？」钟会说：「闻所闻而来，见所见而去！」钟会闷闷不乐，记恨在心。后来嵇康触怒司马昭，钟会趁机劝说司马昭，处死嵇康。嵇康临刑前，三千名太学生联名上书，请求司马昭赦免，并希望能让嵇康来太学讲学，但未被准许。刑场上，他淡定地弹完《广陵散》后，叹息道：「广陵散于今绝矣！」随即赴死，时年四十。图中为嵇康抚琴，刘伶喝酒。

阮咸弹琵琶

选自《七贤图》卷　（宋末元初）钱选　收藏于中国台北『故宫博物院』

阮咸，生卒年不详，字仲容，曾任始平太守，人称『阮始平』。阮咸重情重义，年少时喜欢上了姑母家的鲜卑婢女，但姑母远行时带走了婢女，阮咸知道后，借客人的驴子追回了婢女。这个婢女后来还为他生下了儿子阮浮。阮咸擅长弹琵琶，还改造过『秦琵琶』。后来，唐代人将其命名为『阮咸』。

《愍怀太子传》云：幼而聪慧，武帝爱之，尝对群臣称太子似宣帝，于是令誉流于天下。然又云：及长，不好学，惟与左右嬉戏，不能尊敬保傅。或废朝侍，恒在后园游戏。有犯忤者，手自捶击之。令西园卖葵菜、篮子、鸡、面之属而收其利。东宫旧制，月请钱五十万，备于众用，太子恒探取二月，以供嬖宠。洗马江统陈五事以谏，太子不纳。中舍人杜锡，每尽忠规劝，太子怒，使人以针着锡常所坐毡中而刺之。太子性刚，知贾谧恃后之贵，不能假借之。初，贾后母郭槐，欲以韩寿女为太子妃，太子亦欲婚韩氏以自固，而寿妻贾午及后皆不听，而为太子聘王衍小女惠风。太子闻衍长女美，而贾后为谧聘之，心不能平。谧谮太子于后曰："太子广买田业，多蓄私财，以结小人者，为后故也。密闻其言云：皇后万岁后，吾当鱼肉之。若宫车晏驾，彼居大位，依杨氏故事，诛臣等而废后于金墉，城名，在洛阳东。如反手耳。不如早为之所，更立慈顺者，以自防卫。"后纳其言。又宣扬太子之短，布诸远近。于是朝野咸知后有害太子意。中护军赵俊请太子废后，太子不听。《张华传》云：左卫率刘卞，甚为太子所信，以贾后谋问华。华曰："不闻。假令有此，君欲如何？"卞曰："东宫俊乂如林，四率精兵万人，公居阿衡之任，若得公命，皇太子因朝入录尚书事，废贾后于金墉城，两黄门力耳。"华曰："今天子当阳，太子人子也，吾又不受阿衡之命，忽相与行此，是无其君父，而以不孝示天下也。虽能有成，犹不免罪，况权戚满朝，威柄不一，而可以安乎？"元康九年（299 年）十二月，后诈称上不和，呼太子入朝。既至，后不见，置于别室。遣婢陈舞赐以酒枣，逼饮醉之。使黄门侍郎潘岳作书草，若祷神之文，有如太子素意，因醉而书之者，小婢承福，以纸笔及书草使太子书之。文曰："陛下宜自了，不自了，吾当入了之。中宫又宜速自了，不自了，吾当手了之。并与谢妃共要：克期两发，勿疑犹豫，以致后患。"云云。太子醉迷不觉，遂依而写之。其字半不成，既而补成之。后以呈帝。帝幸式乾殿，召公卿入，使黄门令董猛，以太子书及青纸诏示之，曰："遹书如此，令赐死。"遍示诸公、王，莫有言者。惟张华谏。裴頠以为宜先检校传书者。又请比校太子手书。贾后乃内出太子素启事十余纸。众人比视，亦无敢言非者。议至日西不决。后知华等意坚，因表乞免为庶人。帝乃可其奏。使前将军东武公澹即武陵庄王。以兵杖送太子、妃王氏、三皇孙于金墉城。考竟谢淑妃及太子保林蒋俊。此据《太子传》。《惠帝纪》于太子废后，即书杀太子母谢氏。《谢夫人传》则云：及愍怀遇酷，玖亦被害。玖，夫人名。明年，正月，贾后又使黄门自首欲与太子为逆。诏以黄门首辞、班示公卿。又遣澹以千兵防送太子，更幽于许昌宫之别坊，令治书侍御史刘振持节守之。赵王伦深交贾、郭，谄事中宫，大为贾后所亲信。太子废，使伦领右卫将军。左卫督司马雅，宗室之疏属也，及常从督许超，并尝给事东宫，与殿中中郎士猗等谋废贾后，复太子。以张华、裴頠，难与图权，伦执兵之要，性贪冒，可假以济事，乃说伦嬖人孙秀。秀许诺，言于伦，伦纳焉。事将起，秀更说伦曰："明公素事贾后，虽建大功于太子，太子含宿怒，必不加赏。今且缓其事，贾后必害太子，然后废后，为太子报仇，亦足以立功，岂徒免祸而已。"伦从之。秀乃微泄其谋，使谧党颇闻之。伦、秀因劝谧等早害太子，以绝众望。永康元年（300年）三月，此据《遹传》。《纪》在二月。盖二月遣使，三月至。矫诏，使黄门孙虑至许昌害太子。《王浚传》：浚镇许昌，与孙虑共害太子。太子既遇害，伦、秀之谋益甚，而超、雅惧后难，欲悔其谋，乃辞疾。二人本欲立功于太子以邀赏，太子死，则失其本图，且不信赵王也。秀复告右卫佽飞督闾和，和从之。乃矫诏，遣翊军校尉齐王冏，将三部司马，晋二卫有前驱、由基、强弩三部司马。废贾后为庶人，送之金墉城。杀张华、裴頠、贾午、贾谧等。伦寻矫诏，

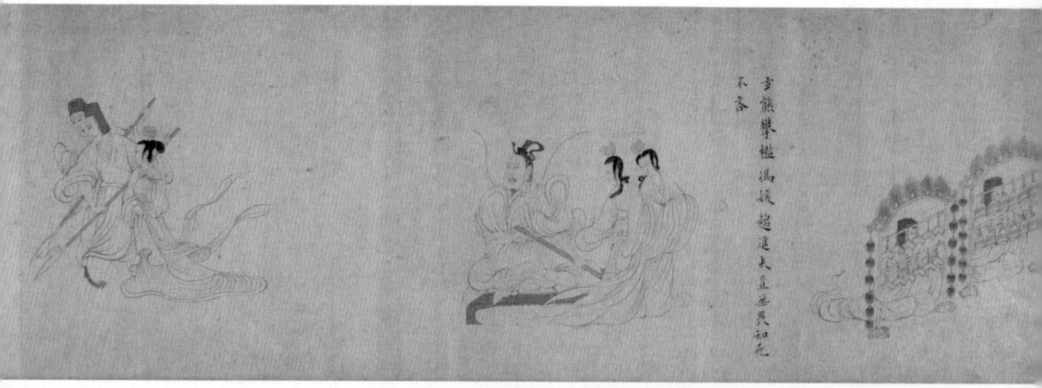
玄熊攀檻馮媛趍進夫豈無畏知死
不吝

人咸知修其容而莫知飾其性性之不
飾或愆禮正斧之藻之克念作聖

故曰翼翼矜矜福所以興靜恭自思榮
顯所期
女史司箴敢告庶姬
乾隆甲子秋八月

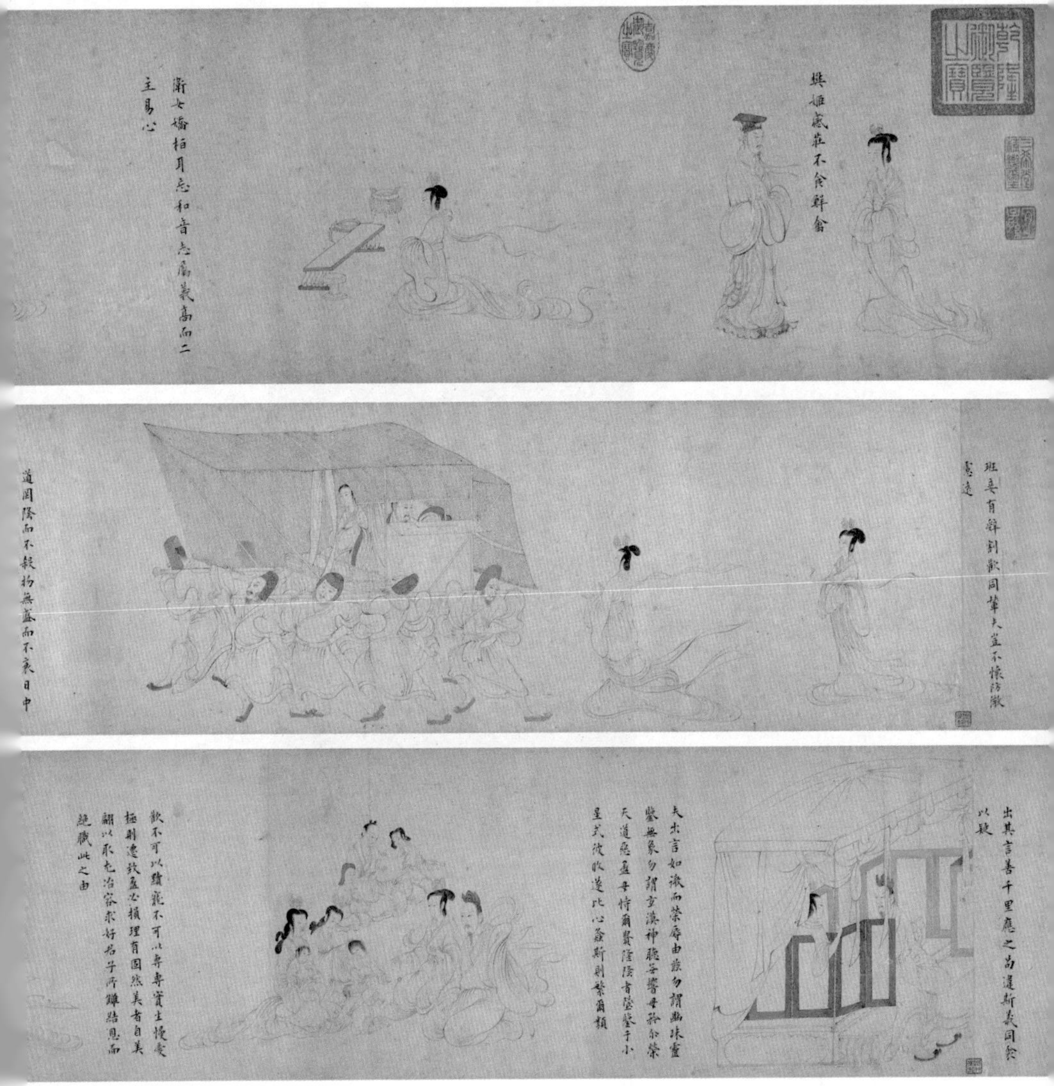

《女史箴图》

（东晋）顾恺之／原作　此为宋摹本　收藏于故宫博物院

晋惠帝司马衷生性懦弱，朝政大权被凶虐贪暴的贾后掌控，她挟持惠帝下诏杀死了外戚杨俊及其党羽数千人，独揽大权数年，后被赵王司马伦杀死。张华作《女史箴》以讽刺贾后，借此教导后宫遵守妇道。《女史箴图》即是据此而作，共十二段。

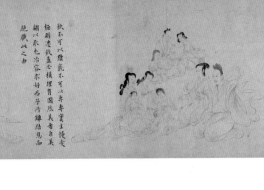

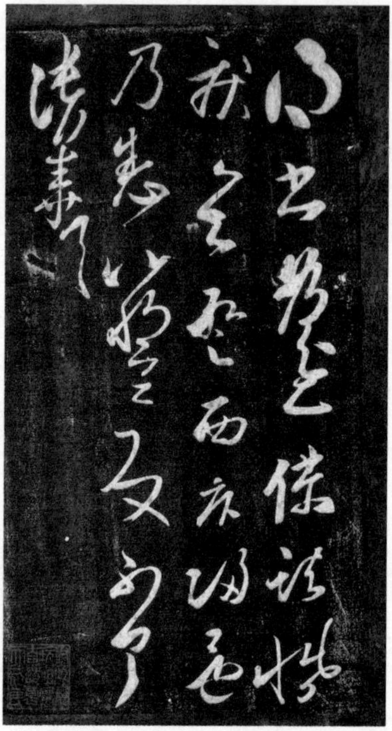

《得书帖》

（西晋）张华

张华（232—300年），字茂先，范阳方城（今河北固安）人。张华博学多识，才华斐然，曾编撰《博物志》。此外，他还工于草书，有《得书帖》《闻时帖》传世。《宣和书谱》中评价其『作字尤工草书，不在模仿，其规矩气度，似其人物』。此帖内容：『得书为慰，仆诸慉疾已甚，踅西卧，归还乃悉，比将念反，不具。张华呈』

石勒像

选自《后三国演义》插图　（清）佚名

石勒是上党武乡羯胡民族，五胡十六国时后赵的开国君主。他最初跟随公师藩起兵，后投靠刘渊，被刘渊分出去后，石勒以襄国（今河北邢台）为根据地，不断征伐，最终建立后赵。石勒年少时，威武雄健，有勇有谋，相士看他相貌奇特，认为他前途无量，劝同乡人厚待他，但只有郭敬愿意相信。后来，石勒发迹重遇郭敬，除了赏赐重金还任其为上将军。

自为使持节大都督、督中外诸军事、相国，侍中、王如故，一依宣、文辅魏故事。孙秀等皆封大郡，并据兵权。百官总己，以听于伦。伦素庸下，无智策，复受制于秀。梁王肜共伦废贾后，故以为大宰，守尚书令。后或谓孙秀：散骑侍郎杨准，黄门侍郎刘逵欲奉肜以诛伦。会有星变，九月，改司徒为丞相，以肜为之，居司徒府。转准、逵为外官。矫诏害贾庶人于金墉城。淮南王允领中护军，密养死士，潜谋诛伦。伦甚惮之。转为太尉，外示优崇，实夺其兵也。允称疾不拜。伦遣御史逼允，收官属以下，劾以大逆。允率国兵及帐下七百人出讨伦。将赴宫，尚书左丞王舆闭东掖门，不得入，遂围相府。伦子虔为侍中，在门下省，遣司马督护伏胤领骑四百，从宫中出，诈言有诏助允，允不之觉，开陈纳之，下车受诏，为胤所害。坐允夷灭者数千人。齐王冏以废贾后功，转游击将军。冏意不满，有恨色。孙秀微觉之，且惮其在内，出为平东将军，假节，镇许昌。二事俱在八月。明年，永宁九年（301 年）。正月，伦遂篡位。迁惠帝于金墉。梁、赵之乱，论者皆谓祸原贾后，亦非其真。后果欲废太子，自杨骏败后，何时不可为之？何必待诸八年之后？太子之为人，据传文所载，明为不令，何待后之宣扬？惠帝之立，年三十二，虽不为少，亦不为老，果如史之所言，帝之于后，畏而惑之，何难少缓建储，以待中宫之有子？即谓不然，而遹之立，距武帝之崩仅四月，亦何必如是其急？楚王难作，朱振即说杨骏：奉太子以索奸人，然则太子之立，殆杨氏所以掎贾氏；其源既浊，其流必不能清，故后与太子讫不和也。然《后传》言：广城君以后无子，甚敬重愍怀。每劝厉后，使加慈爱。贾谧恃贵骄纵，不能推崇太子，广城君恒切责之。及广城君病笃，占术谓不宜封广城，乃改封宜城。后出侍疾十余日。太子常往宜城第，将医出入，恂恂尽礼。宜城临终，执后手，令尽意于太子，言甚切至。又曰："赵粲及午，必乱汝事，我死后勿复听入。深忆

晋代玉澜堂砚

晋代龙纹环

吾言。”观宜城欲以韩寿女妃太子，太子亦欲婚于韩氏以自固，后虽不果，而谧与太子，仍为僚婿；可见当时贾氏与太子，皆有意于调和。太子婚于王氏而不悦，盖以未克婚于韩氏以自固，非必以王衍长女美而贾后为谧娶之也。贾午盖夙有歧视太子之心，故不肯以女与之。其终不克调和而至于决裂者，源既浊流自难清，其咎固不专在贾氏矣。谧之说贾后，不过曰更立慈顺者以自防卫，不云后自有子，则《后传》谓后诈有身，内稿物为产具，取韩寿子慰祖养之，托谅暗所生故弗显，遂谋废太子，以所养代立者自诬。自朱振以降，赵俊、刘卞纷纷欲奉太子以倾贾后，式乾之事，安敢谓必出虚构？张华谏辞，今不可考。果谓太子无罪邪？抑谓虽有罪不可杀也？《华传》云：后知华等意坚，乃表乞免为庶人，则后说殆近之矣。醉至不辨书草云何，誊录能否半成，亦有可惑。且醉时手迹，必与醒时有异，王公百僚，亦岂不能辨？素启事十余纸，手迹果皆不合，贾后岂肯出之？王公百僚中，岂无一人能抗言者？然则裴頠欲检校传书者，又欲比校手迹，或亦所以为贾后谋，使有以取信于天下耳。頠与张华，皆素负清望，纵不能尽忠太子，宁不亦自惜其名，抗节而去，贾氏岂能遽害之；而依违腆涊，终与贾氏同尽邪？

第三节　八王之乱（下）

自来图篡窃者，必先削除四方之异己。晋初，州郡拥兵之习未除；诸王各据雄藩，更有厝火积薪之势；赵伦不图消弭，反使齐王冏出镇许昌，亦见其寡虑矣。时成都王颖镇邺，汉县。晋怀帝时避讳，改为临漳。今河南临漳县。遂与冏起兵讨伦。兖、豫二州晋兖州，治廪丘，今山东范县。豫州，治项，今河南项城县。时兖州刺史为王彦，豫州刺史为李毅。及南中郎将新野公歆后进封王，谥庄。扶风武王骏子。骏，宣帝子。俱起兵应之。伦遣将距之，破冏兵于阳翟，今河南禹县。而距颖之兵，败于溴水。出河南济源县西，东南流入河。左卫将军王舆，与尚书广陵公漼后封淮陵王。琅邪武王伷子。伷见上节。勒兵入宫，禽孙秀等斩之，逐伦归第。迎惠帝于金墉。诛伦及其党羽。冏之起兵也，前安西参军夏侯奭，自称侍御史，在始平，合众得数千人以应冏。河间王颙时镇关中，奭遣信要颙，颙遣主簿房阳、河间国人张方讨禽奭，及其党数十人腰斩之。及冏檄至，颙执冏使，送之于伦。伦征兵于颙，颙遣方率关右健将赴之。方至华阴，今陕西华阴县。颙闻二王兵盛，乃加长史李含龙骧将军，领督护席薳等追方军回，以应二王。至潼关，在今陕西潼关县东南。伦、秀已诛，天子反正，含、方各率众还。

冏入洛，甲士数十万，旌旗器械之盛，震于京都。天子就拜大司马，都督中外诸军事。加九锡之命，备物典策，如宣、景、文、武辅魏故事。以成都王颖为大将军，录尚书事。河间王颙为太尉。梁王肜为太宰，领司徒。时罢丞相，复置司徒。明年二月薨。颖左长史卢志，劝颖推崇齐王，徐结四海之心。颖纳之。遂以母疾归藩，委重于冏。冏遂辅政。大筑第馆，沉于酒色，不入朝见，坐拜百官，符敕三台。选举不均，惟宠亲昵。朝廷侧目，海内失望。冏兄东莱王蕤，与王舆谋废冏。蕤性强暴，使酒，数陵侮冏，冏以兄故容之。冏起义兵，赵王伦收蕤及弟北海王寔系廷尉，当诛，会孙秀死，蕤等悉得免。冏拥众入洛，蕤于路迎之，冏不即见，蕤恚；及冏辅政，蕤从冏求开府，不得，益怨；遂与舆谋废冏。事觉，免为庶人，徙上庸。后汉末郡，今湖北竹山县。后封微阳侯。永宁初，上庸内史陈钟承冏旨害蕤。冏死，诏诛钟，复蕤。舆伏诛，夷三族。

初，李含与安定皇甫商有隙。商为梁州刺史，治汉中，今陕西南郑县。为赵王伦所任。伦败，去职，诣河间王颙，颙慰抚之甚厚。含谏曰："商，伦之信臣，惧罪至此，不宜数与相见。"商知而恨之。后含征为翊军校尉。商参齐王冏军事，夏侯奭兄在冏府，商乃称奭立义，为西藩枉害，含心不自安。冏右司马赵骧，又与含有隙。冏将阅武，含惧骧因兵讨之，乃单马出奔于颙。矫称受密诏。颙即夜见之。三王之举义也，常山王乂率国兵应之，为成都王后系。至洛，迁骠骑将军，复本国。乂见齐王冏专权，谓成都王颖曰："天下者，先帝之业也，王宜维之。”闻其言者皆惮之。含说颙：“檄长沙讨齐，使先闻于齐，齐必诛长沙，因传檄以加齐罪，去齐立成都。”颙从之。上表请废冏还第，以颖为宰辅。拜含为都督，统张方等向洛。檄乂使讨冏。冏遣其将董艾袭乂。乂将左右百余人驰赴宫，闭诸门，奉天子与冏相攻。冏败，擒冏杀之，幽其诸子于金墉。废北海王寔。以乂为太尉，都督中外诸军事。李含等旋师。

颙本以乂弱冏强，冀乂为冏所擒，以乂为辞，宣告四方，共讨之，因废帝立成都，己为宰相，专制天下，乂杀冏，其谋不果。乂之诛冏也，仍以皇甫商为参军，商兄重为秦州刺史。秦州，太康七年（286年）

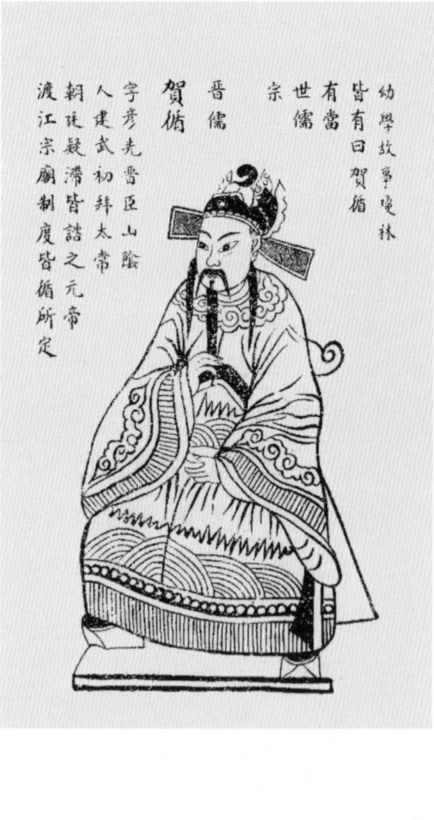

贺循

选自《圣像全图十忠十孝经》（清）佚名

贺循（260—319年），会稽山阴（今浙江绍兴）人，孙吴名臣贺邵之后。当时江东有八大家族，分别为：顾、陆、朱、张、虞、魏、孔、贺，而贺循正是会稽贺氏的佼佼者。西晋时，贺循路过吴地的阊门时，在船上弹琴，被张翰听到。张翰是西晋著名的文学家，时人称之为『江东步兵』，与阮籍齐名。《世说新语》中言张翰为人纵任不拘，曾以秋风起思吴中菰菜、莼羹、鲈鱼为由辞官，留下『莼鲈之思』的典故。张翰听见贺循的琴声非常清朗，便上船与贺循一起交谈。二人相谈甚欢，张翰随即便跟贺循往洛阳，并没有告诉家里，家里追寻起来，才知道这回事。陆机在《平复帖》中也曾提到贺循。『冰清玉洁』与『轻举绝俗』这两个词便出自贺循。《晋书·贺循传》：『循冰清玉洁……』『或有遐栖高蹈，轻举绝俗，逍遥养和……』贺循精通礼学，司马睿中兴东晋，贺循为朝廷创建礼仪制度，被尊为『当世儒宗』。贺循去世时，司马睿也素服举哀，哭之甚恸。

复立。治上邽，今甘肃天水县。李含说颙，表迁重为内职，因其经长安执之。重知其谋，集陇上士众，以讨含为名。乂以兵革累兴，今始宁息，表请遣使诏重罢兵，征含为河南尹。颙使侍中冯荪、中书令卞粹与含潜图害乂。皇甫商知含前矫妄及与颙阴谋，具以告乂，乂并诛之。颖时县执朝政，事无巨细，皆就邺谘之。既恃功骄奢，百度弛废，甚于冏时。以乂在内，不得恣其所欲，密欲去乂。太安二年（303 年），八月，颙以张方为都督，领精卒七万向洛。颖假陆机后将军、河北大都督，督王粹、牵秀、石超等二十余万人，来逼京师。帝幸十三里桥，在洛城西，去城十三里，因以为名。遣皇甫商距方于宜阳，县今河南宜阳县。为方所败。九月，帝进军缑氏，汉县，今河南偃师县西南。击牵秀，走之。而张方入京城，烧清明、开阳二门，洛阳城东有建春、东阳、清明三门，南有开阳、津阳、平昌、宣阳四门，西有广阳、西明、阊阖三门，北有大夏、广莫二门，凡十二门。死者万计。石超逼乘舆于缑氏。十月，帝旋于宫。超焚缑氏，服御无遗。王师破牵秀于东阳门外，又破陆机于建春门。石超亦走。乂奉帝讨张方于城内。方军望见乘舆，小退，方止之不得，众遂大败，杀伤满于衢巷。方退壁十三里桥。人情挫衄，无复固志，多劝方夜遁。方曰："兵之利钝是常，贵因败以为成耳。我更前作垒，出其不意，此用兵之奇也。"乃夜潜进，逼洛城七里。乂既新捷，不以为意。十一月，忽闻方垒成，乃出战，败绩。方决千金堨，在洛城西。水碓皆涸。乃发王公奴婢手舂给兵廪。一品已下不从征者，男子十三以上皆从役。又发奴助兵，号为四部司马。公私穷踧，米石万钱。诏命所至，一城而已。先是朝议以乂、颖兄弟，可以辞说而释，乃使中书令王衍行太尉，光禄勋石陋行司徒，使说颖，令与乂分陕而居。颖不从，及是，城中大饥，而将士同心，皆愿效死；张方以为未可克，欲还长安；而殿中诸将及三部司马，疲于战守，密与左卫将

西晋男仆陶俑
收藏于南京博物馆
1964年在江苏省南京市出土。

军朱默夜收乂别省，逼东海王越为主，越时为司空，领中书监。启惠帝免乂官，送诸金墉。殿中左右谋劫出之，更以拒颖。越惧难作，欲遂诛乂。黄门郎潘滔劝越密告张方。方遣部将郅辅勒兵三千，就金墉收乂。至营，炙而杀之。八王之中，乂较有才略，乂死，大局益无望矣。

乂之请遣使诏皇甫重罢兵也，重不奉诏。河间王颙遣金城太守游楷、陇西太守韩稚等四郡兵攻之。及颙、颖攻乂，乂使皇甫商间行，赍帝手诏，使游楷等罢兵，令重进军讨颙。商间行过长安，至新平，遇其从甥。从甥素憎商，以告颙，颙捕得商，杀之。乂既败，重犹坚守，后城内知无外救，乃共杀重。先是李流乱蜀，诏侍中刘沈统益州刺史罗尚、梁州刺史许雄等讨之。行次长安，颙请留沈为军司。后领雍州刺史。及张昌作乱，诏颙遣沈将州兵万人，征西府五千人自蓝田关讨之，即峣关，在今陕西蓝田县东南。颙又逼夺其众。长沙王乂命沈将武吏四百人还州。张方既逼京都，王湖、祖逖逖时为乂骠骑主簿。言于乂："启上，诏沈发兵袭颙，颙必召张方自救。"乂从之。沈奉诏，驰檄四境，合七郡之众雍州统京兆、冯翊、扶风、安定、北地、始平、新平七郡，及守防诸军，坞壁甲士万余人袭长安。颙时顿于郑县之高平亭，郑，秦县，今陕西华县。为东军声援。闻沈兵起，还镇渭城。汉县，即秦咸阳，晋省，今陕西咸阳县。遣督护虞夔率步骑万余逆沈于好畤，汉县，今陕西乾县东。夔众败。颙大惧，退入长安。果急呼张方、沈渡渭而垒，而冯翊太守张辅救颙，沈军败。张方遣其将敦伟夜至，沈众溃，与麾下百余人南遁，为陈仓令所执，陈仓，秦县，今陕西宝鸡县。颙鞭而后腰斩之。时永兴元年（304 年）正月也。张方大掠洛中，还长安。

时以河间王颙为太宰、大都督、雍州牧。成都王颖入京师，复旋镇于邺，增封二十郡，拜丞相。初，贾后既死，立愍怀太子之子臧为皇太孙。赵王伦篡位，废为濮阳王，害之。乘舆反正，复立臧弟襄阳王尚为皇太孙。太安元年（302 年），薨，乃立清河康王遐武帝子。之子覃为皇太子。及是，颙表颖宜为储副，遂废覃为清河王，立颖为皇太弟。丞相如故。制度一依魏武故事。乘舆服御，皆迁于邺。颖遣从事中郎盛夔等以兵五万，屯十二城门，殿中宿所忌者皆杀之，以三部兵代宿卫。七月，右卫将军陈眕，殿中中郎逯苞、成辅，及长沙故将上官巳等勒兵讨颖。帝北征。于时驰檄四方，赴者云集，军次安阳，汉侯国，晋为县，今河南安阳县。众十余万，邺中震惧。颖会其众问计。东安王繇即东安公进封，时遭母丧，在邺。曰："天子亲征，宜罢甲缟素，出迎请罪。"司马王混、参军崔旷劝颖拒战。颖从之。遣石超率众五万，次于荡阴。陈眕二弟匡、规，自邺赴王师，云邺中皆已离散，由是不甚设备。超众奄出，王师败绩。矢及乘舆。侍中嵇绍，死于帝侧。左右皆奔散。超遂奉帝幸邺。颖害东安王繇，署置百官，

西晋文官俑
1955 年在湖南长沙高级官员坟墓出土。

杀生自己。立郊于邺南。成都王颙遣张方救邺，方复入洛阳。

初，王沈子浚，以东中郎将镇许昌。愍怀太子幽于许，浚承贾后旨，与孙虑共害之。迁青州刺史。寻徙督幽州。浚为自安计，结好夷狄，以女妻鲜卑务勿尘，又以一女妻苏恕延。三王起义，浚拥众挟两端，遏绝檄书，使其境内士庶，不得赴义，成都王颖欲讨之而未暇也。长沙见害，浚有不平之心。颖乃表请幽州刺史石堪为右司马，以右司马和演代堪，密使杀浚而并其众。演与乌丸单于审登谋之，单于以告浚，浚杀演，自领幽州。遂与并州刺史东嬴公腾讨颖。颖遣幽州刺史王斌及石超、李毅等距浚，为乌丸羯朱等所败。邺中大震，百僚奔走，士庶分散。卢志劝颖奉天子还洛阳。时甲士尚万五千人。志夜部分，至晓，众皆成列。而程太妃恋邺不欲去，颖不能决。俄而众溃，惟志与子谧、兄子綝、殿中虎贲千人而已。志复劝颖早发。时有道士，姓黄，号曰圣人，太妃信之，乃使呼入，道士求两杯酒，饮干，抛杯而去，计始决。而人马复散。志于营阵间寻索，得数乘鹿车。司马督韩玄，收集黄门，得百余人。帝御犊车便发。屯骑校尉郝昌，先领兵八千守洛阳，帝召之，至汲郡而昌至。汲郡，今河南汲县。济河，张方率骑三千奉迎。凡五日至洛。羯朱追至朝歌，汉县，今河南淇县。不及而还。浚乘胜克邺。士众暴掠，死者甚多。鲜卑大略妇女，浚命敢有挟藏者斩，于是沉于易水者八千人。黔庶荼毒，自此始也。张方欲迁都

西晋越窑灯台
收藏于杭州南宋御窑博物馆

长安，将焚宗庙、宫室，以绝人心。卢志说方，方乃止。十一月，方逼天子幸其垒。停三日便西。军人因妻略后宫，分争府藏。魏、晋已来之积，扫地无遗矣。既至长安，以征西府为宫。惟仆射荀藩、司隶刘暾、太常郑球、河南尹周馥与其遗官，在洛阳为留台，承制行事，号为东西台焉。以张方为中领军，录尚书事，领京兆太守。十二月，诏成都王颖以王还第，以豫章王炽为皇太弟。炽即怀帝，武帝第二十五子。

帝之征邺也，以东海王越为大都督。六军败，越奔下邳。后汉国，晋为郡，今江苏邳县。徐州刺史东平王楙徐州治彭城，今江苏铜山县。不纳。越径还东海。治郯，今山东郯城县。成都王颖下宽令招之，越不应命。至是，以越为太傅，与太宰颙夹辅朝政，越让不受。东海中尉刘洽劝越发兵以备颖。兵既起，楙惧，乃以州与越。越以楙领兖州刺史，唱议奉迎大驾，还复旧都。率甲卒三万，西次萧县。今江苏萧县。先是豫州刺史刘乔，亦与诸州郡举兵迎驾。范阳王虓康王绥子。绥，馗子。馗，宣帝弟。督豫州，镇许昌。成都王颖为王浚所破也，虓自许屯于荥阳。会惠帝西迁，虓与从兄平昌公模长史冯嵩等盟，模后封南阳王，高密文献王子。推越为盟主。越承制，转乔为冀州刺史，冀州治房子，今河北高邑县。以虓领豫州。乔以虓非天子命，不受代，发兵距之。颍川太守刘舆颍川治阳翟，见上。昵于虓，乔上尚书，列舆罪恶。河间王颙宣诏，使镇南将军刘弘，征东大将军刘准，平南将军彭城王释，穆王权子。权，馗子，范阳康王之兄也。与乔并力，攻虓于许昌。东平王楙自承制都督兖州，帝遣使者刘虔即拜焉。楙虑兖州刺史苟晞不避己，乃给虔兵，使称诏诛晞。晞时已避位。楙在州，征求不已，郡县不堪命。虓遣晞还兖，徙楙都督青州。晋青州治临菑，今山东临淄县。楙不受命，与乔相结。虓遣将田征击楙，破之。楙走还国。东平国，治须昌，今山东东平县。而乔乘虚破许，虓自拔济河。舆弟琨率众救虓，未至而虓败，琨乃说冀州刺史温羡，使让位于虓。虓遣琨诣幽州乞师，得突骑八百人。此据《琨传》,《乔传》云：琨率突骑五千济河攻虓，其所率不仅幽州兵也。济河攻乔。乔据考城以距之，考城，后汉县，晋省，今河南考城县。不敌而溃。乔收散卒，屯于平氏。汉县，今河南桐柏县西。初，越之起兵，关中大惧。张方谓河间王颙曰："方所领犹有十余万众，奉送大驾还洛宫；使成都王反邺；公自留镇关中；方北讨博陵；国，今河北安平县。如此，天下可以小安。"颙虑事大难济，不许。而成都王颖之废，河北思之，邺中故将公师藩等起兵迎颖，众情翕然。颙乃复使颖都督河北诸军，镇邺。遣将军吕朗屯洛阳，假刘乔节，以其长子祐为东郡太守。东郡，治濮阳，今河北濮阳县。又遣刘弘、刘准、彭城王释等援乔。弘以张方残暴，知颙必败，遣使受东海王越节度。乔遣祐距越于萧县之灵壁，今安徽灵壁县。败之。十二月，吕朗东屯荥阳。颖进据洛阳。颙使颖统楼褒、王阐诸军据河桥以距越。河桥，在今河南孟县南。晋武帝泰始十年（274年），杜预所造。明年，为光熙元年（306年），范阳王虓济自官渡，城名，在今河南中牟县北。拔荥阳，斩石超。分兵向许昌，许昌人纳之。遣督护田征及刘琨以突骑八百迎越。遇刘祐于谯，汉县，今安徽亳县。祐众溃，见杀。乔众遂散，与骑五百奔平氏。越进屯阳武。秦县，今河南阳武县。初，高密王泰为司空，以缪播为祭酒。越将起兵，以播父时故吏，委以心膂。播从弟右卫率胤，河间王颙前妃之弟也。越遣播、胤诣长安说颙：令奉帝还洛，约与颙分陕为伯。张方自以罪重，惧为诛首，谓颙曰："今据形胜之地，奉天子以号令，谁敢不服？"颙犹豫不决。方恶播、胤为越游说，阴欲杀之。播等亦虑方为难，不敢复言。颙遣方率步骑十万往讨越。方屯兵霸上，而刘乔为虓等所破。颙闻乔败，大惧，将罢兵，恐方不从，迟疑未决。播、胤乃复说颙：急斩方以谢。颙参军毕垣，河间冠族，为方所侮，亦说颙曰："张方盘桓不进，宜防其未萌。其亲信郅辅，具知其谋矣。"郅辅者，长安富人，方从山东来，甚微贱，辅厚相供给。及贵，以为帐下督，甚昵之。颙便召辅。垣迎说辅曰："张方欲反，人谓卿知之。王若问卿，但言尔尔。不然，必不免祸。"辅既入，颙问之曰："张方反，卿知之乎？"辅曰："尔。"颙曰："遣卿取之，可乎？"又曰："尔。"颙乃使辅送书于方，因令杀之。送首以示东军，请和于越。越不听。刘琨以方首示吕朗，朗降。王浚遣督护刘根将三百骑至河上，王阐出战，为根所杀。颖顿军张方故垒。范阳王虓遣鲜卑骑与平昌、博陵众袭河桥，平昌，魏郡，治安丘，今山东安邱县西南。楼褒西走。追骑至新安。汉县，今河南渑池县东。道路死者，不可胜数。颖奔长安。越遣其将祁弘、宋胄、司马纂等迎帝。颙使人杀郅辅。四月，遣弘农太守彭随、北地太守刁默距祁弘等于湖。五月，与弘等战，大败。颙又遣马瞻、郭伟于霸水御之。霸水，出蓝田县东，西北过长安入渭。亦战败散走。颙乘单马，逃于太白山。在陕西郿县南。弘等所部鲜卑大掠长安，杀二万余人。弘等奉帝还洛阳，以六月朔至。八月，以东海王越录尚书事，范阳王虓为司空。成都王颖自华阴趋武关，在今陕西商县东。出新野，晋郡，今河南新野县。欲之本国。刘弘拒之。颖弃母、妻，单车与二子庐

西晋越窑青瓷青蛙形水洗盂

江王普、中都王廓渡河赴朝歌，收合故将士，欲就公师藩。顿丘太守冯嵩顿丘，晋郡，今河北清丰县西南。执颖及普、廓送邺。范阳王虓幽之。十月，虓暴薨。虓长史刘舆，见颖为邺都所服，虑为后患，秘不发丧，伪令人为台使，称诏，夜赐颖死，其二子亦死。东军以梁柳为镇西将军，守关中。马瞻等出诣柳，因共杀柳。与始平太守梁迈合从，迎颙于南山。自太白山而东，渭水南岸之山，通称南山。弘农太守裴廙，秦国内史贾龛，秦国，扶风郡改，以封秦王柬者也。安定内史贾疋等起义讨颙，斩马瞻、梁迈等。东海王越遣督护麋晃率国兵伐颙，至郑。颙将牵秀距晃，晃斩秀。此据《颙传》。《牵秀传》云：秀与马瞻等将辅颙以守关中。颙密遣使就东海王越求迎。越遣麋晃等迎颙。时秀拥众在冯

陶侃搬砖图

选自《古圣贤像传略》清刊本 （清）顾沅/辑录 （清）孔莲卿/绘

陶侃（259—334年），字士衡，庐江郡寻阳县（今江西九江）人。西晋时期重要军事将领。《世说新语》记载：『侃在广州无事，辄朝运百甓于斋外，暮运于斋内。人问其故，答曰：「吾方致力中原，过尔优逸，恐不堪事，故自劳耳。」』

翊，晃不敢进。颙长史杨腾，前不应越军，惧越讨之，欲取秀以自效，与冯翊大姓诸严，诈称颙命，使秀罢兵。秀信之。腾遂杀秀于万年。万年县，在今陕西临潼县东北。义军据有关中，颙保城而已。永嘉初，诏书以颙为司徒，而以南阳王模代镇关中。颙就征，模遣将于新安雍谷车上扼杀之，并其三子。此亦据《颙传》。《本纪》：颙之见杀，在光熙元年十二月。

惠帝既还洛阳，大权尽入东海王越之手。光熙元年（306 年），十一月，帝因食饼，中毒而崩。或云越之鸩。帝后羊氏，父玄之。贾后既废，孙秀议立后。后外祖孙旗，与秀合族；又诸子自结于秀；故以太安元年（302 年），立为皇后。成都王颖伐长沙，以讨玄之为名。乂败，颖奏废后为庶人，处金墉城。陈眕等唱伐成都，复后位。张方入洛，又废后。留台复后位。永兴初，方又废后。河间王颙矫诏，以后屡为奸人所立，遣尚书田淑敕留台赐后死，诏书累至，刘暾与荀藩、周馥驰奏距之。颙见表，大怒，遣收暾。暾奔青州，而后遂得免。帝还洛，迎后复位。后洛阳令何乔又废后。张方首至，其日复后位。及是，后虑太弟立为嫂叔，不得称太后，催清河王覃入，将立之。侍中华混等急召太弟。太弟至，即位，是为怀帝。尊羊后为惠皇后。诸葛玟者，武帝诸葛夫人之昆弟。吏部郎周穆，玟之妻昆弟，《后妃传》云：穆为玟妇弟，《八王传》云：玟为穆妹夫。而清河王之舅也。与玟共说东海王越曰："主上之为太弟，张方意也。清河王本太子，为群凶所废，先帝暴崩，多疑东宫，公盍思伊、霍之举，以宁社稷乎？"言未卒，越曰："此岂宜言邪？"叱左右斩之。永嘉初，前北军中候吕雍、度支校尉陈颜等谋立覃为太子。事觉，幽覃于金墉。未几，被害。时年十四。

第四节　洛阳沦陷

怀帝既立，大权仍在东海王越之手。时八王之乱稍澹，然刘渊、石勒等，纷纷并起，势遂不可支矣。

魏武帝分匈奴之众为五部，单于於扶罗之子豹为左部帅。豹卒，子渊代之。太康末，拜北部都尉。杨骏辅政，以渊为五部大都督。元康末，坐部人叛出塞免官。成都王颖镇邺，表渊监五部军事。《晋书·载记》言渊初为侍子，在洛阳，王济尝言于武帝，欲任以东南之事，为孔恂、杨珧所阻。后秦、凉覆没，帝畴咨将帅，李憙又欲发五部之众，假渊一将军之号，使平树机能，又为恂所阻。案，借用夷兵，为后汉以来习见之事，王济、李憙，盖仍狃于旧习，然是时五胡跋扈之形已见，故孔恂、杨珧，欲防其渐也。惠帝失驭，寇盗蜂起，渊从祖故北部都尉左贤王刘宣等，密共推渊为大单于，使其党呼延攸诣邺，以谋告之。渊请归会葬，成都王颖弗许，乃令攸先归告宣等，招集五部，引会宜阳诸胡，声言应颖，实背之也。颖为皇太弟，以渊为太弟屯骑校尉。东嬴公腾、王浚起兵，渊说颖：还说五部，以赴国难。颖悦，拜渊为北单于，参丞相军事。渊至左国城，在今山西离石县北。刘宣等上大单于之号，都于离石。今山西离石县。时永兴元年（304 年）八月也。旋迁于左国城。十一月，僭即汉王位。追尊蜀汉后主为孝怀皇帝，立汉三祖、高祖，世祖，昭烈帝。五宗太宗，世宗，中宗，显宗，肃宗。御主而祭之。东嬴公腾使将讨之，败绩。腾惧，率并州二万余户下山东。渊遣其族子曜寇太原、泫氏、汉县，今山西高平县。屯留、汉县，今山西屯留县。长子、汉县，今山西长子孙。中都，汉县，今山西平遥县西北。皆陷之。二年，离石大饥，迁于黎亭，《续汉志》：上党郡壶关县有黎亭。壶关，在今山西长治县东南。以就邸阁谷。永嘉元年（307 年），刘琨为并州刺史，渊遣刘景要击之于板桥，为琨所败，琨遂据晋阳。汉县，今山西太原县。其侍中刘殷、王育劝渊定河东，取长安，以关中之众，席卷洛阳。渊遂进据河东。寇蒲坂、汉县，在今山西永济县北。平阳，皆陷之。入都蒲子。汉县，在今山西隰县东北。二年，十月，僭即皇帝位，迁都平阳。

石勒，《晋书·载记》云：初名訇，上党武乡羯人也。武乡，晋县，在今山西榆社县北。其先匈奴别部，羌渠之胄。祖耶奕干，父周曷朱，一名乞翼加；并为部落小率。《魏书·羯胡传》无“羌渠之胄”四字，而多“分散居于上党武乡羯室，因号羯胡”十四字。“羌渠”二字，可有二解：匈奴单于之名，一也。《晋书·匈奴传》谓其部落入居塞内者凡十九种，中有羌渠，二也。夷狄多以先世之名为种号，则二名或仍系一实。然羌渠卒于后汉灵帝中平五年（188 年），石勒卒于东晋成帝咸和七年（332 年），年六十，当生于晋武帝泰始九年（273 年），上距中平五年八十五岁，勒果羌渠之胄，非其曾孙，即其玄孙，安得不详世

驼钮金印

中央王朝赐给少数民族首领的驼钮形印章，由黄金浇铸而成。

驼钮「晋归义氐王」金印
收藏于甘肃省博物馆

驼钮「晋归义羌侯」金印
收藏于甘肃省博物馆

数，泛言胄裔？且于於扶罗等尚为近属，安得微为小率，为人佣耕，至被略卖乎？且安得云别部？勒之称赵王也，号胡为国人，下令禁国人不得报嫂及在丧婚取，其烧葬令如本俗。烧葬之俗，古惟氐、羌有之，然则羌渠之胄，犹言羌酋之裔耳。《晋》《魏》二书，盖所本同物？“羌渠之胄”四字，当时盖已有误解者？故《魏书》删之，《晋书》则仍录元文也。晋时羯与匈奴，无甚区别，如晋愍帝出降时下诏张寔，称刘曜为羯贼是。胡三省谓羯为匈奴入居塞内十九种之一，《通鉴》卷八十六晋惠帝永兴二年（305 年）《注》，案据《晋书·匈奴传》：十九种之一曰力羯。其说盖是。羯室盖地以种姓名，非种姓之名，由地而得也。

既免奴为群盗，仍掠缯宝，以赂汲桑。永兴二年七月，公师藩等起兵赵、魏，众至数万，勒与汲桑帅牧人乘苑马数百骑以赴之。桑始命勒以石为姓，勒为名焉。藩济自白马，津名，在今河南滑县北。苟晞讨斩之，勒与桑亡潜苑中。谓茌平牧苑也。勒帅牧人，劫掠郡县，又招山泽亡命以应桑。桑乃自号大将军，称为成都王颖诛东海王越、东嬴公腾。腾时进爵东燕王，光熙元年九月。又改封新蔡。永嘉元年（307 年）三月，督司、冀诸军事，镇邺。五月，桑入邺，害腾。济自延津，在今河南延津县北。南击兖州。越大惧，使苟晞、王赞讨之。越次于官渡，为晞声援。桑、勒为晞所败，收余众将奔刘渊。冀州刺史丁绍要之于赤桥，在今山东聊城县西北。又大败之。桑奔马牧，勒奔乐平。王师斩桑于平原。此据《石勒载记》。《本纪》：十二月，并州人田兰、薄盛等斩汲桑于乐陵。田兰、薄盛系乞活贼，见下。乐陵，今山东乐陵县。时胡部大谓部之大人。张訇督、冯莫突等拥众数千，壁于上党，勒往从之。因说訇督归刘渊。渊署訇督为亲汉王，莫突为都督部大，以勒为辅、汉将军平晋王以统之。乌丸张伏利度，有众二千，壁于乐平，渊屡招不能致。勒伪获罪于渊，奔伏利度，因会执之，率其部众归渊。渊加勒督山东征讨诸军事，以伏利度之众配之。

王弥，东莱人。东莱，汉郡，今山东掖县。家世二千石。弥有才干，博涉书记，少游侠京师。光熙元年（306 年），三月，帷令刘伯根反，帷，汉县，在今山东黄县西南。《王弥传》称伯根为妖贼，《高密孝王略传》谓其诳惑百姓，盖借宗教以惑众。弥率家僮从之，伯根以为长史。王浚遣将讨伯根，斩之。弥聚徒海渚，为苟纯所败，纯，晞弟，晞使督青州。亡入长广山为群贼，谓长广县之山。长广，汉县，今山东莱阳县。寇青、徐二州。后苟晞击破之。弥退集亡散，众复大振。晞与之连战，不能克。弥进寇泰山、汉郡，今山东泰安县。鲁、汉国，晋郡，治鲁县，今山东曲阜县。谯、梁、陈、后汉郡，今河南淮阳县。汝南、颍川、襄城诸郡。襄城，晋郡，今河南襄城县。永嘉二年（308 年），四月，入许昌。五月，遂寇洛阳。司徒王衍破之七里涧。在洛阳东。弥谓其党刘灵曰："晋兵尚强，归无所厝，刘元海渊字。昔为质子，我与之周旋京师，深有分契，今称汉王，将归之，可乎？"灵然之。乃渡河归刘渊。此据《晋书·弥传》。刘灵，阳平人，公师藩起，灵自称将军，寇掠赵、魏。《通鉴》系弥及灵之降汉于永嘉元年。《考异》曰："《弥传》：弥败于七里涧，乃与灵谋归汉。案《十六国春秋》：灵为王赞所败，弥为苟纯所败，乃谋降汉。今年春，灵已在渊所，五月弥乃如平阳，则二人降汉已久矣。"案二人先或降汉，然其决心归汉，而深资其力，仍不妨在此时也。

匈奴之众，虽云强劲，然在晋初，似已不甚足用，故刘渊初起时，必冒称汉后，冀得汉人扶翼也。盖匈奴与汉，杂居既久，多能力田，匈奴为汉人佃客。其好斗之风，已稍衰矣。是时晋阳荒残已甚，故渊不欲北师。洛阳自魏已来为国都，自其所欲，然力实未足取洛，故刘殷、王育劝其先定河东，取长安。然渊起兵数年以后，仍局促河东一隅，则其兵力实甚有限，微王弥、石勒归之，固不能为大患也。王弥、石勒，初亦不过群盗，使晋有雄武之主，才略之相，指挥州郡，削平之固亦不难。惜乎怀帝受制东海，不能有为；东海既无智勇，又乏度量，不惟不能指挥州郡，反致互相猜嫌。诸征镇惟刘琨为公忠，而并州破败已甚，自守且虞不足；王浚虚骄，苟晞残暴，俱非济世之才。于是中枢倾覆，州郡亦五合六聚而不能救矣，哀哉！

东海王越初甚德苟晞，与之结为兄弟。既而纳长史潘滔之说，转晞为青州，而自牧兖州，由是与晞有隙。越遂督兖、豫、司、冀、幽、并六州。永嘉二年，三月，自许迁于鄄城。汉县，今山东濮县。八月，复迁濮阳。汉县，今河北濮阳县。后又迁于荥阳。三年，三月，自荥阳还洛。初，惠帝之还旧都，缪播亦从怀帝还，契阔艰难，深相亲狎。及怀帝即位，以播为从事黄门侍郎。俄转侍中，徙中书令。专管诏命，任遇日隆。及是，越勒兵入宫，于帝侧收播及其弟散骑常侍太仆胤、尚书何绥、太史令高堂冲、帝舅王延等十余人杀之。奏宿卫有侯爵者皆罢。时殿中武官并封侯，由是出者略尽。以何伦为右卫将军，王景为左卫将军，领东海国兵数百人宿卫。越解兖州牧，领司徒。盖时中枢亦不能与越同心，而越遂处于进退维谷之势矣。

王弥、石勒既降刘渊，渊使之寇邺。时尚书右仆射和郁镇邺。永嘉二年，九月，弥与勒攻之，郁奔卫国。汉县，今山东观城县。勒寇冀州，三年，四月，陷堡壁百余。七月，渊子聪与王弥寇上党，以石勒为先锋。围壶关，陷之，上党降贼。九月，聪围浚仪。秦县，在今河南开封县西北。曹武等讨之，败绩。聪等长驱至宜阳。平昌公模遣淳于定、吕毅等讨之，又败。聪恃胜不设备，弘农太守垣延诈降，夜袭败之。是役也，《载记》称渊素服以迎师，盖其丧败颇甚。然是冬，复大发卒，遣聪、弥与刘曜、刘景等率精骑五万寇洛阳，呼延翼率步卒为之后继。

《锁谏图》传为（唐）阎立本　收藏于故宫博物院

五胡十六国时，匈奴君主刘聪荒淫残暴，准备为刘贵妃建凰仪楼。廷尉陈元达知道后，追到逍遥园的中堂冒死进谏，刘聪大怒，下令处死他全家，陈元达用铁链将自己绑在大树上并据理力争。在后堂的刘贵妃听到后，派侍女送去密柬劝告刘聪，此事才得以平息。刘聪接受了刘贵妃的建议，赞扬了陈元达的行为，并将逍遥园改名为纳贤堂。

晋颇败其兵，又得乞活帅李浑、薄盛来救，东嬴公腾之镇邺也，携并州将田甄、甄弟兰、祁济、李浑、薄盛等部众万余人至邺，遣就谷冀州，号为乞活。及腾败，甄等邀破汲桑于赤桥，越以甄为汲郡，兰为巨鹿太守。甄求魏郡，越不许。甄怒，越召之不至，遣监军刘望讨之。李浑、薄盛斩兰降。甄与任祉、祁济弃军奔上党。案，乞活是时虽降，其众仍屯结不散，是后屡见其名焉。巨鹿，晋治廮遥，今河北宁晋县。渊乃召聪等还。石勒寇常山，晋常山郡，治真定，今河北正定县。王浚使祁弘以鲜卑骑救之，大败之于飞龙山。《隋志》：飞龙山在石邑。隋石邑县，在今河北获鹿县东南。勒退屯黎阳。汉县，在今河南濬县东北。时晋使车骑将军王堪，北中郎将裴宪讨勒，宪奔淮南，魏郡，治寿春，今安徽寿县。堪退保仓垣。城名，在开封西北。勒陷长乐，晋国，即汉信都郡，今河北冀县。害冀州刺史王斌。四年（310年）二月，袭鄄城，兖州刺史袁孚战败，为其下所杀。勒遂陷仓垣，害王堪。五月，寇汲郡，执太守胡龛。遂南济河。荥阳太守裴纯奔建业。时刘聪攻河内，勒复会之。至九月而河内降于勒。六月，刘渊死，子和即伪位，聪弑而代之。

命子粲寇洛阳，勒复与粲会。已而粲出轩辕。山名，在今河南偃师县东南，接巩、登封二县界。勒出成皋关。谓成皋县之关。成皋，今河南汜水县。围陈留太守王赞于仓垣，为赞所败，退屯文石津。在今河南延津县东北。欲北攻王浚，而浚将王甲始以辽西鲜卑万余在津北，乃复南济河，攻襄城。汉县，后汉末置郡，今河南襄城县。时王如、侯脱、严嶷等叛于宛，勒并脱、嶷之众，惮如之强不敢攻，乃南寇襄阳，汉县，后汉末置郡，今湖北襄阳县。渡沔寇江夏。晋郡，今湖北安陆县。复北寇新蔡，秦县，晋置郡，今河南新蔡县。进陷许昌。王弥之解洛围也，请于刘曜，愿出兖、豫，收兵积谷，以待师期。于是出轩辕，攻襄城。平阳、弘农、上党诸流人在颍川、襄城、汝南、南阳、秦郡，治宛，今河南南阳县。河南者数万家，为旧居人所不礼，皆焚烧城邑，杀二千石长吏以应弥。弥又以二万人会石勒寇陈郡、颍川，屯阳翟，遣弟璋与勒共寇徐、兖，于是洛阳四面皆敌，日以孤危矣。

时京师饥，东海王越以羽檄征天下兵，无至者。越不得已，乃请出讨石勒，且镇集兖、豫，以援京师。帝曰："今逆虏侵逼郊畿，王室蠢蠢，莫有固志，岂可远出，以孤根本？"越言："贼灭则东诸州职贡流通，若端坐京辇，所忧逾重。"盖时京师实已不能自立矣。十一月，越率众出许昌，以行台自随。留妃裴氏、世子毗及李恽、何伦等守卫京都。以豫州刺史冯嵩为左司马，自领豫州牧。率甲士四万，东屯于项。于是宫省无复守卫，殿内死人交横。府寺营署，并掘堑自守。盗贼公行，枹鼓之音不绝。镇集外州之效未见，京师反弥不能自立已。

时周馥督扬州，镇寿春，汉县，晋孝武帝避讳，改为寿阳，今安徽寿县。乃表请迁都。言"王都罄乏，不可久居。河朔萧条，崤、函险涩，宛都屡败，江、汉多虞，于今平夷，东南为愈。淮阳之地，北阻涂山，在今安徽怀远县东。南抗灵岳，此指霍山言，在今安徽霍山县西北。名川四带，有重险之固。是以楚人东迁，遂宅寿春。徐、邳、东海，亦足戍御。且运漕四通，无患空乏。臣谨选精卒三万，奉迎皇驾。辄檄荆、湘、江、扬，各先运四年米租十五万斛，布、绢各十四万匹，以供大驾。令王浚、苟晞，共平河朔；臣等戮力，以启南路；迁都弭寇，其计并得。皇舆来巡，臣宜转据江州，以恢皇略”。馥不先白越，而直上书，越大怒。先是越召馥及淮南太守裴硕。馥不肯行，而令硕率兵先进。硕贰于馥，乃举兵，称馥擅命，已奉越密旨图馥，遂袭之。为馥所败，退保东城。秦县，今安徽定远县东南。初，越之收兵下邳也，使琅邪王睿监徐州诸军事，即元帝，武王伷孙，父曰恭王觐。镇下邳，寻都督扬州。越西迎驾，留睿居守。及是，硕求救于睿。睿遣甘卓、郭逸攻馥。安丰太守孙惠率众应之。安丰，晋郡，治霍丘，今安徽霍邱县。明年，正月，馥众溃，奔于项，为新蔡王确所拘，确，腾子。忧愤发病卒。案观刘渊、刘聪屡攻洛而不得志，知晋之兵力，尚足以固守洛阳，所苦者为饥馑。论物力之丰歉，自以南方为胜。史称东海王越以羽檄征天下兵，怀帝谓使者曰："为我语诸征镇：若今日尚可救，后则无逮矣。"时莫有至者。此说亦不尽然。是年九月，山简、督荆、湘、交、广，时镇襄阳。王澄、荆州刺史。杜蕤，南中郎将。实并遣兵入援，特为王如所阻耳。使怀帝果能迁都，江、扬、荆、湘之转漕，必能如期而至。不惟足以自立，且可支援北方。士饱马腾，军心自振。此时北方之破败，尚未至如后来之甚；怀帝号令北方，亦自较元帝为易。淮阳东控徐、兖，西接司、豫，其形势，自与后来之崎岖江左者不同也。史称馥以越不尽臣节，每言论厉然，越深惮之，其覆之也，盖全以其私怨；元帝则越之党耳；其误国之罪亦大矣。

南方之事甫平，东方之难复起。时潘滔为河南尹，与尚书刘望等共诬陷苟晞。晞怒，表求滔等首。又移告诸州，称己功伐，陈越罪状。帝

西晋越窑虎头壶

西晋越窑神人楼阁纹青瓷瓶

亦恶越专权。永嘉五年（311年）正月，乃密诏晞讨越。三月，复诏下越罪状，告方镇讨之。以晞为大将军。越使从事中郎杨瑁为兖州，与徐州刺史裴盾共讨晞。晞使骑收潘滔，滔夜遁，乃执尚书刘曾、侍中程延斩之。越以祸结衅深，忧愤成疾，薨于项。以襄阳王范楚隐王子。为大将军，统其众，还葬东海。越之出也，以太尉王衍为军司。及是，众推衍为主，率众东下。石勒以轻骑追之，及之苦县之宁平城。苦，汉县，晋更名谷阳，在今河南鹿邑县东。宁平，汉县，晋省，在鹿邑西南。衍遣将军钱端与战，败死。衍军大溃。勒分骑围而射之，相登如山，无一免者。执衍等害之。左卫何伦、右卫李恽闻越薨，秘不发丧，奉裴妃及越世子毗，出自洛阳。从者倾城，所在暴掠。至洧仓，洧水之邸阁，在许昌东。又为勒所败。毗及宗室三十六王，俱没于贼。此据《越传》，《本纪》作四十八王。李恽杀妻子奔广宗。何伦走下邳。裴妃为人所略卖，大兴中得渡江。

广宗，后汉县，今河北威县东。于是晋之兵力亦尽矣。

五月，先是苟晞表请迁都仓垣，帝将从之。诸大臣畏潘滔，不敢奉诏。且宫中及黄门恋资财不欲出。至是饥甚，人相食，百官流亡者十八九。帝召群臣会议将行，而警卫不备。帝抚手叹曰：“如何？”时无车舆，乃使司徒傅祗出诣河阴，汉平阴县，魏改，在今河南孟津县东。修理舟楫，为水行之备。朝士数十人导从，帝步出西掖门，至铜驼街，为盗所掠，不得进而还。刘聪遣其子粲及王弥、刘曜等率众四万，长驱入洛川。遂出轩辕，周旋梁、陈、汝、颍之间。聪复以禁兵二万七千，配其卫尉呼延晏，自宜阳入洛川，命王弥、刘曜及石勒进兵会之。晏及河南，王师前后十二败，死者三万余人。晏遂寇洛阳，攻陷平昌门。以后继不至，复自东阳门出。时帝将济河东遁，具船于洛水，晏尽焚之，还于张昌故垒。王弥、刘曜至，遂会围洛阳。六月，宣阳门陷，帝开华林园门，出河阴藕池，为曜等所追及。百官士庶，死者三万余人。帝蒙尘于平阳。刘聪以帝为会稽公。七年（313年）正月，聪大会，使帝着青衣行酒，侍中庾珉号哭，贼恶之。会有告珉及王俊等谋应刘琨者，帝遂遇弑，崩于平阳。时年三十。珉等皆遇害。史载荀崧之言：谓“怀帝天姿清劭，少著英猷，若遭承平，足为守文佳主，而继惠帝扰乱之后，东海专政，无幽、厉之衅，而有流亡之祸”。盖晋之亡，其原因虽非一端，而怀帝之坐困于洛阳，则东海实为之，其罪要未容末减也。

第二章 东晋乱亡

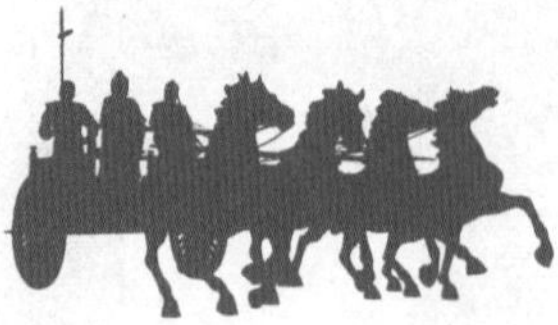

第一节　元帝东渡

惠末大乱，怀、愍崎岖北方，卒无所就，而元帝立国江东，遂获更衍百年之祚，此盖自初平以来，久经丧乱，民力凋敝，朝廷纪纲，亦极颓败，其力不复能戡定北方，而仅足退守南方以自保，大势所趋，非一人一事之咎也。元帝名睿，为宣帝曾孙，嗣为琅邪王。东海王越收兵下邳，使帝监徐州诸军事，俄督扬州。越西迎大驾，留帝居守。永嘉初，移镇建业。周馥表请迁都，帝受东海王越之命，击走之。及怀帝蒙尘，司空荀藩移檄天下，推帝为盟主。江州刺史华轶不从。轶，歆之曾孙。东海王越牧兖州，引为留府长史。永嘉中，历江州刺史。在州甚有威惠。时天子孤危，四方瓦解，轶每遣贡献入洛，不失臣节。谓使者曰："若洛都道断，可输之琅邪王，以明吾之为司马氏也。"然轶自以受洛京所遣，而为寿春所督，时扬州刺史治寿春。时洛京尚存，不能祗承元帝教命。元帝遣周访屯彭泽以备轶。彭泽，汉县，吴置郡，在今江西湖口县东。访过姑熟。城名，今安徽当涂县。著作郎干宝，见而问之。访曰："华彦夏轶字。有忧天下之诚，而不欲碌碌受人控御，顷来纷纭，粗有嫌隙，今又无故以兵守其门，将成其衅。吾当屯寻阳故县，汉寻阳县，在今湖北黄梅县北。晋置郡，治柴桑，即今江西九江县，始移于江南。既在江西，可以捍御北方，又无嫌于相逼也。”初陈敏之乱，刘弘以陶侃为江夏太守。后以母忧去职。服阕，参东海王越军事。轶表侃为扬武将军，使屯夏口。又以侃兄子臻为参军。臻恐难作，托疾而归。侃怒，遣臻还轶。臻遂东归元帝。帝大悦，命臻为参军。加侃奋威将军。侃乃与轶绝。及元帝承制，改易长史，轶又不从命。于是遣左将军王敦都督甘卓、周访、宋典、赵诱讨之。前江州刺史卫展，不为轶所礼，心常鞅鞅。至是，与豫章太守周广为内应，潜军袭轶。轶众溃，奔于安城。追斩之，及其五子，传首建业。愍帝即位，加帝左丞相。岁余，进位丞相，大都督中外诸军事。建兴五年（317年），二月，平东将军宋哲至，宣愍帝遗诏，使帝摄万机。三月，即晋王位，改元建武。明年，建兴六年（318年），元帝大兴元年。愍帝崩问至，乃即帝位。

东晋越窑青瓷鸡首壶

晋元帝司马睿

选自《历代帝王半身像》册　佚名　收藏于中国台北『故宫博物院』

司马睿（276—323年），字景文，晋武帝司马炎侄子。八王之乱时，司马睿曾参与讨伐司马颖，作战失利后，依附于东海王司马越。后来他在王导的建议下前往建康，并极力结交江东大族。318年，司马睿称帝，重用王导，致使大权旁落，成为傀儡皇帝，时人称之『王与马，共天下』，最终忧愤而死。

《新刻出像增补搜神记卷》明刊本插图（节选）

（晋）干宝／集撰

干宝（？—336年），字令升，汝南郡新蔡县（今河南新蔡）人，东晋文学家、史学家。干宝因撰写《搜神记》，被称为『中国志怪小说鼻祖』。《搜神记》是一部中国民间志怪故事集，共四百多篇。《新刻出像增补搜神记卷》收录儒、释、道诸神精美画像共159幅，在此罗列一些，供大家欣赏。

道教源流

南嶽

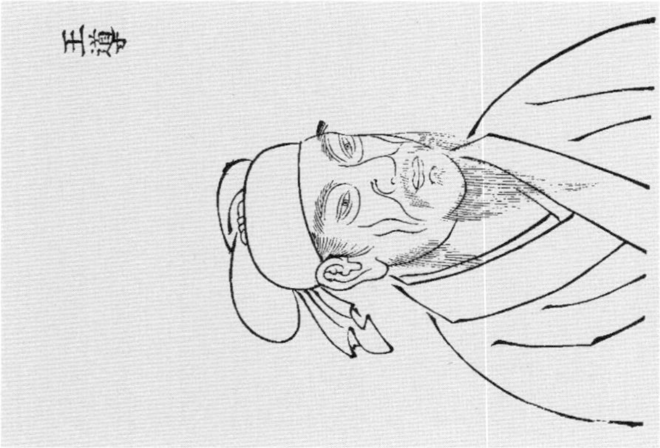

王导像

选自《古圣贤像传略》清刊本　（清）顾沅／辑录　（清）孔莲卿／绘

王导（276—339年），字茂弘，琅琊郡临沂县（今山东临沂）人。王导是东晋开国元勋，历仕元帝、明帝和成帝三代，是东晋政权的奠基者。司马睿刚到建康时，没什么名望，江南民众不信服于他。王导与堂兄王敦设计，让司马睿在上巳节乘坐肩舆出行，自己与有名望的北方士族则在后骑马跟随，自此司马睿就渐渐得到江南士族的支持，百姓亦归附。因王导和王敦尽心辅助司马睿，当时人都称『王与马，共天下』。司马睿也尊王导为『仲父』。

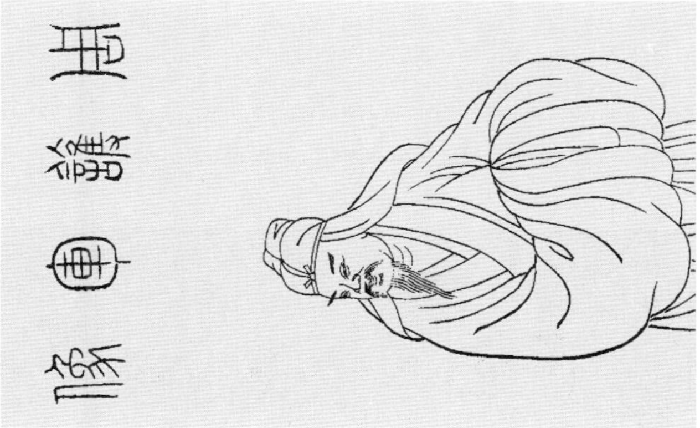

周顗像

选自《古圣贤像传略》清刊本　（清）顾沅／辑录　（清）孔莲卿／绘

周顗（269—322年），字伯仁，汝南郡安成县（今河南汝南）人。周顗是西晋安东将军周浚之子，少年时就有名气。东晋建立后，周顗历任太子少傅、尚书左仆射、护军将军等职位。王敦叛乱后，对周顗说：『伯仁，你有负于我（指当日杜弢之乱时王敦曾协助过周顗）。』周顗却义正词严地指出王敦的谋逆之举。于是，王敦决定杀死周顗。刑场上，周顗再次痛骂王敦后，面不改色地赴死。王敦之乱平定后，周顗获追赠左光禄大夫，仪同三司。

《王导传》云：导参东海王越军事。时元帝为琅邪王，与导素相亲善。导知天下已乱，遂倾心推奉，帝亦雅相亲重，契同友执。帝之在洛阳也，导每劝令之国。会帝出镇下邳，请导为安东司马。军谋密策，知无不为。及徙镇建康，吴人不附，居月余，士庶莫有至者，导患之。会敦来朝。导谓之曰："琅邪王仁德虽厚，而名论犹轻，兄威风已振，宜有以匡济之。"会三月上巳，帝亲观禊，乘肩舆，具威仪，导及诸名胜皆骑从。吴人纪瞻、顾荣，皆江南之望，窃觇视之，见其如此，咸惊惧，乃相率拜于道左。导因进计曰："古之王者，莫不宾礼故老，存问风俗，虚己心以招俊乂，况天下丧乱，九州分裂，大业草创，急于得人者哉？顾荣、贺循，此土之望，未若引之，以结人心。二子既至，则无

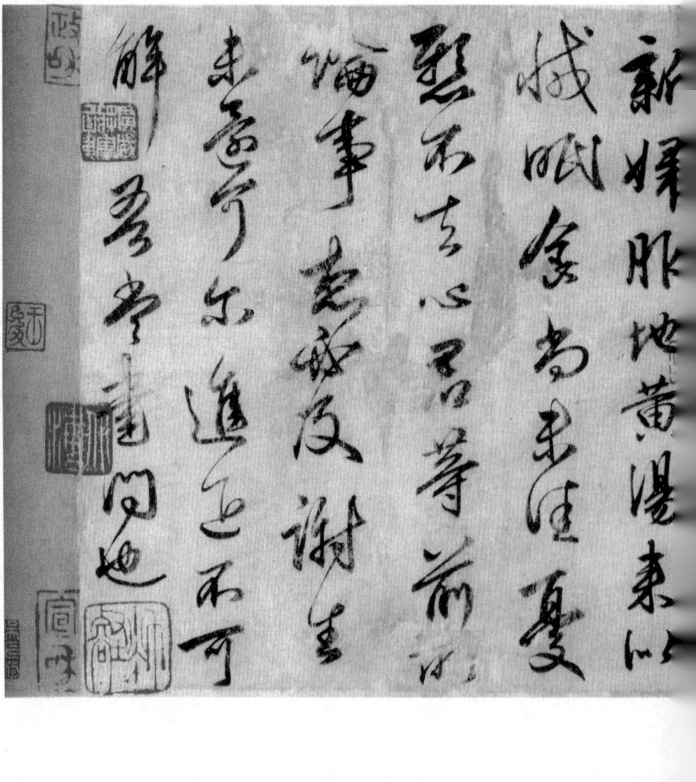

《新妇地黄汤帖》

（东晋）王献之/原作　此为唐摹本　收藏于日本东京台东区立书道博物馆

王献之（344—386年），字子敬，琅琊临沂（今山东临沂）人，王羲之第七子。王献之精习书法，以行书和草书闻名，与王羲之并称『二王』。《新妇地黄汤帖》内容为：『新妇服地黄汤来，似减。眠食尚未佳。忧悬不去心。君等前所论事，想必及。谢生未还，可尔。进退不可解，吾当书问也。』

地黄汤是一味中药，这幅作品应该是有关寻医问药的尺牍。

不来矣。”帝乃使导躬造循、荣。二人皆应命而至。由是吴会风靡，百姓归心焉。自此之后，渐相崇奉，君臣之礼始定。俄而洛京倾覆，中州士女，避乱江左者十六七。导劝帝收其贤人君子，与之图事。时荆、扬晏安，户口殷实。导为政，务在清静。每劝帝克己厉节，匡主宁邦。于是尤见委杖，情好日隆。朝野倾心，号为仲父。此传颇能道出东晋建国之由。三言蔽之，曰：能调和南方人士，收用北来士大夫，不竭民力而已。史言：“惠皇之际，王室多故，帝每恭俭退让，以免于祸。沉敏有度量，不显灼然之迹，故时人未之识焉。”深沉有余，雄略不足，是则元帝之为人也。帝之本志，盖仅在保全江表，而不问北方，即王导之志亦如此，故能志同道合。东晋之所以能立国江东者以此，其终不能恢复北方者亦以此。以建国之规模一定，后来者非有大才，往往不易更变也。

第二节　桓温废立

桓温篡志，蓄之已久，满拟伐燕一捷，归而即尊，枋头丧败，事出虑外，而篡窃之谋，已如骑虎之势，不得下矣，于是废立之计起焉。《温传》云："温久怀异志，欲先立功河朔，还受九锡，既逢覆败，名实顿减，于是参军郗超进废立之计。"太和六年（371 年）十一月，温自广陵屯于白石。旋诣阙，以崇德太后令，废帝为东海王。其罪状，则谓帝在藩夙有痿疾，嬖人相龙、计好、朱灵宝等参侍内寝，而二美人田氏、孟氏生三男，欲建树储藩，诬罔祖宗，倾移皇基也。《纪》云：惮帝守道，恐遭时议，以宫闱重闷，床笫易诬，乃言帝为阉，遂行废辱。又以太后诏立会稽王昱，是为简文帝。太宰武陵王晞，元帝子。有武干，为温所忌。温乃表晞聚纳轻剽，苞藏亡命。又息综矜忍，虐加于人；袁真叛逆，事相连染。请免晞官，以王归藩，免其世子综官。又遣弟秘逼新蔡王晃，东嬴公腾，腾后改封新蔡王，被害，谥武哀。子庄王确立。卒，无子，以汝南文成王亮曾孙邈嗣。卒，子晃嗣。自诬与晞、综及著作郎殷涓，太宰长史庾倩、掾曹秀、舍人刘疆等谋逆，收付廷尉，请诛之。帝不许。乃废晞，及其三子徙于新安，晃废徙衡阳，吴郡，今湖南湘潭县西。而族诛殷涓等。涓，浩之子，倩及其弟散骑常侍柔，皆冰之子，希之弟，冰女则东海王妃也。杀东海王二子及其母。废王为海西公。明年，咸安二年（372 年）。四月，徙居吴。庾倩之死也，其兄广州刺史蕴，饮鸩而死。东海太守友，子妇温弟秘之女也，故得免。希与子邈及子攸之，逃于海陵陂泽中。海陵，晋郡，今江苏泰县。故青州刺史武沈，希之从母兄也，潜饷给希，经年。温后知之，遣兵捕希。是岁，六月，沈子遵，约希聚众海滨，略渔人船，夜入京口，称海西公密旨除凶逆。七月，温遣东海内史周少孙讨禽之。希、邈及子侄五人斩于建康市。遵及党与皆伏诛。惟友及蕴诸子获全。是月，简文帝崩。子昌明立，是为孝武帝。十一月，妖贼卢悚，遣弟子殿中监许龙，晨到海西公门，称太后密诏，奉迎兴复。海西公初欲从之，纳保母谏而止。悚突入殿庭，游击将军毛安之等讨禽之。海西公深虑横祸，乃杜塞聪明，终日酣畅；耽于内宠，有子不育。朝廷以其安于屈辱，不复为虞。太元十一年（386 年）十月，卒于吴。

简文帝崩时：桓温仍镇姑孰。帝遗诏以温辅政，依诸葛亮、王导故事。《王坦之传》曰：简文帝临崩，诏大司马温依周公居摄故事。坦之自持诏入，于帝前毁之。坦之，述子，时领右卫将军。帝曰："天下傥来之运，卿何所嫌？"坦之曰："天下宣、元之天下，陛下何得专之？"帝乃使坦之改诏焉。《王彪之传》曰：简文崩，群臣疑惑，未敢立嗣。或云当须大司马处分。彪之正色曰："君崩，太子代立，大司马何容得异？若先面谘，必反为所责矣。"于是朝议乃定。彪之时为尚书仆射。及孝武帝即位，太皇太后令：以帝冲幼，加在谅暗，令温依周公居摄

陶弘景像

选自《列仙传》（西汉）刘向／撰

陶弘景，字通明，丹阳秣陵（今江苏南京）人。陶弘景中年后，隐居到茅山修道，并创立茅山宗。梁武帝很赏识他，常以朝中大事询问他，因此他也被称为『山中宰相』。陶弘景修订过《神农本草经》，可惜现在只存残本。在《养性延命箓》里，陶弘景主张养生应形神兼修。

故事。事已施行。彪之曰："此异常大事，大司马必当固让，使万几停滞，稽废山陵，未敢奉令。"谨具封还内请停，事遂不行。《温传》曰：温初望简文临终，禅位于己，不尔便为周公居摄。事既不副所望，故甚愤怨。与弟冲书曰："遗诏使吾依武侯、王公故事耳。"孝武帝即位，诏"内外众事，关温施行"。复遣谢安征温入辅。安时为吏部尚书，中护军。宁康元年（373 年）二月，温入朝。停京师十有四日，归于姑孰。遂寝疾不起。七月，卒。《温传》言温讽朝廷加己九锡，累相催促，谢安、王坦之闻其病笃，密缓其事，锡文未及成而薨。时年六十二。《王彪之传》曰：温遇疾，讽朝廷求九锡。袁宏为文，以示彪之。彪之谓宏曰："卿固大才，安可以此示人？"时谢安见其文，又频使宏改之。宏遂逡巡其事。既屡引日，乃谋于彪之。彪之曰："闻彼病日增，亦当不复支久，自可更小迟回。"宏从之。温亦寻薨。案简文帝自永和二年（346 年）何充卒秉政，至其立，已二十五年。引用殷浩，以与温抗者，即简文也。《纪》言帝初即位，温撰辞欲自陈述，帝引见，对之悲泣，温惧不能言。有司奏诛武陵王晞，帝不许。

温固执，至于再三。帝手诏报曰："若晋祚灵长，公便宜奉行前诏。如其大运去矣，请避贤路。"温览之，流汗变色，不敢复言。又言帝践阼，荧惑入大微，帝甚恶焉。时中书郎郗超在直。帝乃引入，谓曰："命之修短，本所不计，故当无复近日事邪？"及超请急省其父，帝谓之曰："致意尊公：国家之事，遂至于此，由吾不能以道匡济，愧叹之深，言何能喻？"因咏庾阐诗云："志士痛朝危，忠臣哀主辱。"遂泣下沾襟。然则帝之于温，初无所畏。《纪》又谓帝神识恬畅，而无济世大略；故谢安称为惠帝之流，清谈差胜耳；谢灵运迹其行事，亦以为赧、献之辈；盖非笃论也。《晋书》好博采而辞缺断制，往往数行之间，自相矛盾，要在知其体例，分别观之耳。作者意在博采，原不谓其所著皆可信也。据《本纪》：孝武之立为太子，实与简文之崩同日，然则《王彪之传》谓君崩太子代立，大司马何容得异？语亦有误。其所争者，盖非太子之当立与否，而孝武之当为太子与否也。然则《晋书》记载，多不容泥，谓简

谢灵运像

选自《历代圣贤半身像》册　佚名　收藏于故宫博物院

谢灵运（385—433年），名公义，字灵运，陈郡阳夏县（今河南太康）人。谢灵运是谢玄之孙，以山水诗闻名，他曾说："天下才有一石，曹植才高八斗，天下人共一斗，我独占一斗。"

谢安像

选自《古圣贤像传略》清刊本　（清）顾沅/辑录

（清）孔莲卿/绘

谢安（320—385年），字安石，陈郡阳夏（今河南太康）人。谢安出身世家大族，才情隽永，有治世大才，但其人淡泊，屡次拒绝朝廷任命，隐居于会稽郡山阴县的东山，常与王羲之、许询等游山玩水，过着悠闲潇洒的生活。直到四十岁时谢家在朝中人才尽去后，在王坦之的劝说下，任征西大将军司马等职。谢安虽身居高位，但常怀隐居的志趣。谢安总能把晋室利益摆在首位。他不仅与王坦之挫败了桓温篡位的意图，还在淝水之战中担任总指挥，打败前秦苻坚的军队，使晋室得以续存。后来，谢安因功高被孝武帝猜疑，他主动前往广陵避祸，去世前交出了全部兵权。

陶侃、桓温、温峤像

选自《后三国演义》插图　佚名

桓温（312—373年），字元子，谯国龙亢县（今安徽怀远龙亢）人。桓温颇有野心，晚年时手握朝中大权，多次想篡位。但在谢安与王坦之的阻止下，未能如愿。桓温快去世时，想要获得朝廷赏赐九锡，谢安等人故意拖延时间，又使其愿望破灭。陶侃、温峤都是桓温的前辈，他们都曾手握重兵，却一直拥护晋室。

文视天下为傥来之运，恐亦诬辞矣。然则桓温图篡虽急，而朝廷拒之甚坚，且镇之以静，终不为其虚声所动，盖自其举兵欲胁废殷浩以来，至于孝武之初，始终若一，初非谢安、王坦之、王彪之等数人之力也。简文之才力，亦实有足称矣。此又见庾氏之欲推立之，实非为私意也。

温四弟：云、豁、秘、冲。六子：熙、济、韵、祎、伟、玄。熙初为世子，后以才弱，使冲领其众。温病，熙与秘谋杀冲。冲知之，先遣力士拘录熙、济，而后临丧。熙、济俱徙长沙，秘亦废弃。云前卒。豁时刺荆州，加督荆、扬、雍、交、广。扬当作梁。冲督扬、豫、江三州，为扬州刺史，镇姑孰。豁子竟陵太守石秀为江州刺史，镇寻阳。八月，崇德太后临朝摄政。九月，以王彪之为尚书令，谢安为仆射，刁彝为徐、兖二州刺史，镇广陵。二年（374 年），正月，彝卒。二月，以王坦之代之。三年，五月，坦之卒。以桓冲为徐州刺史，镇丹徒。谢安领扬州刺史。太安元年（376 年），太后归政。安为中书监，录尚书事。二年，八月，为司徒。桓豁卒。十月，以桓冲为荆州刺史。王蕴为徐州刺史，督江南晋陵诸军。蕴，孝武后父。谢玄为兖州刺史、广陵相，监江北诸军。玄，安兄子。于是下流之势渐重矣。《王彪之传》云：谢安不欲委任桓冲，故使太后临朝，献替专在于己。《冲传》云：冲既代温居任，则尽忠王室。或劝冲诛除时望，专执权衡，冲不从。谢安以时望辅政，为群情所归，冲惧逼，宁康三年（375 年），乃解扬州，自求外出。桓氏党与以为非计，莫不扼腕苦谏；郗超亦深止之；冲皆不纳。桓温尚无所成，而况于冲？其不敢为非分之图，亦固其所。然冲之为人，雅与温异，颇有公忠之心，其不为非分之图，亦非尽由才之不及，势之不可也。温据上流久，且夙怀反侧之心，其余毒，自非一朝所能消弭，故桓玄卒资之以构逆。然当苻坚入寇时，晋之克弘济于艰难者，实赖上下游之无衅，其时上下游之无衅，则冲实为之，冲亦可谓贤矣。

王羲之与书法

两晋南北朝是中国书法发展的重要时期。在这段时期，汉字书体承上启下，草书、楷书、行书得以定型，书法名家辈出，书法精品被后世奉为瑰宝。卫瓘、卫恒、皇象、索靖、陆机、王羲之、王献之等都是当时有名的书法大家。其中，王羲之成就最高，集当时书法之大成。

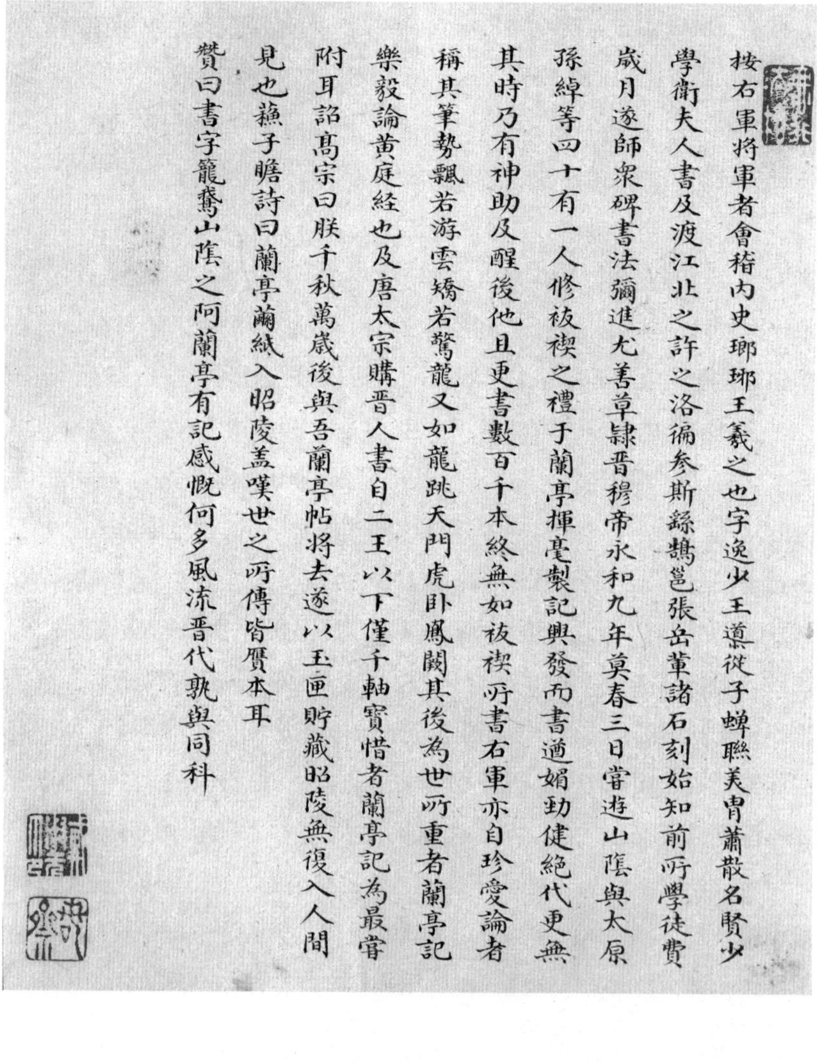
按右軍将軍者會稽内史瑯琊王羲之也字逸少王導從子蟬聯美胄蕭散名賢少學衛夫人書及渡江北之許之洛徧参斯繇鵠邕張岳葦諸石刻始知前所學徒費歲月遂師衆碑書法彌進尤善草隸晋穆帝永和九年莫春三日嘗遊山陰與太原孫綽等四十有一人修祓禊之禮于蘭亭揮毫製記興發而書遒媚勁健絶代更無其時乃有神助及醒後他日更書數百千本終無如祓禊所書右軍亦自珍愛論者稱其筆勢飄若游雲矯若驚龍又如龍跳天門虎卧鳳闕其後為世所重者蘭亭記樂毅論黄庭経也及唐太宗購晋人書自二王以下僅千軸寳惜者蘭亭記為最嘗附耳詔高宗曰朕千秋萬歲後與吾蘭亭帖将去遂以玉匣貯藏昭陵無復入人間見也蘇子瞻詩曰蘭亭繭紙入昭陵蓋嘆世之所傳皆贋本耳

贊曰書字籠鵞山陰之阿蘭亭有記感慨何多風流晋代孰與同科

《帝王名臣像册之王羲之》

（清）佚名　收藏于故宫博物院

王羲之（303—361年，一说321—379年），字逸少，琅琊临沂（今山东临沂）人。王羲之出身魏晋名门琅琊王氏，成年后凭借门荫入仕，始任秘书郎，历任江州刺史、会稽太守，累迁右军将军，世称『王右军』。因与王述不和，耻官位在其之下，最终托病辞官。晚年定居会稽，好服食养性，常与名士游宴。王羲之擅长书法，年少时师从其姨母卫夫人，成年后博采众长，诸体备精，最后自成一家，其书法风格平和自然，笔势委婉含蓄，遒美健秀。他的《兰亭集序》被后世誉为『天下第一行书』，他则被尊为『书圣』。

禊
毅祥

《兰亭修禊图》卷

（明）钱穀　收藏于美国纽约大都会艺术博物馆

在古代，每年阴历三月上旬的巳日（魏以后始固定为三月三日），人们会到水边嬉游，以消除不祥，叫做『修禊』。晋穆帝永和九年（353年），农历三月三日，王羲之与王凝之、王徽之、王操之、王献之、孙统、李充、孙绰、谢安等『少长群贤』共四十一人在会稽山阴集会，即为兰亭集会。王羲之趁着酒意写下《兰亭集序》，通篇语言流畅，通俗自然，结合骈句、骈散，灵活自如，成为千古名篇。

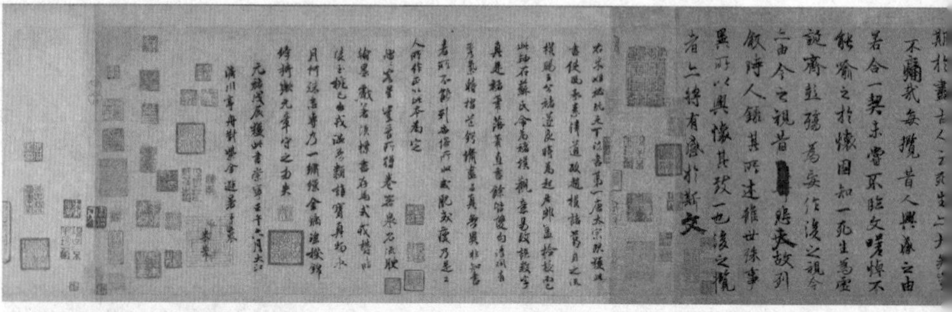

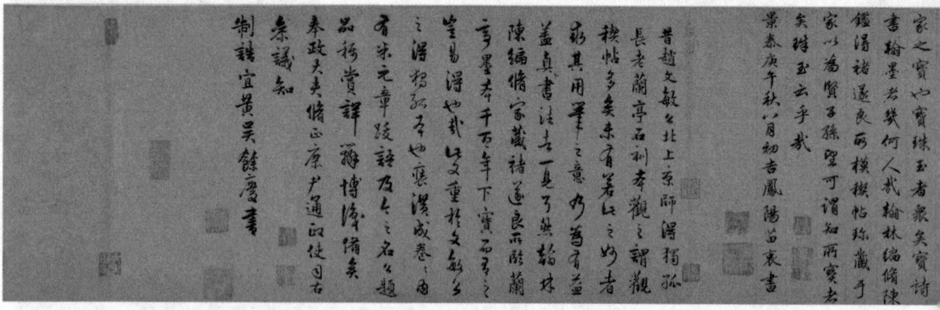

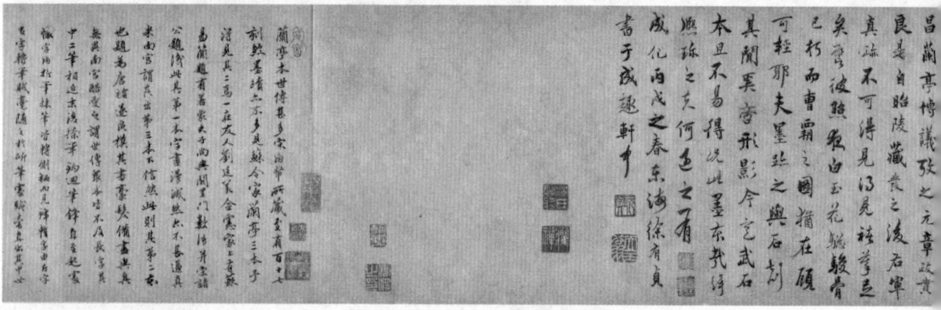

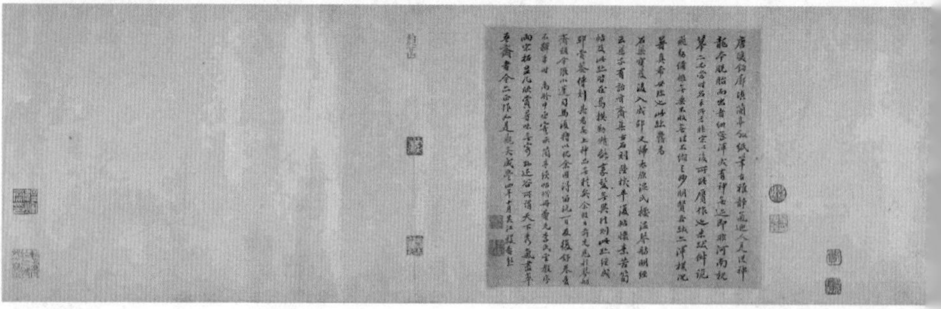

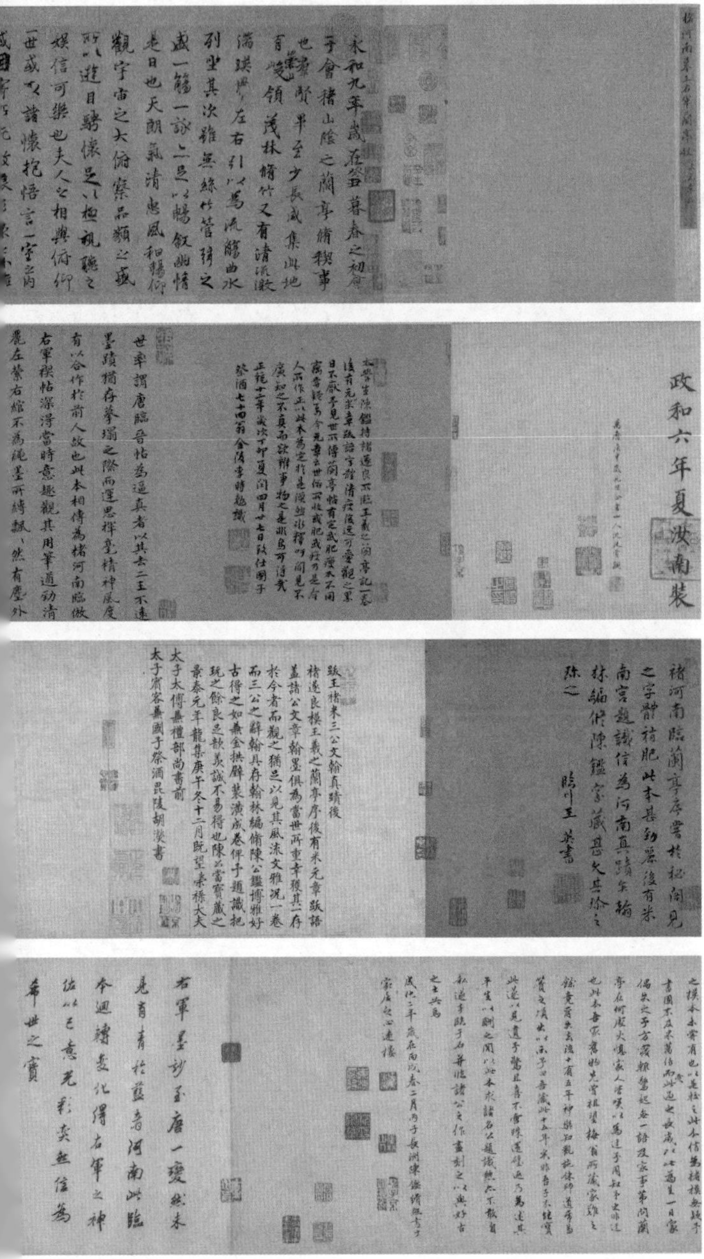

《兰亭集序》

（宋）米芾　收藏于故宫博物院

《兰亭集序》为王羲之醉酒后写就，通篇洋洋洒洒，恣肆快意，文中有二十多个『之』字，但写法各不相同。据说，王羲之酒醒后看了也连连叫绝，后又重写了好几遍，但都抵不过最初所作。据传，唐太宗从王羲之后代手中得到真迹后，即令虞世南、褚遂良、冯承素、欧阳询等临摹翻刻，分赐皇子、近臣，世称『唐人摹本』。原本据传已被唐太宗当作殉葬品，陆游因此感慨：『茧纸藏昭陵，千载不复见。』宋代米芾称王羲之的《兰亭集序》为『天下第一行书』，此帖为他摹写，其章法、结构、笔法颇得原本神韵，被认为是最好的摹本。

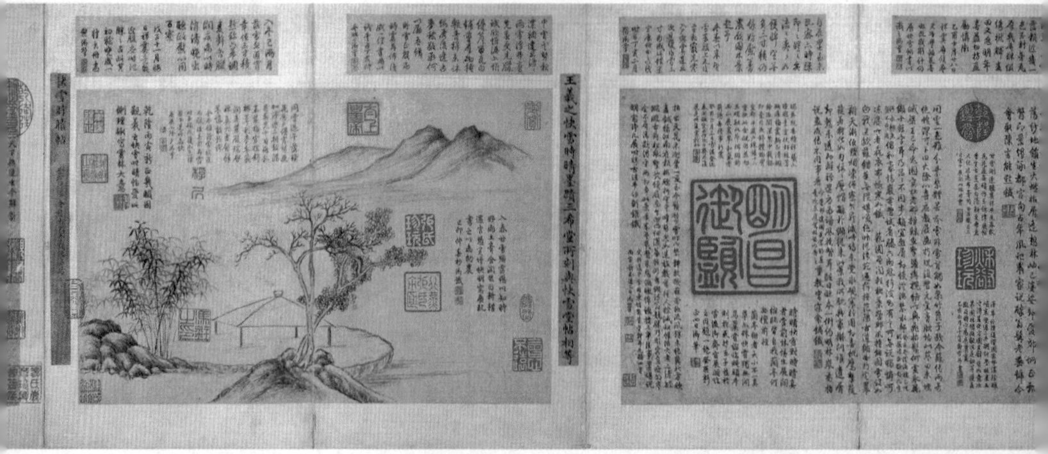

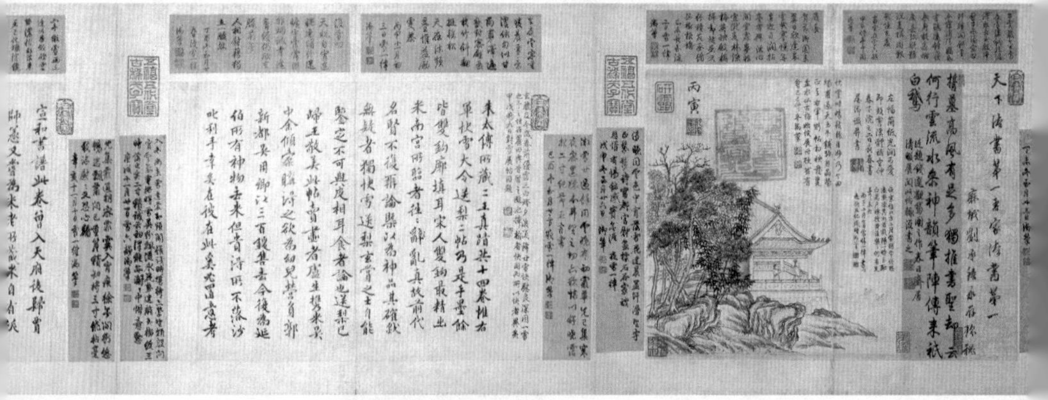

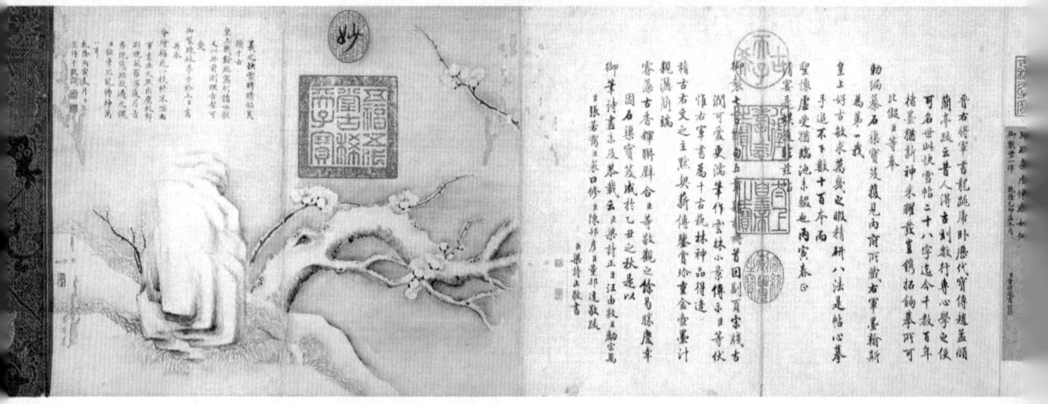

《快雪时晴帖》册（东晋）王羲之收藏于中国台北『故宫博物院』

《快雪时晴帖》册是大雪初晴时王羲之问候『山阴张侯』是否安好的信。原文：『羲之顿首。快雪时晴。佳想安善。未果为结。力不次。王羲之顿首。山阴张侯。』

王羲之爱鹅

年画

王羲之非常喜欢鹅。据载，会稽有一个老妇养了一只好鹅，王羲之听说后，便前去观看。哪料，老妇一看是王羲之要来，便把鹅杀了，准备招待他。王羲之深感惋惜。后来，山阴县有一个道士，很喜欢王羲之的书法，想要邀请他为自己抄写一部《黄庭经》，但又怕被拒绝。他精心饲养了一群白鹅，并向王羲之提出邀请，以鹅来换。王羲之欣然答应。因此，《黄庭经》又被称为《换鹅帖》，为王羲之正书第二。李白有诗：『镜湖流水漾清波，狂客归舟逸兴多。山阴道士如相见，应写黄庭换白鹅。』据说，王羲之正是在观察白鹅游水、行走及白鹅体态时悟出了运笔的技巧。

钟繇像

选自《古今君臣图鉴》明刻本　（明）潘峦/编绘

钟繇（151—230年），字元常，豫州颍川长社（今河南长葛）人。曹魏时任太尉，与司徒华歆、司空王朗并称三公。黄初七年（226年）升太傅。故世称钟太傅。据《法书要录·笔法传授人名》：『蔡邕受于神人，而传与崔瑗及女文姬，文姬传之钟繇，钟繇传之卫夫人，卫夫人传之王羲之，王羲之传之王献之。』

谢道韫像

选自《于越先贤像传赞》（清）王龄/撰　（清）任渭长/绘

谢道韫，生卒年不详，字令姜，谢安的侄女，安西将军谢奕的女儿，王羲之第三子王凝之的妻子。《世说新语》载：『谢太傅寒雪日内集，与儿女讲论文义。俄而雪骤，公欣然曰：「白雪纷纷何所似？」兄子胡儿曰：「撒盐空中差可拟。」兄女曰：「未若柳絮因风起。」公大笑乐。』后世常用『咏絮之才』称赞有文才的女性。谢道韫婚姻并不幸福，对于王凝之的无能，谢道韫很是抱怨。孙恩叛乱时，王凝之任会稽内史，出逃时被杀。谢道韫听说后，命令奴婢抬轿，自己则拿刀拼杀，杀了几个人之后，才因寡不敌众被俘虏。孙恩想杀她的外孙刘涛，刘涛当时才几岁，谢道韫呵斥：『事在王门，何关他族！必其如此，宁先见杀。』孙恩被谢道韫的大义折服，便释放了她和她的族人。此后，谢道韫终身没有改嫁。

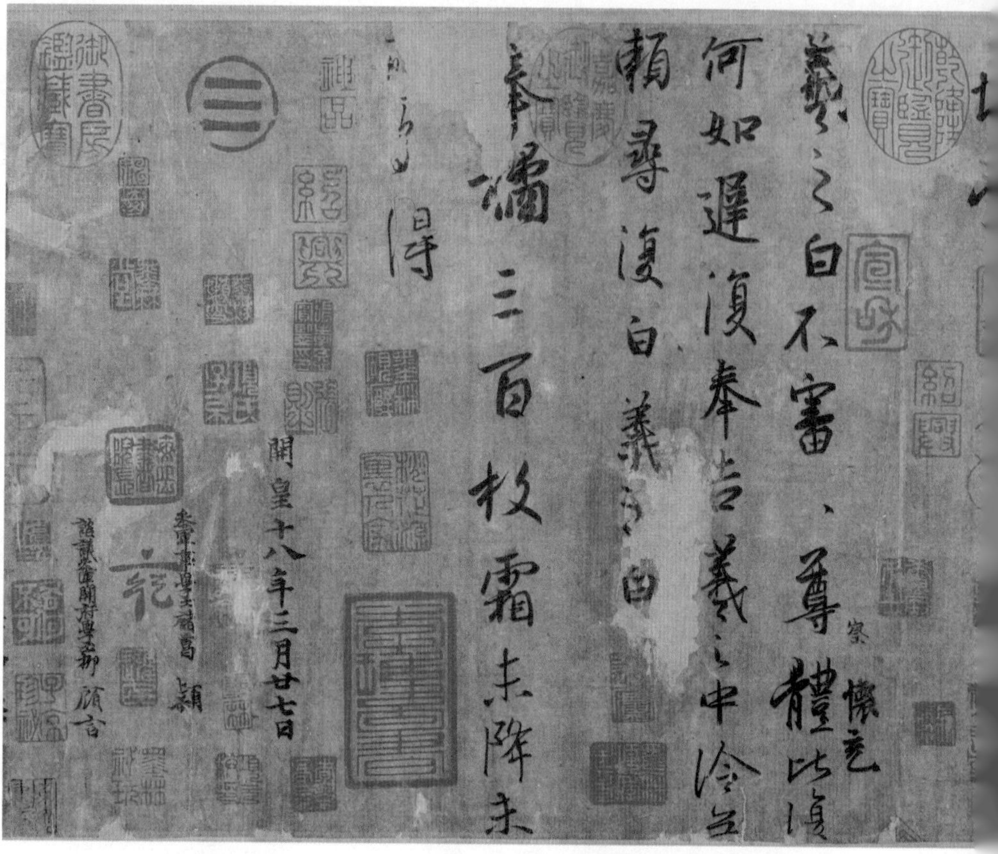

▲《平安、何如、奉橘三帖》
（东晋）王羲之
由《平安帖》《何如帖》《奉橘帖》组成，为王羲之向好友告知自己近况、问候友人身体状况并赠送友人橘子三百枚的帖子。

▼《游目帖》

（东晋）王羲之

《游目帖》，又名《蜀都帖》，是王羲之写给益州刺史周抚的，表达了王羲之对西土山川奇胜的向往。内容为：『省足下别疏，具彼土山川诸奇，扬雄《蜀都》，左太冲《三都》，殊为不备。悉彼故为多奇，益令其游目意足也。可得果，当告卿求迎。少人足耳。至时示意。迟此期真，以日为岁。想足下镇彼土，未有动理耳。要欲及卿在彼，登汶领、峨眉而旋，实不朽之盛事。但言此，心以驰于彼矣。』

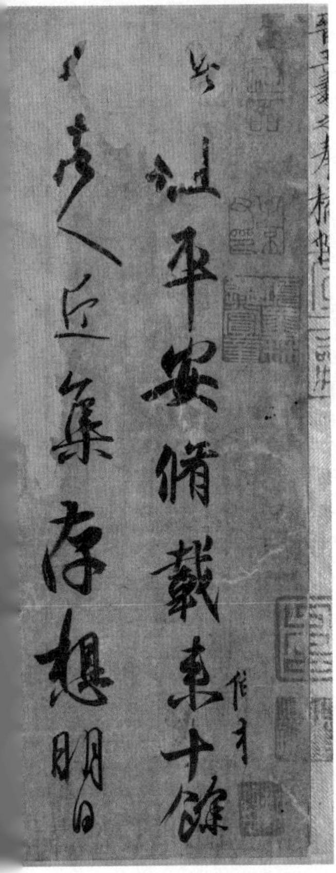

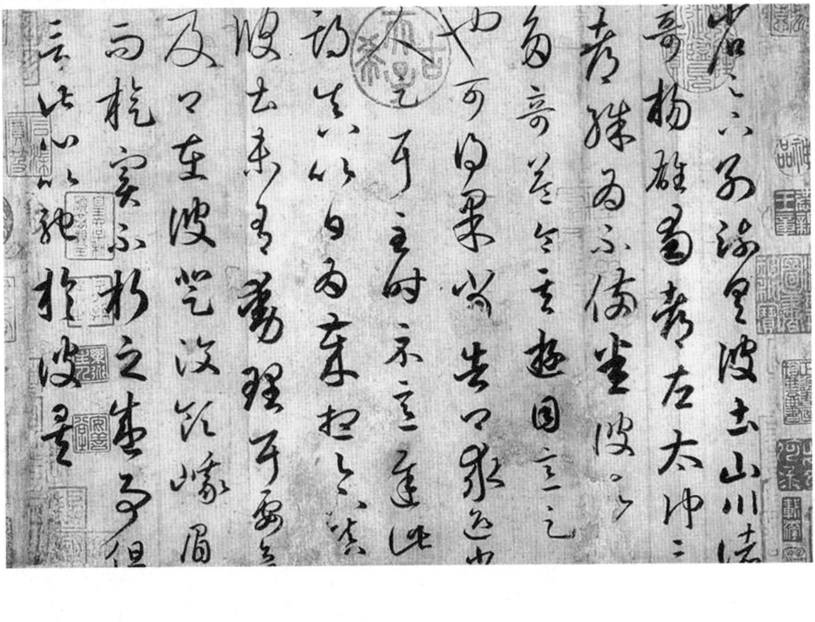

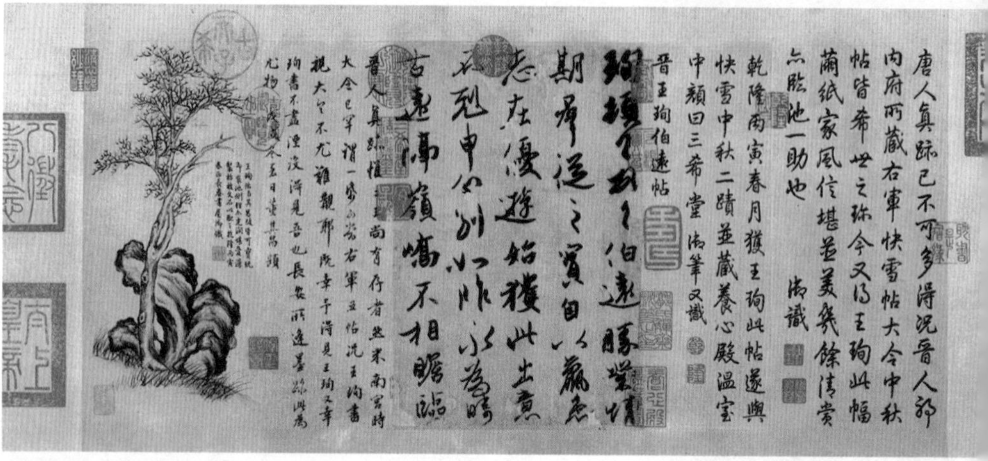
唐人真跡已不可多得況晉人乎
内府所藏右軍快雪帖大令中秋
帖皆希世之珍今又得王珣此幅
繭紙家風信堪並美幾餘清賞
亦臨池一助也 御識
乾隆丙寅春月獲王珣此帖遂與
快雪中秋二蹟並藏養心殿溫室
中額曰三希堂 御筆又識
晉王珣伯遠帖
晉人真跡惟二王尚有存者然米南宮時
大令已罕謂一紙可當右軍五帖況王珣書
視大令不尤難覯耶既幸于得見王珣又幸
珣書不盡湮沒得見吾也長安所逢墨跡此為
尤物 戊戌冬至日董其昌題

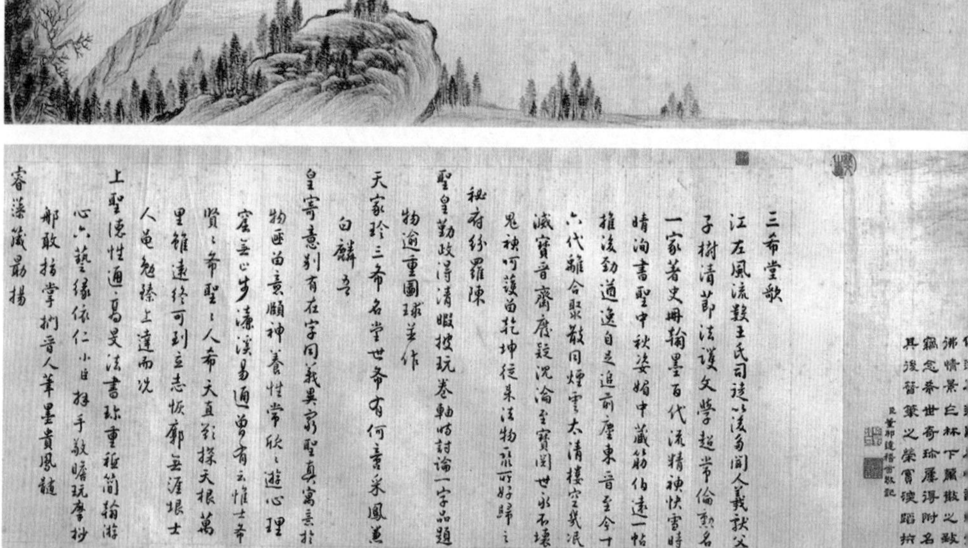
三希堂歌
江左風流數王氏司徒以後多聞人羲獻父
子樹清節法護文學超常倫勲名
一家著史冊翰墨百代流精神快雪時
晴洵書聖中秋婉媚中藏筋伯遠一帖
推後勁道逸自足追前塵東晉至今十
六代離合聚散同煙雲

《伯远帖》

（东晋）王珣　收藏于故宫博物院

王珣（349—400年），字元琳，琅琊临沂（今山东临沂）人。王珣工于书法，《伯远帖》是东晋王氏家族存世的唯一真迹，与陆机的《平复帖》为现今仅存的两件晋代名人书法作品。《伯远帖》原文：『珣顿首顿首，伯远胜业情期群从之宝。自以羸患，志在优游。始获此出意不克申。分别如昨永为畴古。远隔岭峤，不相瞻临。』此帖风神俊朗，潇洒流利，董其昌评其『潇洒古澹，东晋风流，宛然在眼』。

两晋南北朝时期的道教与医学

道教是中国土生土长的宗教，产生于汉代。两晋南北朝时，道教文化四大体系都有发展，葛洪《抱朴子》发展了道教的仙学体系，上清、灵宝、三皇经系和楼观派发展了道教的道学体系，陶弘景《真灵位业图》发展了道教的神学体系，寇谦之、陆修静创立的北天师道和南天师道发展了道教的教学体系。道教的发展，也推动着医药学的发展。当时的医学大师如葛洪、陶弘景等都是道教的，“病从口入”“滴骨验亲”等也都形成于两晋南北朝时期。

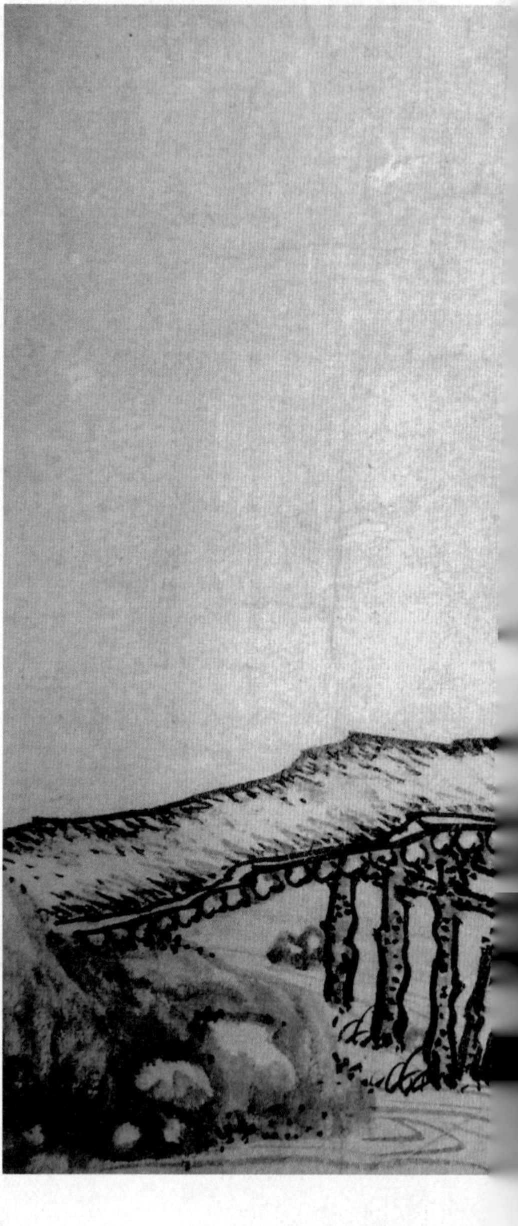

《葛洪移居图》

（明）尤求　收藏于英国大不列颠博物馆

葛洪（约283—363年），字稚川，号抱朴子，人称葛仙翁，丹阳句容（今属江苏）人，东晋医学家、炼丹术家。晋元帝建武元年（317年），葛洪写成《抱朴子》内外篇。内篇讲『神仙方药、鬼怪变化、养生延年、禳邪却货之事』，并具体说明炼丹方法，为现存历史时期较早的炼丹术著作；外篇讲『人间得失、世事臧否』，主要说明内用神仙之术养身，外用儒家学说处世。晋成帝咸和元年（326年），葛洪受王导聘请，出任州主簿，后来升任咨议将军。咸和元年，葛洪听说交趾郡（今越南）产丹砂，便请求调任句漏县令。途经广州时，广州刺史邓岳劝他留下，于是葛洪隐居罗浮山，潜心炼丹。

《葛仙吐火图》

（明）郭诩　收藏于上海博物馆

《幼学琼林》中『葛仙吐火驱寒，户牖三冬亦暖』的典故与葛洪『吐火取暖』的故事有关。《神仙传》记载：有一年冬天，有客人去看望葛洪。葛洪对客人说：『我家贫，炉火不够，请让我施法作火给大家取暖。』说罢，葛洪张口便吐出火来，不一会儿，满屋子都暖起来了，就像晒太阳一样，但又不是很热。

王叔和像

选自《重刻增补图像本草蒙筌》明刻本　（明）陈嘉谟／撰
（明）刘孔敦／增补

王叔和（201—280年），名熙，西晋高平人。在张仲景弟子卫汛的熏陶下，王叔和立志学医，并最终担任太医令。中医学界『读尽王叔和，不如临证多』说的就是王叔和对医学实践的重视，他经常以脉理来诊断疾病。王叔和撰写的《脉经》，标志着脉学正式成为中医诊断的一门学科。王叔和还重新编辑整理了张仲景的《伤寒杂病论》，使其更为完善。

皇甫谧像

选自《重刻增补图像本草蒙筌》明刻本　（明）陈嘉谟／撰
（明）刘孔敦／增补

皇甫谧（215—282年），字士安，安定朝那（宁夏固原彭阳县古城）人，汉代太尉皇甫嵩的曾孙。西晋学者、医学家。年少家贫，边耕边读。皇甫谧博览群书，人称『书淫』。他淡薄名利，终身不仕，潜心著述。皇甫谧在《素问》《针经》《明堂孔穴针灸治要》的基础上，『删其浮辞，除其重复，论其精要』，编撰成《黄帝三部针灸甲乙经》，简称《甲乙经》。《甲乙经》是我国首部针灸学专著，皇甫谧也因此被称为『中医针灸学之祖』。

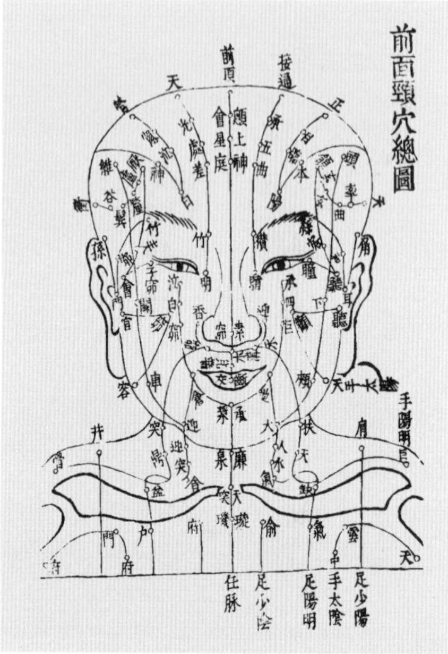
前面頸穴總圖
任脉
足少陰
足陽明
手太陰
足少陽
手陽明

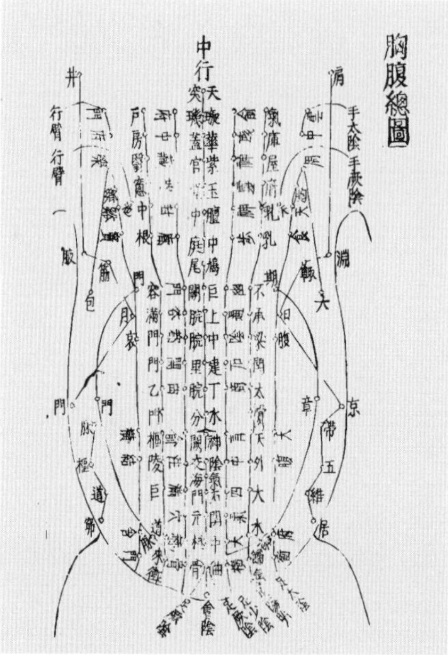
胸腹總圖
中行
手太陰
手厥陰

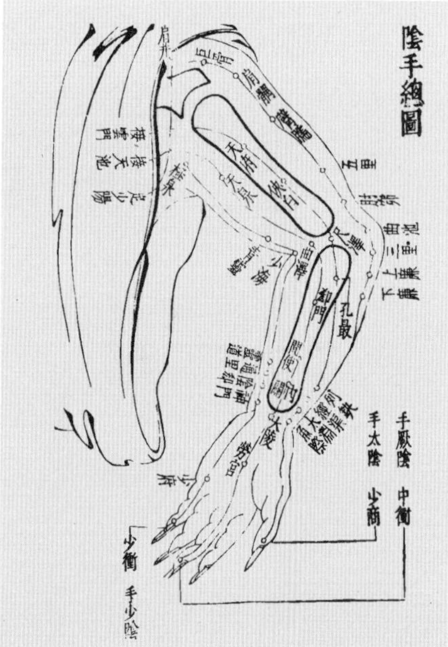
陰手總圖
手厥陰
中衝
手太陰
少商
少衝
手少陰

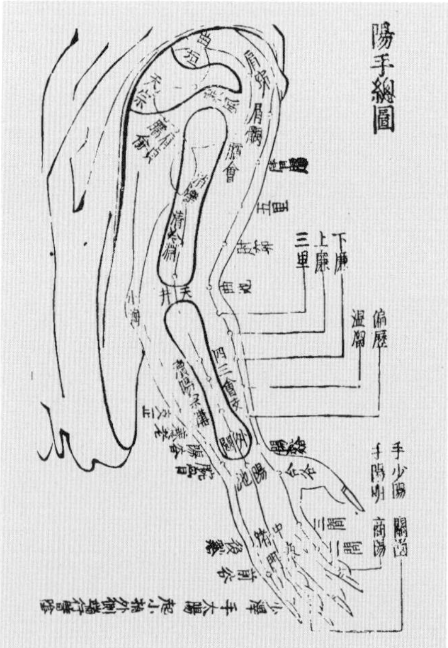
陽手總圖
下廉
上廉
三里
偏歷
溫溜
手少陽
關衝
手陽明
商陽
手太陽

《脉经》（节选）

（西晋）王叔和

针灸是针对穴位治疗的中医方法。相传伏羲是中医针灸的发明人，他曾『尝百药而制九针』『尝草制砭』。魏晋南北朝时期，针灸学大师皇甫谧的出现，确立了针灸学的学科地位。葛洪和他的妻子鲍姑都擅长针灸，二人还合著了《肘后备急方》。在皇甫谧之前，有王叔和撰的《脉经》。

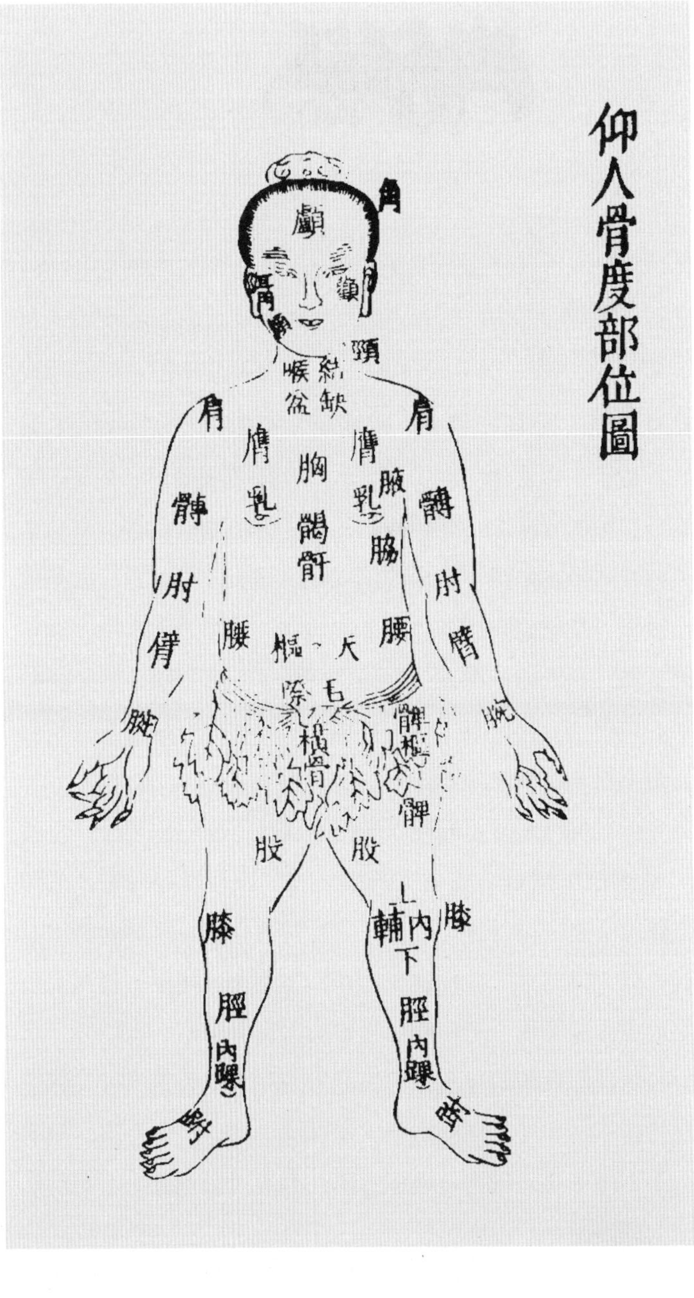

第三节　淝水之战

苻坚之陷仇池也，使杨安镇之。其明年，为宁康元年（373 年），梁州刺史杨亮，遣子广袭仇池。与安战，败绩。安进寇汉川。坚又遣王统、朱肜、毛当、徐成等助之。亮距战，不利，奔西城。汉县，后汉末置郡，晋改为魏兴。肜遂陷汉中。成攻陷二剑。谓大小二剑山，在剑阁北。杨安进据梓潼。益州刺史周仲孙距之绵竹。闻毛当将袭成都，奔于南中。于是梁、益二州皆陷。桓冲使毛穆之督梁州三郡军事，以益州刺史领建平太守，戍巴郡。又以其子球为梓潼太守。穆之与球攻秦，至巴西，以粮乏，退屯巴东。穆之病卒。

二年（374 年）五月，蜀人张育、杨光等起兵，与巴僚相应。晋益州刺史竺瑶，威远将军桓石虔率众三万据垫江。育乃自号蜀王，遣使归顺。与巴僚酋帅李重、尹万等围成都。寻育与万争权，举兵相持。七月，邓羌与杨安攻灭之。瑶、石虔退屯巴东。坚之攻凉州也，徐州刺史桓冲，遣宣城内史朱序宣城，豫州刺史桓伊向寿阳；淮南太守刘波，泛舟淮、泗。旋又遣序与江州刺史桓石秀溯流禀荆州刺史桓豁节度。豁遣督护桓熊与序等游军沔、汉，以图牵制。然相隔太远，声势不接，凉州卒陷没。诏遣中书郎王寻之诣豁，谘谋边事。豁表以梁州刺史毛宪祖监沔北军；朱序为梁州刺史，镇襄阳。

时太元二年（377 年）三月也。八月，桓豁卒。十月，以桓冲为荆州刺史。冲以坚强盛，欲移阻江南，乃徙镇上明。城名，在今湖北松滋县西。谢玄为兖州刺史，多募劲勇。彭城刘牢之等，以骁猛应选。玄以牢之为参军，使领精锐为前锋，百战百胜，号为北府兵。时称京口为北府。下流兵力始强矣。坚使其子丕等围襄阳，久不拔。坚欲亲率众助之。苻融等谏，乃止。

四年（379 年）二月，襄阳陷，朱序见执。遂陷顺阳。晋沛郡太守戴逯，以卒数千戍彭城，坚兖州刺史彭超请攻之，愿更遣重将讨淮南诸城。坚乃使超攻彭城，俱难寇淮阴、盱眙。又使其梁州刺史韦钟寇魏兴。四月，魏兴陷，太守吉挹死之。五月，俱难陷淮阴，彭超陷盱眙。进攻幽州刺史田洛于三阿，三阿，在今江苏高邮县北。去广陵百里。京都大震，临江列戍。毛当、王显，初随苻丕攻襄阳，及是亦来会。谢玄遣兵败之。难、超等连弃盱眙、淮阴，退屯淮北。坚闻之，大怒，槛车征超下狱。超自杀。难免为庶人。是役也，秦盖丧败颇甚，史失其详矣。然晋卒罢彭城、下邳二戍。坚以毛当为雍州刺史，镇彭城；毛盛为兖州刺史，镇胡陆；王显为扬州刺史，戍下邳。《通鉴考异》曰：《帝纪》及诸传，皆不言此年彭城陷没，而《十六国秦春秋》云：彭超据彭城；又云：超分兵下邳，留徐褒守彭城；至七月，以毛当为徐州刺史，镇彭城；王显为扬州刺史，戍下邳；是二城俱陷也。案二城或一时陷没，难、超败，秦复弃之，晋亦弃不戍，而秦乃又取之也。

六年（381 年），十二月，坚荆州刺史都贵，遣其司马襄阳太守阎振、中兵参军吴仲寇竟陵。桓冲遣南平太守桓石虔，竟陵太守郭铨距破之，斩振及仲。七年，九月，冲使朱绰讨襄阳。焚沔北田谷。又遣上庸太守郭宝伐魏兴、上党。八年，冲又率众攻襄阳。遣刘波、桓石虔、石民等攻沔北。杨亮伐蜀，拔伍城，蜀汉县，今四川中江县东。进攻涪城。胡彬攻下蔡。郭铨攻武当。汉县，晋侨置始平郡于此。是时，秦之用兵，并不得利。盖梁、益为晋兵力最弱之处，故秦取之甚易；荆州兵力本强，下流亦新振作，故秦所向辄沮也。此时秦欲取晋，非用大兵不可，而淝水之战作矣。

苻坚在诸胡中，尚为稍知治体者，然究非大器。尝悬珠帘于正殿，以朝群臣。宫宇、车乘、器物、服御，悉以珠玑、琅玕、奇宝、珍怪饰之。虽以尚书裴元略之谏，命去珠帘，且以元略为谏议大夫，然此特好名之为，其诸事不免淫侈，则可想见矣。坚之灭燕也，慕容冲姊为清河公主，年十四，有殊色，坚纳之，宠冠后庭。冲年十二，亦有龙阳之姿，坚又幸之。姊弟专宠，宫人莫进。长安歌之曰："一雌复一雄，双飞入紫宫。"咸惧为乱。王猛切谏，坚乃出冲。其荒淫如此。时西域诸国，多入朝于坚，坚又使吕光征之。苻融固谏，坚不听。盖一欲夸耀武功，一亦贪其珍宝也。燕之平也，以王猛为冀州牧，镇邺；郭庆为幽州刺史，镇蓟。后以猛为丞相，苻融代牧冀州。及陷襄阳，以梁成为荆州刺史镇之。而以苻洛为益州牧，镇成都。命从伊阙，自襄阳溯汉而上。伊阙在洛阳南。洛，健之兄子。雄勇多力，而猛气绝人，坚深忌之，故常为边牧。时镇和龙。洛疑坚使梁成害之，遂举兵。苻重镇蓟，亦尽蓟城之众，会洛兵于中山。坚遣窦冲、吕光讨之，以苻融为大都督。冲等执洛。吕光追讨苻重于幽州。坚徙洛于凉州。征融为大将军，领宗正，录尚书事。引其群臣于东堂，议曰："凡我族类，支胤弥繁，今欲

《成功捷报图》

佚名

前秦苻坚八十万大军来犯，谢玄便找谢安问对策，谢安拉着他到东山的别墅下围棋，赌注就是这所别墅。平时爷俩下棋，谢玄总是赢，但这次却输了。谢安赢棋后，回头对外甥羊昙说：『这座别墅赏给你啦！』接着，谢安又带领众人游山玩水，直到夜幕降临才回府。谢玄在叔叔谢安的影响下，沉着应战，终于在淝水打败苻坚。捷报传来时，谢安正在和一个朋友下围棋。谢安看完捷报后轻轻放在床上，面无表情，继续捏子下棋。朋友忍不住问他战况如何？谢安缓缓地说：『小儿辈大破贼。』直到客人都走后，谢安才连连跺脚，开怀大笑，最后竟然把木屐的屐齿都碰掉了。

《东山携妓图》

（明）郭诩　收藏于中国台北『故宫博物院』

谢安曾经做过著作郎。著作郎是小官，他不屑于做，仅一个月后，便以生病为由辞官回家。辞官后，他长年在东山隐居，除了教育家族子弟外，最为人乐道的便是他常携歌妓与名流一起游玩。谢安为人镇定自若，曾和孙绰、王羲之等出海游玩而遇到暴风雨，众人皆慌乱不已，只有谢安不为所动，并告诫众人慌乱无济于事，不如冷静思考，众人因此而得以安全归来。谢安四十岁之后，又重新出来做官，于是后人将重新崛起称为『东山再起』。

分三原、九嵕、武都、汧、雍十五万户于诸方要镇，诸君之意如何？”九嵕，山名，在今陕西醴泉县北。皆曰：“此有周所以祚隆八百，社稷之利也。”于是分四帅子弟三千户，以配苻丕，坚庶长子。镇邺。分幽州置平州，以石越为刺史，领护鲜卑中郎将，镇龙城。大鸿胪韩胤领护赤沙中郎将，移护乌桓府于代郡之平城。中书梁谠为幽州刺史，镇蓟。毛兴为河州刺史，镇枹罕。王腾为并州刺史，领护匈奴中郎将，镇晋阳。苻晖为豫州牧，镇洛阳。苻叡为雍州刺史，镇蒲阪。晖、叡，皆坚子。坚之分氐户而留鲜卑也，论者皆以为坚致败之原，实亦未可一概而论。《坚载记》言：慕容垂奔坚，王猛劝坚除之，坚不听。后其太史令张孟，又言彗起尾箕，扫东井，为燕灭秦之象，劝坚诛慕容暐及其子弟，坚不纳。更以暐为尚书，垂为京兆尹，冲为平阳太守。苻融闻之，上疏谏，坚又不听。其分氐户于诸镇也，坚送丕于灞上，流涕而别。诸戎子弟，离其父兄者，皆悲号哀恸，酸感行人，识者以为丧乱流离之象。赵整因侍，援琴而歌曰：“阿得脂，阿得脂，博劳旧父是仇绥，尾长翼短不能飞。远徙种人留鲜卑，一旦缓急语阿谁？”坚笑而不纳。一似当年留种人而锄异族，即可措国基于磐石之安者，此事后傅会之辞也。当时五胡，降下异族，徙之腹地者甚多。后赵之于苻洪、姚弋仲，即其一证。盖使之远离巢穴，处我肘腋之下，则便于监制；又可驱之以从征役也。坚之灭燕也，徙关东豪杰及诸杂夷十万户于关中，处乌丸杂类于冯翊、北地，丁零翟斌于新安；及平凉州，又徙豪右七千余户于关中；意亦如此。此亦未为非计。抑坚在当日，或更有所不得已者。坚甫篡立，即杀其兄法。其后苻双、苻柳、苻廋、苻武复叛。苻融在坚诸弟中，最见宠信。其代王猛镇邺也，史言坚母苟氏，以融少子，甚爱之，比发，三至霸上，其夕，又窃如融所，内外莫知。心本无他，而为人所牵率，致终陷于叛逆者，有之矣。然则苻洛甫平，融即见征而代之

《斫琴图》
（东晋）顾恺之／原作　此为宋摹本　收藏于故宫博物院
《斫琴图》描绘的是古代14位文人学士制作古琴的场景，他们或断板，或制弦，或试琴，或指挥。《斫琴图》也是中国历史上唯一一幅反映乐器制造的绘画作品，可见魏晋时期制琴流程已经较为规范了。

以丕，盖亦有所不得已也。太元七年（382年），法子东海公阳，与王猛子散骑侍郎皮谋反。事泄，坚问反状。阳曰："礼云：父母之仇，不同天地。臣父哀公，死不以罪。齐襄复九世之仇，而况臣也？"坚赦不诛，徙阳于高昌，皮于朔方之北。苻融以位忝宗正，不能肃遏奸萌，请待罪私藩，坚不许。坚且能忍于法，而何有于阳？然终不能明正其罪者，势固有所不可也。宗族猜嫌之深，至于如此，安得不使己诸子，各据重镇？欲使诸子各据重镇，安得不配以腹心？然则氐户在当日不得不分者，势也。新平王雕，尝以图谶劝坚徙汧、陇诸氐于京师，置三秦大户于边地，其说正与王猛合。猛顾以雕为左道惑众，劝坚除

之，然则谓结聚氐户，而遂可恃以为安，即猛亦不作是说也。五胡在中国，皆为小种，欲专恃已力以与人角，正是尾长翼短之象。*尾长则所曳者重而难举，翼短则振起之力微也*。外示宽容，阴图消弭，未尝非计之得，特彼此未能融合时，己族亦不可无以自立耳。此则坚之所以败也。然大一统之局未成，负嵎之势先失，固由氐户之散布，实亦淝水一败，有以启之，否则慕容垂、姚苌等，虽怀报复之心，安敢一时俱起？故伐晋之举，实为坚之一大失策。惟此事之真相，亦非如史之所云。史言坚欲伐晋，引群臣议之，群臣皆以为不可。权翼，坚之心腹；石越其大将也；及坚弟阳平公融、太子宏、少子中山公诜皆谏。坚皆弗听，而惟慕容垂、姚苌及良家少年之言是从。坚最信释道安，群臣争不能得，则使安止之。安争又弗能得，乃劝其止洛阳，勿远涉江、淮，坚又弗听。自谓“以吾众旅，投鞭于江，足断其流”。夫晋非慕容暐、张天锡之比，坚不容不知。坚即好谀，亦不容引慕容垂、姚苌为心膂，视良家子为蓍

《东山丝竹图》

（清）任伯年　收藏于上海中国画院

图中描绘的是谢安隐居东山的场景。

蔡。然则坚之必欲犯晋，盖尚别有其由。《唐书》载太宗之伐高句丽也，曰："今天下大定，惟辽东未宾，后嗣因士马强盛，谋臣道以征讨，丧乱方始，朕故自取之，不遗后世忧也。"此辞经史家润饰，非其本，实则句丽自隋以来，屡寇辽西，太宗知其为劲敌，度非后嗣所克戡定，故欲自取之耳。然则坚谓"每思桓温之寇，江东不可不灭"，乃其由衷之言。彼其心未尝不畏晋，又知命将出师，必难克捷，故不恤躬自犯顺，而不知其丧败之更大而速也。苻融谏坚伐晋曰："鲜卑、羌、羯，布诸畿甸；旧人族类，斥徙遐方。今倾国而去，如有风尘之变者，其如宗庙何？监国以弱卒数万，留守京师，鲜卑、羌、羯，攒聚如林，此皆国之贼也，我之仇也。臣恐非但徒返而已，亦未必万全。臣智识愚浅，诚不足采，王景略一时奇士，陛下每拟之孔明，其临终之言，不可忘也。"《猛传》云：猛疾笃，坚亲临省病。问以后事。猛曰："晋虽僻陋，正朔相承。亲仁善邻，国之宝也。臣没之后，愿不以晋为图。鲜卑、羌虏，我之仇也，终为人患，宜渐除之，以便社稷。"言终而死。此说亦不免事后傅会。然猛围邺时，坚留太子宏守长安，自率精锐会之，猛潜至安阳迎坚，曰："监国冲幼，銮驾远临，脱有不虞，其如宗庙何？"此则初非危辞耸听，宇文泰河桥一败，而长安、咸阳，寇难蜂起，即其明证。然则苻融之论，实非无病而呻，而惜乎坚之不知虑也。要之伐晋而胜，风尘之变，自可无虞，一败，则其后患亦有不可胜言者。坚知晋之终为秦患，命将出师之不足以倾晋，而未知躬自入犯之更招大祸，仍是失之于疏；而其疏，亦仍是失之于骄耳。

太元八年（383 年），苻坚大举入寇。坚先使苻朗守青州。又以裴元略为西夷校尉，巴西、梓潼二郡太守，令与王抚备舟师于蜀。已又下书：悉发诸州公私马。人十丁遣一。兵门在灼然者，为崇文义从。良家子年二十已下，武艺骁勇，富室材雄者，皆拜羽林郎。遣苻融、张蚝、苻方、梁成、慕容暐、慕容垂率步骑二十五万为前锋。坚发长安，戎卒六十余万，骑二十七万。前后千里，旌鼓相望。坚至项城，凉州之兵，始达咸阳；苻秦郡，今陕西泾阳县。蜀、汉之军，顺流而下；幽、冀之众，至于彭城；东西万里，水陆齐进。融等攻陷寿春。垂攻陷项城。梁成与其梁州刺史王显，弋阳太守王咏等，率众五万，屯于洛涧，在安徽怀远县西南。栅淮以遏东军。晋以谢石为征讨都督，与谢玄、桓伊、谢琰等，水陆七万，相继距融，去洛涧二十五里。龙骧将军胡彬，先保硖石，在安徽凤台县西南，淮水经其中。为融所逼，粮尽，潜遣使告石等曰："今贼盛粮尽，恐不复见大军。"融军人获而送之。融乃驰使白坚，曰："贼少易俘，但惧其越逸。宜速进众军，犄禽贼帅。"坚大悦，舍大军于项城，以轻骑八千，兼道赴之。令军人曰："敢言吾至寿春者拔舌。"故石等弗知。刘牢之率劲卒五千，夜袭梁成垒，克之，斩成及王显、王咏等十将，士卒死者万五千。谢石等以既败梁成，水陆继进。坚与苻融，登城而望王师。见部陈齐整，将士精锐。又望八公山上草木，皆类人形。八公山，在凤台县东南。顾谓融曰："此亦劲敌也，何谓少乎？"怃然有惧色。坚遣朱序说石等以众盛，欲胁而降之。序谓石曰："若秦百万之众皆至，则莫可敌也。及其众军未集，宜在速战。若挫其前锋，可以得志。"石闻坚在寿春，惧，谋不战以疲之。谢琰劝从序言。遣使请战，许之。时张蚝败谢石于淝南，谢玄、谢琰勒卒数万，陈以待之，蚝乃退。坚列陈逼淝水，王师不得渡。玄遣使谓融曰："君悬军深入，置阵逼水，此持久之计，岂欲战者乎？若小退师，令将士周旋，仆与君公，缓辔而观之，不亦美乎？"坚众皆曰："宜阻淝水，莫令得上。我众彼寡，势必万全。"坚曰："但却军令得过，而我以铁骑数十万，向水逼而杀之。"融亦以为然。遂麾使却阵。众因乱，不能止。玄与琰、伊等，以精锐八千，涉渡淝水。石军距张蚝，小退。琰、玄仍进。决战

十二月採茶臘梅開
蒙正當初去提齋
苦了窰中千
金女忍飢受餓等
夫來
姑蘓丁亮先梨
趙氏孤兒冤
報冤

淝水南。坚中流矢。临陈斩融。此据《谢玄传》。《坚载记》云：融驰骑略陈，马倒被杀。坚众奔溃。自相蹈藉，投水死者，不可胜计，淝水为之不流。余众弃甲宵遁，闻风声鹤唳，皆以为王师已至，草行露宿，重以饥冻，死者十七八。坚遁归淮北。时十月也。淝水之战，苻坚实败于徒欲以众慑敌，而别无制胜之方。《坚载记》云：朝廷闻坚入寇，会稽王道子以威仪鼓吹，求助于钟山之神，在首都朝阳门外。亦名蒋山。相传汉末，蒋子文为秣陵尉，逐贼至此，为贼所伤而死。屡着灵异，人因祀以为神。六朝人最信之。奉以相国之号。及坚之见草木状人，若有力焉。足见谓坚望八公山上草木皆类人形，怃然有惧色者，乃傅会之谈。顾坚众十倍于晋，理应雍容暇豫；乃一闻晋兵少易取，而苻融欣喜，急于驰白；坚又轻骑以赴之；既至，则欲以虚声胁降敌军；及战，又急求一决，而不肯阻遏淮水；何其急遽乃尔？无他，自觉绝无制胜之方，故亟思徼幸也。用少众尚不可以徼幸制胜，况大战邪？

◀《梁山伯与祝英台》
佚名　收藏于美国纽约大都会艺术博物馆

东晋年间，浙江上虞祝家的女子祝英台女扮男装到杭州游学，路遇从会稽来的梁山伯。两人志趣相投，便拜为兄弟，一同到书院攻读。在朝夕相处的三年同窗生涯中，两人感情日深。但直到分别之时，梁山伯还不知祝英台的女儿身。祝英台早已爱上梁山伯，临走时，只得将蝴蝶玉扇坠留给师母，让师母告知梁山伯，并让梁山伯带着蝴蝶玉扇坠到祝家求亲。梁山伯拿着蝴蝶玉扇坠到祝家提亲时，祝英台已被父母强行许配给马文才。因此，梁山伯不久后就郁郁而终。等到祝英台出嫁那天，婚轿路过梁山伯墓前，祝英台让抬轿人停下。前去祭拜时，坟墓轰然坍塌，祝英台趁机跳入墓中。不多时，两人化为彩蝶飞出。谢安曾听人说起梁山伯与祝英台的故事，深为感动。上奏请求表其墓为『义妇冢』。

『梁山伯与祝英台』的故事版本众多，此版本流传最广。它与《白蛇传》《孟姜女哭长城》《牛郎织女》并称为『中国民间四大爱情故事』。

苏蕙与回文诗

苏蕙，字若兰。前秦苻坚时女诗人，以创作回文诗《璇玑图》闻名。她出身诗书世家，十六岁时嫁给秦州（今甘肃天水）刺史窦滔。后来因窦滔获罪，被苻坚贬到沙州（今甘肃敦煌），苏蕙思念窦滔，写下一首 112 字回文诗，并用五彩丝线织在锦帛上。据说，苻坚看后很感动，于是让窦滔官复原职。后来，武则天将其命名为《璇玑图》，并作序，评价苏蕙“才情之妙，超古迈今”。

苏蕙像 选自《回文类聚》（宋）桑世昌/撰（清）朱象贤/续编

▶《苏惠织锦璇玑图》卷（局部一）（明）仇英 收藏于美国大都会艺术博物馆

《苏惠织锦璇玑图》卷（局部二）
（明）仇英 收藏于美国大都会艺术博物馆

第四节　桓玄篡逆

孙恩之作乱也，加道子黄钺，以元显为中军以讨之。又加元显录尚书事。道子更为长夜之饮，政无大小，一委元显。时谓道子为东录，元显为西录，西府车骑填凑，东第门可设雀罗矣。于是军旅洊兴，国用虚竭，自司徒已下，日廪七升，而元显聚敛不已，富过帝室。及谢琰为孙恩所害，元显求领徐州，加侍中、后将军、开府仪同三司，都督十六州诸军事。扬、豫、徐、兖、青、幽、冀、并、荆、江、司、雍、梁、益、交、广。寻以星变解录，复加尚书令。桓玄屡上疏求讨孙恩，诏辄不许。其后恩逼京都，玄建牙聚众，外托勤王，实欲观衅而进。复上疏请讨恩。会恩已走，玄又奉诏解严。玄以兄伟为江州，镇夏口。司马刁畅镇襄阳。遣桓振、石虔子。皇甫敷、冯该戍湓口。自谓三分有二，势运所归，屡使人上祯祥，以为己瑞。致笺道子，语多侮嫚。元显大惧。张法顺言："桓氏世在西藩，人或为用。孙恩为乱，东土涂地，玄必乘此，纵其奸凶。及其始据荆州，人情未辑，宜发兵诛之。"元显以为然。遣法顺至京口，谋于刘牢之。牢之以玄少有雄名，杖全楚之众，惧不能制；又虑平玄之后，不为元显所容；深怀疑贰。法顺还，说元显曰："观牢之颜色，必贰于我，未若召入杀之。不尔，败人大事。"元显不从。元兴元年（402 年）正月，加元显侍中、骠骑大将军、开府，征讨大都督、督十八州诸军事，仪同三司，加黄钺、班剑二十人，以伐桓玄。以牢之为前锋，谯王尚之为后部。法顺又言于元显曰："自举大事，未有威断，桓谦兄弟，每为上流耳目，宜斩之以孤荆州之望。谦冲子，时为元显谘议参军。且事之济不，系在前军，而牢之反复；万一有变，则祸败立至；可令牢之杀谦兄弟，以示不贰；若不受命，当为其所。"元显曰："非牢之无以当桓玄。且始事而诛大将，人情必动。"法顺言之再三，元显不可，而以谦为荆州刺史，以安荆楚。于时扬土饥虚，运漕不继，玄断江路，商旅遂绝，公私匮乏，士卒惟给麸橡。玄本谓扬土饥馑，孙恩未灭，朝廷必未皇讨己，可得蓄力养众，观衅而动。闻元显将伐之，甚惧，欲保江陵。长史卞范之说曰："元显口尚乳臭，刘牢之大失物情，兵临近畿，土崩之势，翘足可待。何有延敌入境，自取蹙弱者乎？"玄大悦。乃留其兄伟守江陵，抗表率众，东下寻阳。移檄京邑，罪状元显。檄至，元显大惧，下船而不敢发。玄既失人情，而兴师犯顺，虑众不为用，恒有回旆之计。既过寻阳，不见王师，意甚悦。其将吏亦振。庾楷以玄与朝廷构怨，恐事不克，祸及于己，密结元显，许为内应。谋泄，收縶之。至姑孰，使冯该等攻谯王尚之。尚之败，逃于涂中。涂同滁。十余日，为玄所得。尚之弟休之镇历阳。以五百人出城力战，不捷，奔南燕。玄遣何穆说刘牢之。时尚之已败，人情转沮，牢之乃颇纳穆说，遣使与玄交通。其甥何无忌与刘裕固谏，不从。俄令子敬宣降玄。《宋书·敬宣传》云：牢之以道子昏暗，元显淫凶，虑平玄之后，乱政方始，欲假手于玄，诛除执政，然后乘玄之隙，可以得志于天下，将许玄降。敬宣谏曰："方今国家乱扰，四海鼎沸，天下之重，在大人与玄。玄藉先父之基，据荆南之势，虽无姬文之德，实为三分之形。一朝纵之，使陵朝廷，威望既成，则难图也。董卓之变，将生于今。"牢之怒曰："吾岂不知今日取玄，如反覆手。但平玄之后，令我那骠骑何？"遣敬宣为任。案玄一平元显，即夺牢之兵权；旋窃大位；或非牢之当时计虑所及，然谓取玄如反覆手，则亦诬也。《晋书》谓牢之因尚之之败，人情转沮，乃颇纳何穆之说，自近于实。玄至新亭，元显弃船，退屯国子学堂。明日，列阵宣阳门外。佐吏多散走。刘牢之遂降于玄。元显回入西阳门，牢之参军张畅之率众逐之。众溃。元显奔入相府。惟张法顺随之。玄遣收元显，送付廷尉，并其六子皆害之。张法顺亦见杀。又奏道子酣纵不孝，当弃市，诏徙安成郡。使御史杜竹林防卫，竟承玄旨鸩杀之。玄以刘牢之为会稽太守。牢之叹曰："始尔便夺我兵，祸将至矣。"时玄屯相府，敬宣劝牢之袭之。牢之犹豫不决。移屯班渎。将北奔广陵相高雅之，据江北以距玄。《宋书·敬宣传》曰：牢之与敬宣谋共袭玄，期以明旦，直尔日大雾，府门晚开，日旰，敬宣不至，牢之谓所谋已泄，率部众向白洲，欲奔广陵。白洲当即班渎。胡三省曰：班渎在新洲西南。案新洲，在今首都北江中。集众大议。参军刘袭曰："事不可者莫大于反，而将军往年反王兖州，近日反司马郎君，今复欲反桓公，一人三反，岂得立也？"语毕趋出。佐吏多散走。敬宣先还京口援其家，失期不至，牢之谓为刘袭所杀，乃自缢而死。俄而敬宣至，不遑哭，奔高雅之，与雅之俱奔南燕。

桓玄入京师，矫诏加己总百揆、侍中、都督中外诸军事、丞相、录尚书事、扬州牧，领徐州刺史。害庾楷父子、谯王尚之、尚之弟丹阳尹恢之、广晋伯允之等。以兄伟为荆州刺史，领南蛮校尉。从兄谦为左仆射，领选。修为徐、兖二州刺史。石生为江州刺史。卞范之为丹阳尹。玄让丞相，自署太尉，领豫州刺史。出居姑孰。固辞录尚书事，诏许之，而大政皆谘焉。小事则决于桓谦、卞范之。自祸难屡构，干戈不戢，百姓厌之，思归一统。及玄初至也，黜凡佞，擢俊贤，君子之道粗备，京师欣然。后乃陵侮朝廷，幽摈宰辅；豪奢纵欲，众务繁兴；于是朝野失望，人不安业。玄又害吴兴太守高素、辅国将军竺谦之、谦之从兄高平相朗之、辅国将军刘袭、袭弟彭城内史季武、冠军将军孙无终等，皆刘牢之党，北府旧将也。袭兄冀州刺史轨奔南燕。二年（403年），桓伟卒，以桓修代之。从事中郎曹靖之说玄：以修兄弟，职居内外，恐权倾天下。玄纳之，乃以南郡相桓石康为西中郎将、荆州刺史。玄所亲杖惟伟。伟死，玄乃孤危，而不臣之迹已著；自知怨满天下，欲速定篡逆。殷仲文妻，玄之妹也，仲文，觊弟。玄使总录诏命，以为侍中，与卞范之又共促之。于是先改授群司，又矫诏加其相国，总百揆，封十郡，为楚王，加九锡。南阳太守庾仄，殷仲堪党也，九月，乘桓石康未至，起兵。袭冯该于襄阳，走之。江陵震动。桓济子亮，以讨仄为名，起兵罗县。汉县，在今湖南湘阴县东北。南蛮校尉羊僧寿，与石康攻襄阳，庾仄众散，奔姚兴。长沙相陶延寿以亮乘乱起兵，遣收之。玄徙亮于衡阳，诛其同谋桓奥等。十二月，玄篡位。以帝为平固公，迁居寻阳。玄入建康。

刘牢之虽死，高素等虽见诛锄，然北府之人物未尽也，而是时为其首领者，实为刘裕。初孙恩之死也，余众推恩妹夫卢循为主。桓玄欲且辑宁东土，以循为永嘉太守。循虽受命，而寇暴不已。玄复遣裕东征。何无忌随至山阴，劝裕于会稽起义。裕以为玄未据极位，且会稽遥远，事济为难；不如俟其篡逆事著，于京口图之。据《宋书·武帝纪》。《孔靖传》以是为靖之谋。玄既篡位，裕乃与其弟道规及刘毅、桓弘中兵参

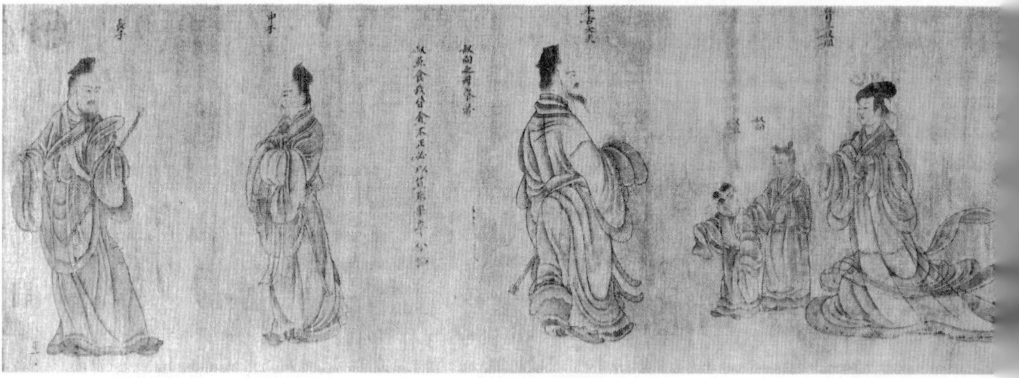

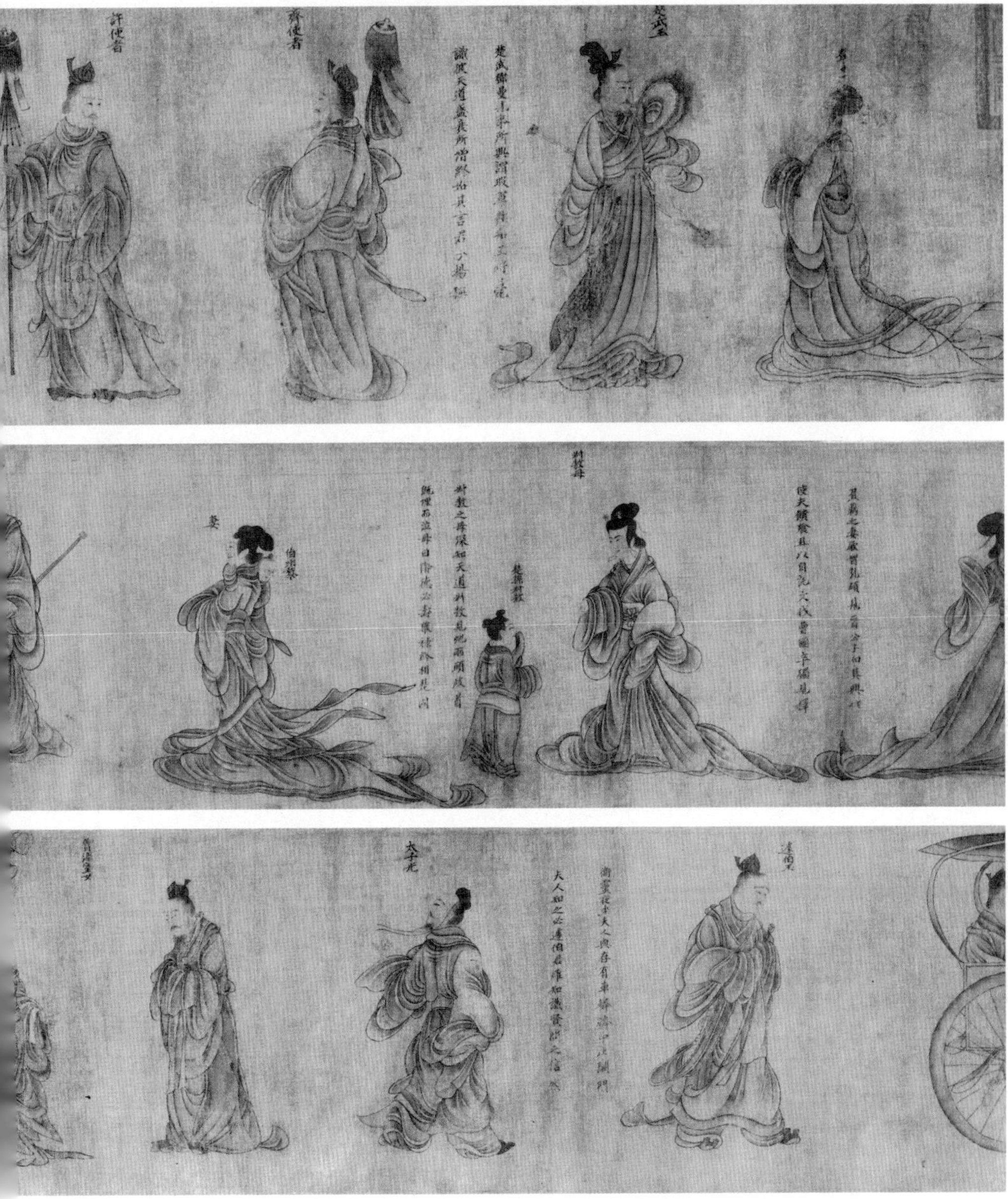

《列女仁智图》卷
（东晋）顾恺之/原作
此为宋摹本 收藏于故宫博物院

汉成帝沉迷酒色，非常宠爱赵飞燕姐妹，因此朝政大权落入外戚赵氏手中。光禄大夫刘向看到此后，便把历史上记载的关于贤妃、贞妇、宠姬等的资料编辑成《列女传》，送给汉成帝，以此来规劝他。《列女传》全书分为母仪、贤明、仁智、贞顺、节义、辩通、孽嬖七卷，此图为『仁智卷』。东晋的朝政被王、庾、桓、谢四大家族轮流把持，他们与皇室多有外戚关系，《列女仁智图》卷暗含规劝意味，共有15个列女故事，此为残本，只有10个故事保存得较为完整。

军。弘冲子，时为青州刺史，镇广陵。何无忌、魏咏之、殷仲堪客。檀凭之、桓修长流参军。孟昶、青州主簿。诸葛长民、豫州刺史刁逵左军府参军。王元德、名叡。弟懿，字仲德。兄弟名犯晋宣、元二帝讳，并以字称。辛扈兴、童厚之等谋讨之。元兴三年（404 年），二月，裕托以游猎，与无忌等收集义徒，袭京口，斩桓修。刘毅潜就孟昶，起兵袭杀桓弘，因收众济江。诸葛长民谋据历阳，失期不得发，刁逵执之，送于桓玄。未至而玄败，送人共破槛出之，还趣历阳。逵弃城走，为其下所执，斩于石头。元德、扈兴、厚之谋于京邑攻玄，事泄，并为玄所杀。玄召桓谦、卞范之等谋之。谦等曰："亟遣兵击之。"玄曰："不然。彼兵速锐，计出万死，遣少军不足相抗，如有蹉跌，则彼气成而吾事败矣。不如屯大众于覆舟山以待之。覆舟山，在首都太平门内，钟山之西足也。彼安行二百里，无所措手，锐气已挫；忽见大军，必惊惧。我案兵坚陈，勿与交锋。彼求战不得，自然走散，此计之上也。"谦等固请，乃遣顿丘太守吴甫之、右卫将军皇甫敷北拒之。义众推刘裕为盟主，移檄京邑。三月，遇吴甫之于江乘，斩之。进至罗落桥。在江乘南。皇甫敷率数千人逆战。刘裕、檀凭之各御一队。凭之败死。裕进战弥厉，斩敷首。桓玄使桓谦屯东陵口，在覆舟山东。卞范之屯覆舟山西，众合二万。刘裕躬先士卒奔之，将士皆殊死战，谦等诸军，一时土崩。玄将子侄浮江南走。裕镇石头，立留台总百官。以王谧导孙。录尚书事，领扬州刺史。裕督扬、徐、兖、豫、青、冀、幽、并八州，为徐州刺史。奉武陵王遵为大将军，承制。遵武陵威王晞子，晞元帝子。以刘毅为青州刺史，与何无忌、刘道规蹑玄。

桓玄经寻阳，江州刺史郭昶之备乘舆法物资之。玄收略，得二千余人，挟天子走江陵。何无忌、刘道规破玄将郭铨、何澹之及郭昶之等于桑落洲。在九江东北。众军进据寻阳。桓玄大聚兵众。召水军，造楼船、器械。率众二万，挟天子发江陵，浮江东下。与刘毅等遇于峥嵘洲。在湖北鄂城县东。众惮之，欲退还寻阳。刘道规曰："彼众我寡，强弱异势，畏懦不进，必为所乘，虽至寻阳，岂能自固？玄虽窃名雄豪，内实恇怯；加已经崩败，众无固心；决机两陈，将雄者克。"因麾众而进。毅等从之。大破玄军。玄弃其众，复挟天子还江陵。冯该劝更下战，玄不从。欲出汉川，投梁州刺史桓希，而人情乖沮，制令不行。玄乘马出城，至门，左右于暗中斫之，不中。前后相杀交横。玄仅得至船。于是荆州别驾王康产奉帝入南郡府舍，太守王腾之率文武营卫。初玄之篡位也，遣使加益州刺史毛璩散骑常侍、左将军。璩执留其使，不受命。玄以桓希为梁州刺史，使王异据涪，郭法戍宕渠，师寂戍巴郡，周道子戍白帝以防之。白帝，城名，在今四川奉节县东。璩传檄远近，列玄罪状。遣巴东太守柳约之、建平太守罗述、征虏司马甄季之击破希等。仍率众次于白帝。初璩弟宁州刺史璠丧官，璩兄孙祐之及参军费恬，以数百人送丧葬江陵。会玄败，谋奔梁州。璩弟子修之，时为玄屯骑校尉，诱使入蜀。玄从之。达枚回洲，在江陵南。恬与祐之迎击，益州督护冯迁斩玄并石康及玄兄子濬。玄子昇，时年数岁，送江陵市，斩之。毛璩又遣将攻汉中，杀桓希。

玄之败于峥嵘洲，义军以为大事已定，追蹑不速，据《宋书·武帝纪》。《刘道规传》云：遇风不进。玄死几一旬，众军犹不至。桓振逃于华容之涌中。涌水在华容。华容，汉县，今湖北监利县西北。玄先令将军王稚徽戍巴陵，稚徽遣人招振，云桓歆已克京邑，歆，玄兄，时聚众向历阳，为诸葛长民、魏咏之所破。冯稚等复平寻阳，稚，玄将，尝袭陷寻阳，刘毅使刘怀肃讨平之。怀肃，裕从母兄。刘毅诸军并败于中路。振大喜，乃聚党数十人袭江陵。比至城，有众二百。桓谦先匿于沮川，亦聚众而出。遂陷江陵。闰五月。迎帝于行宫。王康产、王腾之皆

东晋水罐

1969年出土于江苏镇江。

东晋虎形瓷灯座

收藏于温州博物馆

1958年出土于永嘉县瓯北镇礁下山。

被害。桓振闻桓昇死，大怒，将肆逆于帝。谦苦禁之，乃止。遂命群臣辞以楚祚不终，百姓之心，复归于晋，更奉进玺绶。以琅邪王镇徐州。振为都督八州、荆州刺史。振少薄行，玄不以子姪齿之。及是，叹曰："公昔不早用我，遂致此败。若使公在，我为前锋，天下不足定也。今独作此，安归乎？"遂肆意酒色；暴虐无道，多所残害。何无忌击桓谦于马头，在今湖北公安县东北。桓蔚于龙洲，皆破之。义军乘胜竞进。桓振、冯该等拒战于灵溪，《水经注》：江水自江陵东径燕尾洲北，会灵溪水。龙洲，在灵溪东。案龙洲，据《桓玄传》。《何无忌传》作龙泉。道规等败绩，死没者千余人。刘毅坐免官，寻原之。义军退次寻阳，更缮舟甲。进次夏口。冯该等守夏口，孟山图据鲁城，亦作鲁山城，在今湖北汉阳县东北。桓山客守偃月垒。据《桓玄传》。《宋书·刘道规传》作桓仙客。偃月垒，亦曰却月城，在汉水左岸。刘毅攻鲁城，道规攻偃月垒，二城俱溃。冯该走，擒山图、仙客。毅等平巴陵。十二月。义熙元年（405年），正月，南阳太守鲁宗之起义兵，袭襄阳，破伪雍州刺史桓蔚。何无忌诸军次马头。桓振拥帝，出营江津。戍名，在江陵南。请割荆、江二州，奉送天子。无忌不许。鲁宗之破伪虎贲中郎将温楷，进至纪南。城名，在江陵北。振自击之，宗之失利。刘毅率何无忌、刘道规等破冯该于豫章口，在江陵东。推锋而前，遂入江陵。振见火起，知城已陷，遂与桓谦北走。是日，安帝反正。大赦天下，惟逆党就戮。诏特免桓胤一人。冲长子嗣之子。三月，桓谦出自涢城，在云杜东南。云杜，汉县，在今湖北沔阳县北。袭破江陵。刘怀肃自云杜伐振，破之。广武将军唐兴临陈斩振。怀肃又讨斩冯该于石城。桓亮先侵豫章，时刘敬宣自南燕还，刘裕以为江州刺史，讨走之。桓玄以苻宏为梁州刺史，与亮先后入湘中；其余拥众假号者以十数：皆讨平之。桓谦、桓怡、弘弟。桓蔚、桓谧、何澹之、温楷，皆奔于秦。诏徙桓胤及诸党与于新安诸郡。三年，东阳太守殷仲文，桓玄峥嵘洲之败，留皇后王氏及穆帝后何氏于巴陵。仲文时在玄槛，求出别船，收集散卒，因奉二后奔夏口降。与永嘉太守骆球谋反，欲建桓胤为嗣，刘裕并其党收斩之。

桓玄乃一妄人，《晋书》言其缪妄之迹甚多，庸或不免傅会，如谓玄篡位入宫，其床忽陷，群下失色，殷仲文曰："将由圣德深厚，地不能载。"玄大悦，此等几类平话。又谓其弃建康西走时，腹心劝其战，玄不暇答，直以策指天而已，亦与其据覆舟山待义兵之策，判若两人也。然其纵侈，玄之出镇姑孰，即大筑城府，台馆山池，莫不壮丽。性好畋游，以体大不堪乘马，乃作徘徊舆，施转关，令回动无滞。自篡盗之后，骄奢荒侈。游猎无度，以夜继昼；或一日之中，屡出驰骋。性又急暴，呼召严速，直官咸系马省前。贪鄙，好奇异，尤爱宝物，珠玉不离于手。人士有法书、好画及园宅者，悉欲归己。犹难逼夺之，皆蒱博而取。遣臣佐四出，掘果移竹，不远数千里。尝诈欲讨姚兴，初欲饰装，无他处分，先使作轻舸，载服玩及书画等物。或谏之。玄曰："书画服玩，既宜恒在左右；且兵凶战危，脱有不意，当使轻而易运。"众皆笑之。此等事或疑其非实，然纨绔子弟，习于纵侈，不知虑患，确有此等情形也。好虚名，元兴二年（403年），玄诈表请平姚兴，又讽朝廷作诏不许。谓代谢之际，宜有祯祥，乃密令所在上临平湖开，又诈称江州甘露降。以历代咸有肥遁之士，己世独无，乃征皇甫谧六世孙希之为著作，并给其资用，皆令让而不受，号曰高士。败走后，于道作起居注，叙其距义军之事，自谓经略指授，算无遗策，诸将违节度，以致亏丧，非战之罪。于时不遑与群下谋议，惟耽思诵述，宣示远近。荆州郡守，以玄播越，或遣使通表，有匪宁之辞，玄悉不受，仍令所在表贺迁都焉。临平湖，在浙江杭县东北。故老相传：此湖塞，天下乱，此湖开，天下平。喜佞媚，《玄传》言玄信悦谄誉，逆忤谠言。吴甫之、皇甫敷败，玄闻之，大惧，问于众曰："朕其败乎？"曹靖之曰："神怒人怨，臣实惧焉。"玄曰："卿何不谏？"对曰："辇上诸君子，皆以为尧、舜之世，臣何敢言？"不知政理，玄尝议复肉刑，断钱货，回复改异，造革纷纭。临听讼观录囚徒，罪无轻重，多被原放。有干舆乞者，时或恤之。尚书答春蒐字误为春菟，凡所关署，皆被降黜。奔败之后，惧法令不肃，遂轻怒妄杀。虽少负雄名，而实则怯懦，峥嵘洲之战，义兵数千，玄众甚盛，而玄惧有败衄，常漾轻舸于舫侧，故其众莫有斗心。要非诬辞也。玄之叛逆，不过当时裂冠毁冕之既久，势所必至，无足深异。晋室自东渡以后，上下流即成相持之局，而上流之势恒强，朝廷政令之不行，恢复大计之受阻，所关匪细，至桓玄败而事势一变矣。然中原丧乱既久，国内反侧又多，卒非一时所克收拾，此则宋武之雄才，所以亦仅成偏安之业也，亦可叹矣。而蜀中乘此扰攘，又成割据之局者数年，尚其至微末者也。

桓玄之死也，柳约之进军至枝江，汉县，在今湖北枝江县东。而桓振复攻没江陵，刘毅等还寻阳，约之亦退。俄而甄季之、罗述皆病。约之诣振伪降，欲袭振，事泄，被害。约之司马时延祖，涪陵太守文处茂等抚其余众，保涪陵。振遣桓放之为益州，屯西陵。峡名，在今湖北宜昌县西北。处茂距击破之。毛璩闻江陵陷，率众赴难。使弟瑾、瑗顺外江而下。外水谓岷江，涪江曰内水，沱江曰中水。参军谯纵及侯晖等领巴西、梓潼军下涪水，与璩会巴郡。晖有贰志，因梁州人不乐东也，与巴西阳昧结谋，于五城水口，五城水，涪水支流，在广都入江。逼纵为主。攻瑾于涪城。城陷，瑾死之。纵乃自号梁、秦二州刺史。时朝廷新以此授瑾。《通鉴》，事在义熙元年（405 年）二月。璩时在略城，胡三省曰：据《晋书·毛璩传》，去成都四百里。遣参军王琼率三千人讨反者。又遣瑗领四千人继进。纵遣弟明子及晖拒琼于广汉。琼击破晖等。追至丝竹，明子设二伏以待之，大败琼众，死者十八九。益州营户李腾开城以纳纵。璩下人受纵诱说，遂共害璩及瑗，并子侄之在蜀者，一时殄没。纵以从弟洪为益州刺史。明子为巴州刺史，率其众五千人屯白帝。自称成都王。瑾子修之，下至京师，刘裕表为龙骧将军，配给兵力，遣令奔赴。又遣益州刺史司马荣期及文处茂、时延祖等西讨。修之至宕渠，荣期为参军杨承祖所杀。修之退还白帝。承祖自下攻之，不拔。修之使参军严纲收兵，汉嘉太守冯迁率兵来会，讨承祖斩之。时文处茂犹在益郡，修之遣兵五百，与刘道规所遣千人俱进，而益州刺史鲍陋不肯进讨。纵遣使称藩于姚兴。九月。且请桓谦为助。兴遣之。刘裕

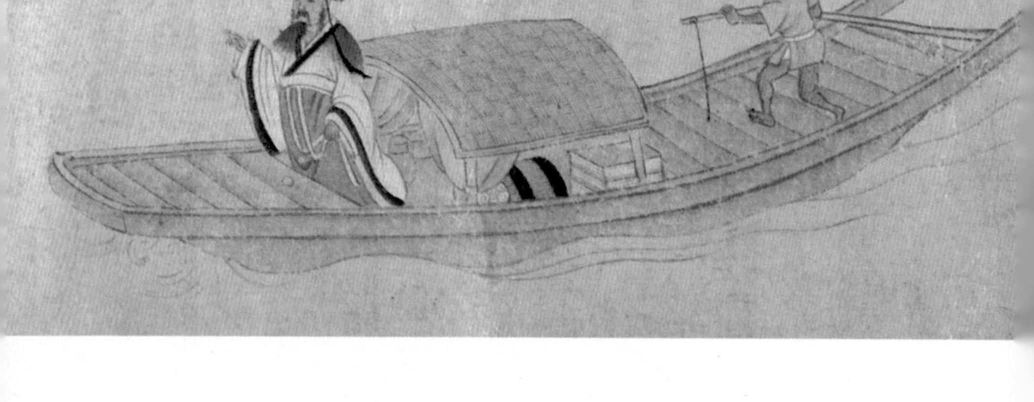

《归去来辞图》
（宋）钱选　收藏于美国纽约大都会艺术博物馆
陶渊明少有『猛志逸四海，骞翮思远翥』的大志，刘裕起兵讨桓平叛时，他投入刘裕幕下任镇军参军，并立过功。刘裕专权后，陶渊明辞官。后来，叔父陶逵推荐他任彭泽县令，到任八十一天，碰到浔阳郡派遣督邮至，属吏说：『当束带迎之。』他叹道：『我岂能为五斗米向乡里小儿折腰。』遂授印去职，并赋《归去来辞》，以明心志。

表遣刘敬宣率众五千伐蜀。分遣巴东太守温祚，以二千人扬声外水，自率鲍陋、文处茂、时延祖由垫江而进。达遂宁郡之黄虎，城名，在今四川射洪县东。谯道福等悉众距险。敬宣粮尽，军中多疾疫，姚兴又遣兵二万救纵，王师遂引还。纵遣使拜师，仍贡方物，兴拜为蜀王。

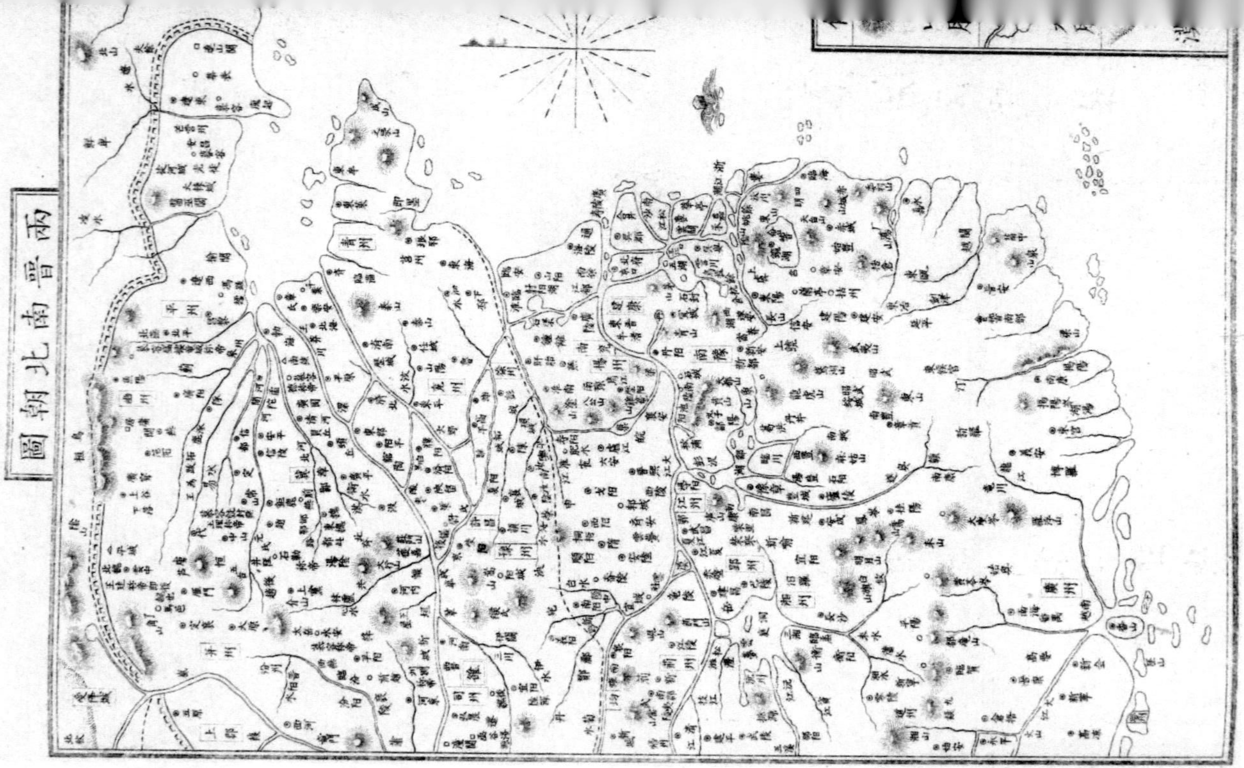

《两晋南北朝图》

佚名

265年，司马炎建立晋，280年晋灭吴，全国复归一统。从316年匈奴贵族建立的政权灭西晋起，北方从此进入『五胡十六国』的战乱时期，前后出现20个割据政权。317年，司马睿在建康（今南京）建立东晋。在南方，420年以后又历经宋（420—479）、齐（479—502）、梁（502—557）、陈（557—589）四朝更迭。南朝与北朝相互对峙，直到589年隋朝灭陈朝后，才复归一统。

陶渊明

陶渊明开创的田园诗派被后代许多诗人继承和发扬，如唐代的王维、孟浩然、韦应物、李白、白居易，宋代的辛弃疾、苏轼等，都受其影响。陶渊明作为一个文化符号，自然洒脱的形象深入人心，成为后人在喧嚣人间疏解烦闷的精神向往。

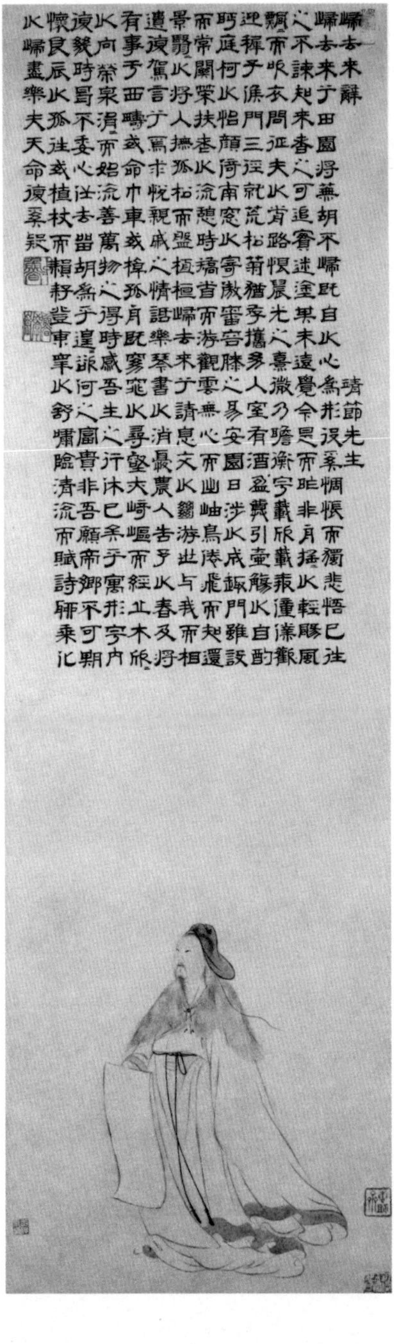

《陶渊明像》
（明）王仲玉　收藏于故宫博物院

陶渊明（约365—427年），名潜，字元亮，号五柳先生，浔阳柴桑（今江西九江）人。曾祖父是陶侃，祖父陶茂、父亲陶逸都曾任太守，母亲是东晋名士孟嘉的女儿。他年少时家道中落，八岁时丧父。孤儿寡母，寄居在外祖父家。陶渊明曾任江州祭酒、彭泽县令等，但时间都不长久，后来辞官回家，隐居不仕，直至病故，留下了『不为五斗米折腰』的典故。

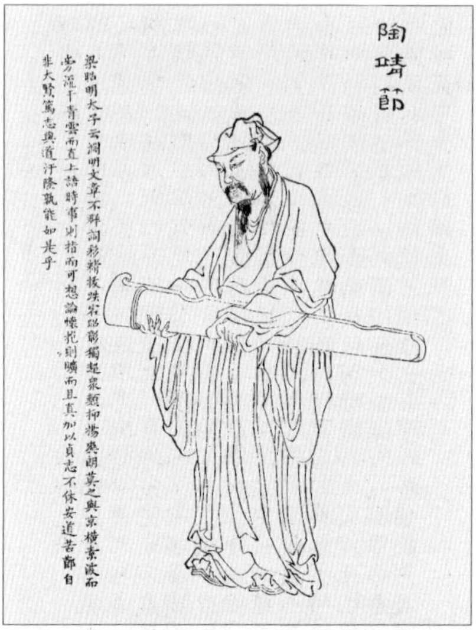

◀陶渊明抱琴图
选自《晚笑堂竹庄画传》
清刊本　（清）上官周
陶渊明有一张没有弦线的琴，在宴饮时，他常抚着这张琴说：『但识琴中趣，何劳弦上声？』

▼陶公与酒
选自《古今画薮》
［日］宋紫石
陶渊明爱喝酒，每次与客人喝酒都先醉，还会告诉客人：『我醉欲眠卿可去。』

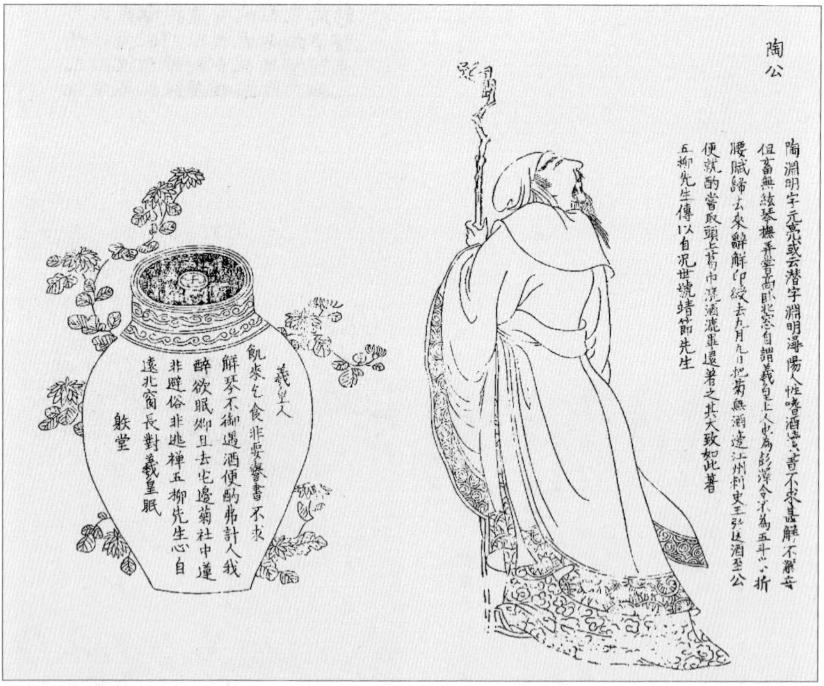

《陶渊明嗅菊图》

（明）张风

陶渊明爱菊，诗《饮酒》其五中『采菊东篱下，悠然见南山』乃千古名句。昭明太子萧统《陶渊明传》中记载：『尝九月九日出宅边菊丛中坐，久之，满手把菊。忽值弘送酒至，即便就酌，醉而归。』陶渊明喝酒时，喜欢将菊花瓣撒入酒中，再加上些茱萸，自得其味。据说，此酒能延年益寿。因为陶渊明经常在九月九日这一天约朋友赏菊，后人又将重阳节别称为『菊花节』。

寿阳公主像

选自《古代美人图》 （清）周培春 收藏于圣彼得堡国立大学图书馆

寿阳公主是宋武帝刘裕的女儿。《太平御览》记载，寿阳公主在含章殿休息时，一阵微风将一朵腊梅花瓣吹在了她的额头上，被汗水渍染，留下花痕，拂拭不去。皇后看到后很喜欢，特意让她保留。此后，宫女们便纷纷效仿，将这种妆容命名为『梅花妆』或『寿阳妆』。因腊梅的花期很短，宫女们便将腊梅花瓣晒干后制成粉末，以备随时使用。『梅花妆』流传到民间后，被称为『花黄』。

《六逸图》

陆曜（唐）　收藏于故宫博物院

《六逸图》描绘的是汉晋间马融、阮孚、边韶、陶潜、韩康、毕卓六人的自由洒脱的逸事，他们深得魏晋名士风流。

马融坦卧吹箫

马融（79—166年），字季长，扶风茂陵（今陕西兴平）人，东汉名将马援之后。其人『美辞貌，有俊才』，学识渊博，擅长古文经学，洒脱自然，率性而为，好吹笛，『不拘儒者之节』。

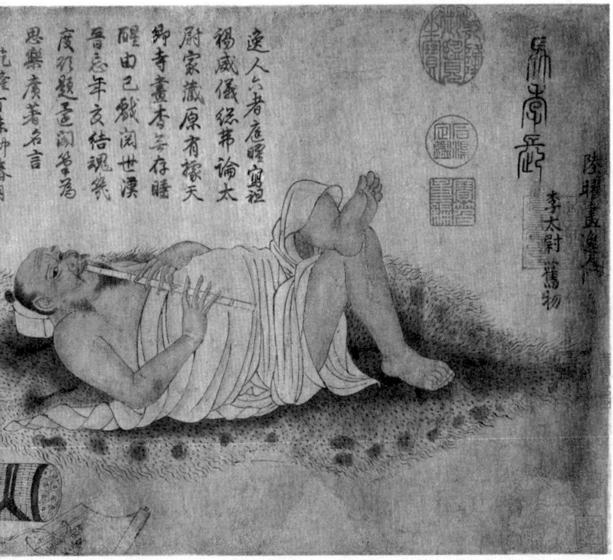

阮孚蜡屐及金貂换酒

阮孚（约278—约326年），字遥集，陈留尉氏（今河南尉氏）人。晋朝大臣，始平太守阮咸之子。据《晋书·阮孚传》记载：『（阮孚）迁为黄门侍郎、散骑常侍，尝以金貂换酒，复为有司弹劾。帝宥之。』『金貂换酒』后来被认为是旷达傲世的表现。

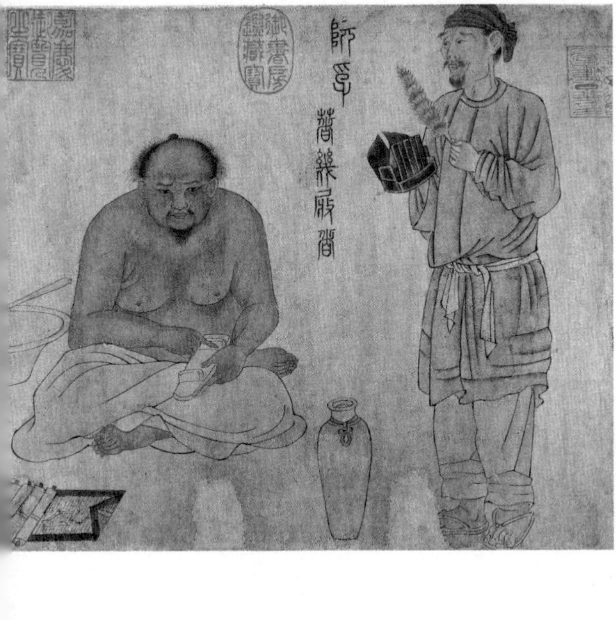

陶潜葛巾滤酒

南朝梁萧统所著《陶渊明传》记载：『陶渊明嗜酒，郡将尝候之，值其酿热，取头上葛巾漉酒，漉毕，还复著之。』

▲边韶腹笥五经

边韶（约278—约326年），字孝先，陈留郡浚仪县（今河南开封）人。边韶才华横溢，以文章著名。因在白天睡觉，曾被学生嘲笑：『边孝先，腹便便，懒读书，只想眠。』他却回答：『边为姓，孝为字。腹便便，《五经》笥。只想眠，思经事。寐与周公通梦，静与孔子同意。师而可嘲，出何典记。』

韩康布衣制药

据皇甫谧著《高士传》记载：『韩康，字伯休，一名恬休，京兆霸陵人。常采药名山卖于长安市，口不二价三十余年。时有女子从康买药，康守价不移。女子怒曰：『公是韩伯休耶，乃不二价乎？』康叹曰：『我本欲避名，今小女子皆知有我，何用药为？』乃遁入霸陵山中。

毕卓盗酒酣醉

毕卓，生卒年不详，字茂世，北新蔡郡鲖阳县（今安徽阜阳临泉鲖城镇）人，东晋中书郎毕湛之子。毕卓放任不拘，担任吏部郎时，常因喝酒废弃公事。

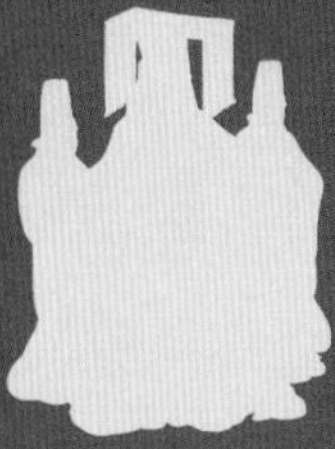

第三章 北朝概览

第一节　孝文迁洛

魏初风俗至陋。《齐书·魏虏传》述其情形云：什翼珪始都平城，犹逐水草，无城郭。木末始土著居处。佛狸破凉州、黄龙，徙其居民，大筑城邑。《魏书·天象志》：天赐三年（406 年）六月，发八部人自五百里内缮修都城。魏于是始有邑居之制度。天赐三年，晋安帝之义熙二年也。截平城西为宫城。四角起楼女墙，门不施屋。城又无堑。南门外立二土门，内立庙。开四门，各随方色。凡五庙，一世一间瓦屋。其西立大社。佛狸所居云母等三殿，又立重屋，居其上。饮食厨名阿真。厨在西，皇后可孙，恒出此厨求食。殿西铠仗库，屋四十余间。殿北丝、绵、布、绢库，土屋一十余间。伪太子宫在城东，亦开四门，瓦屋，四角起楼。妃妾住皆土屋。婢使千余人，织绫锦，贩卖，酤酒，养猪、羊，牧牛、马，种菜逐利。大官八十余窖，窖四千斛，半谷半米。又有悬食瓦屋数十间。置尚方，作铁及木。其袍衣，使宫内婢为之。伪太子别有仓库。其郭城绕宫城南，悉筑为坊。坊开巷。坊大者容四五百家，小者六七十家。城西南去白登山七里。山边别立祖父庙。城西有祠天坛，立四十九木人，长丈许，白帻、练裙、马尾被立坛上。常以四月四日，杀牛马祭祀，盛陈卤簿，边坛奔驰，奏伎为乐。城西三里，刻石写《五经》及其国记，于邺取石虎文石屋基六十枚，皆长丈余以充用。国中呼内左右为直真，外左右为乌矮真，曹局文书吏为比德真，檐衣人为朴大真，带仗人为胡洛真，通事人为乞万真，守门人为可薄真，伪台乘驿贱人为拂竹真，诸州乘驿人为咸真，杀人者为契害真，为主出受辞人为折溃真，贵人作食人为附真，三公贵人，通谓之羊真。佛狸置三公、太宰、尚书令、仆射、侍中，与太子共决国事。殿中尚书知殿内兵马、仓库。乐部尚书知伎乐及角史、伍伯。驾部尚书知牟、马、驴、骡。南部尚书知南边州郡。北部尚书知北边州郡。又有俟勤地何，比尚书。莫堤，比刺史。郁若，比二千石。受别官，比诸侯。诸曹府有仓库，悉置比官。皆使通虏、汉语，以为传译。兰台置中丞、御史，知城内事。又置九豆和官，宫城三里内民户籍不属诸军戍者悉属之。其车服：有大小辇，皆五层，下施四轮，三二百人牵之，四施绳索备倾倒。轺车建龙旗，尚黑。妃后则施杂采幰，无幢络。太后出，则妇女着铠骑马，近辇左右。虏主及后妃常行乘银镂羊车，不施帷幔。皆偏坐，垂脚辕中。在殿上亦跂据。正殿施流苏帐、金博山、龙凤朱漆画屏风、织成幌。坐施氍毹。褥前施金香炉、琉璃钵、金碗、盛杂食器。设客长盘一尺。御馔圆盘广一丈。为四轮车，元会日六七十人牵上殿。蜡日逐除；岁尽，城门磔雄鸡；苇索、桃梗如汉仪。自佛狸至万民，世增雕饰。正殿西筑土台，谓之白楼。万民禅位后，常游观其上。台南又有伺星楼。正殿西又有祠屋，琉璃为瓦。宫门稍覆以屋，犹不知为重楼。并设削泥采，画金刚力士。又规画黑龙相盘绕，以为厌胜。其文化，盖兼受诸中

北魏元显儁墓志铭拓片

（北魏）佚名

元显儁是北魏宗室，去孝文帝时代不远，从其墓志铭『是则慕学之徒，无不欲轨其操，既成之儒，无不欲会其文，以为三益之良朋也……』可见北魏汉化的痕迹。

国及西域，然究不脱北狄本色，《魏虏传》云："佛狸已来，稍僭华典，胡风、国俗，杂相揉乱。"此胡风指西域言，国俗则鲜卑之本俗也。欲革之于旦夕之间，固非迁徙不为功矣。

孝文知北人之不乐徙也，乃借南伐为名以胁众。齐武帝永明十一年（493年），虏太和十七年也。八月，孝文发代都，声言南伐。九月，至洛阳。自发代都，霖雨不霁，孝文仍诏发轸。群臣稽颡马前。孝文乃言："今者兴动不小，动而无成，何以示后？若不南行，即当移都于此。"众惮南征，无敢言者。遂定迁都洛阳之计。其事详见《魏书·李冲传》。孝文此举，必有参与密谋者，今不可考，以意度之，必为汉臣，李冲当即其一也。当南伐时，即起宫殿于邺西，十一月，移居焉。而委李冲以新都营构之任。明年，齐明帝建武元年（494 年）。二月，北还。诏谕其下以迁都意。闰月，至平城。三月，临太极殿，谕在代群臣以迁移之略。其事详见《魏书·东阳公丕传》。《传》谓孝文诏群下各言其意，然无敢强谏者，盖逆知其不可回矣。当时赞孝文南迁，并为开谕众人，镇抚旧京者，有任城王澄、南安王桢、广陵王羽及李韶等，亦不过从顺其意而已，非真乐迁也。《于烈传》云：人情恋本，多有异议。高祖问烈："卿意云何？"烈曰："陛下圣略渊深，非愚管所测。若隐心而言，乐迁之与恋旧，惟中半耳。"似直言，实亦巽辞也。明帝建武二年（495 年），太和十九年。六月，诏迁洛之民，死葬河南，不得还北。《文成五王传》：广川王略子谐，太和十九年薨，有司奏王妃薨于代京，未审以新尊从于卑旧，为宜卑旧来就新尊？诏曰：迁洛之人，自兹厥后，悉可归骸邙岭，皆不得就茔恒、代。其有夫先葬在北，妇今丧在南，妇人从夫，宜还代葬。若欲移父就母，亦得任之。其有妻坟于恒、代，夫死于洛，不得以尊就卑。欲移母就父，宜亦从之。若异葬，亦从之。若不在葬限，身在代丧，葬之彼此，皆得任之。其户属恒、燕，身官京洛，去留之宜，亦从所择。其属诸州者，各得任意。其年九月，遂尽迁于洛阳。

孝文之南迁，旧人多非所欲也，遂致激成反叛。《魏书·高祖纪》：太和二十年（496 年），齐建武三年。十有二月，废皇太子恂为庶人。恒州刺史穆泰等在州谋反，道武都平城，于其地置司州，迁洛后改为恒州。遣任城王澄案治之。澄，景穆子任城王云之子。乐陵王思誉坐知泰阴谋不告，削爵为庶人。景穆子乐陵王胡儿无子，显祖诏胡儿兄汝阴王天赐之第二子永全后之，袭封。后改名思誉。

《恂传》云：恂不好书学，体貌肥大。深忌河、洛暑热，意每追乐

《帝后礼佛图》

收藏于美国纽约大都会艺术博物馆

《帝后礼佛图》是北魏宣武帝为父母祈福而命人雕刻的，因此主人公是孝文帝和文昭皇后，故名。《帝后礼佛图》最初开凿于洛阳龙门石窟的宾阳中洞，20世纪30年代，美国人普爱伦勾结北京琉璃厂古董商岳彬将其盗走，致使其流失海外。《帝后礼佛图》表明了北魏政权官方对于佛教的推崇和鲜卑族文化的汉化。画面中所有的人都是宽衣博带的中原汉族装束，说明孝文帝推行的汉化在当时已经成为不可逆转的潮流，并得到后继者极大的发扬。

北魏孝子画像石棺拓片（局部）

北魏孝子画像石棺在20世纪30年代于洛阳城郊出土，后流失海外。石棺的两侧有画像，内容为表现舜、董永、蔡顺、郭巨、王琳等行孝的事迹。图中描绘的是孝子郭巨埋儿侍母的故事。《晋书》记载：『郭巨，家贫。有子三岁，母尝减食与之。巨谓妻曰：「贫乏不能供母，子又分母之食，盍埋此子？儿可再有，母不可复得。」妻不敢违。巨遂掘坑三尺余，忽见黄金一釜，上云：「天赐孝子郭巨，官不得取，民不得夺。」』

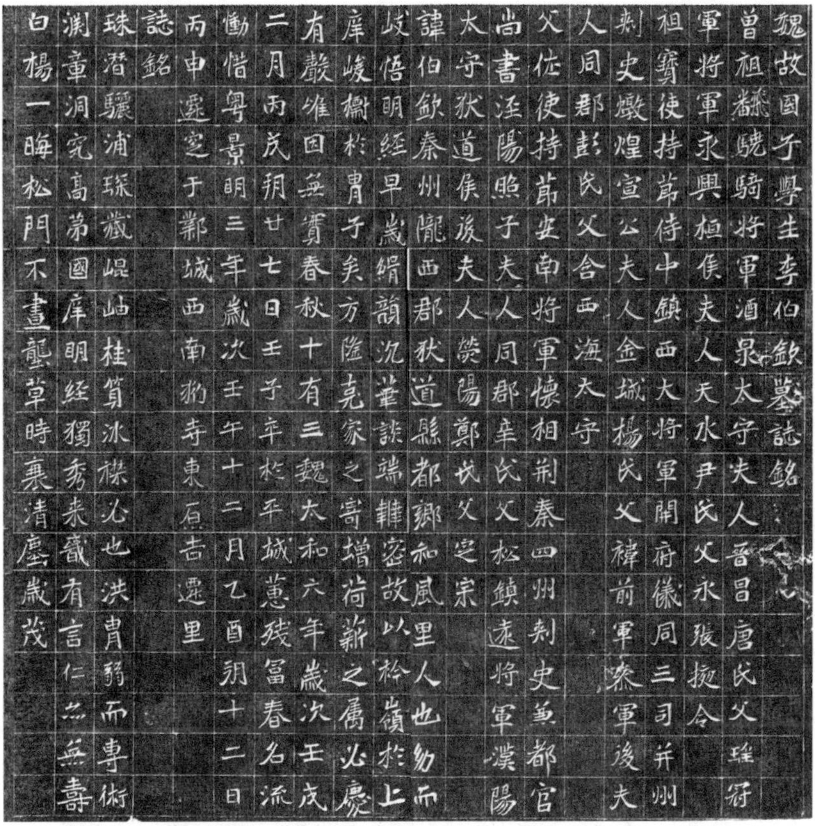

《魏故国子学生墓志铭》

佚名（北魏）

又被称为《李伯钦墓志》，志主为李伯钦，他的高祖为李暠。李暠初为北凉段业部将，后自立为王，到他的儿子李歆时，又被北凉沮渠蒙逊所灭。李氏归顺北魏后，因其功高，深被宠信。后李冲之女还被选为孝文帝元宏的夫人，李氏更是贵为外戚，门第兴隆。根据志文，李伯钦死时年仅十三，过了二十年之后被迁葬。此志书法老到成熟，应该是出于李氏族人中的书法能手。

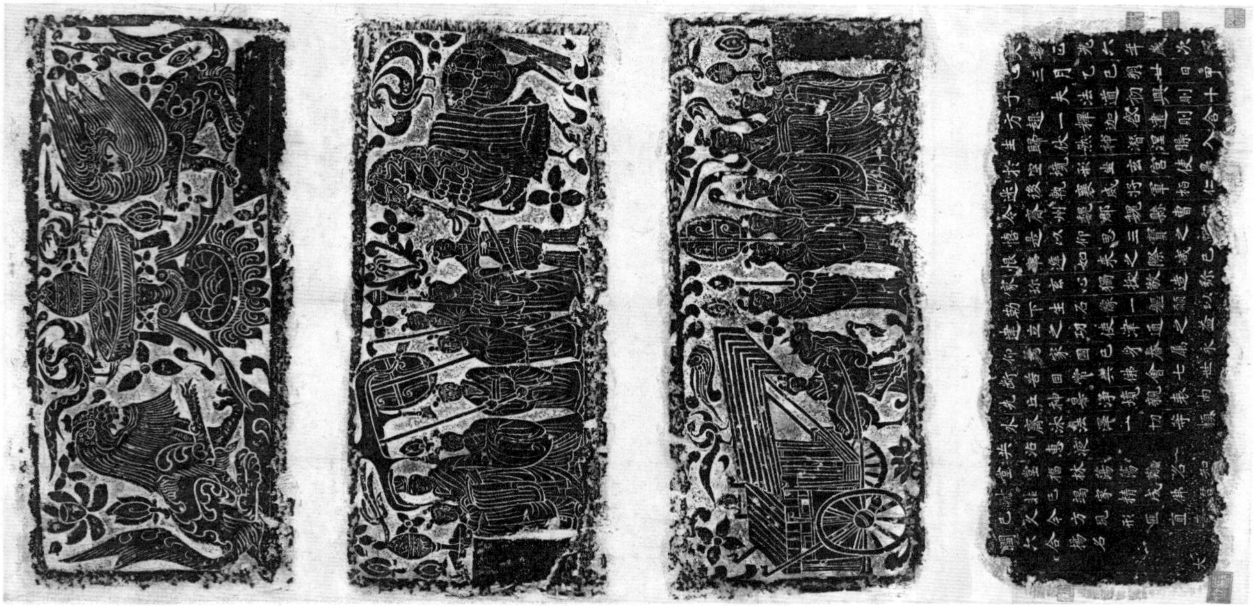

《曹望禧造像》拓本

《曹望禧造像》全称为《曹望禧造弥勒下生石像记》，近代流失海外。王壮弘在《崇善楼笔记》中评价：『六朝造像极多，佳者也不少，但终无过于魏正光六年所刻《曹望禧造像》之精妙。此石高三尺五寸、广一尺九寸。共有四层，上三层刻图有狮、凤、车马、仪仗、衣冠人物等等。制作极为精美，人物皆栩栩如生。下层刻铭文，正书廿二行，行九字，后余一行刻一大字。书法端和谨严，也是魏刻中数一数二的作品。』从这幅作品中，可以欣赏到南朝雕刻艺术的精美。

北方。中庶子高道悦数苦言致谏，恂甚衔之。高祖幸崧岳，太和二十年八月。恂留守金墉，于西掖门内与左右谋，欲召牧马，轻骑奔代。手刃道悦于禁中。领军元俨，勒门防遏，夜得宁静。厥明，尚书陆琇驰启高祖于南。高祖闻之骇惋。外寝其事，仍至汴口而还。引见群臣于清徽堂。高祖曰："古人有言，大义灭亲。今恂欲违父背尊，跨据恒、朔，今日不灭，乃是国家之大祸。"乃废为庶人。置之河阳。汉县，晋省，魏复置，在今河南孟县西。以兵守之。服食所供，粗免饥寒而已。恂在困踬，颇知咎悔。恒读佛经，礼拜，归心于善。高祖幸代，遂如长安。太和二十一年四月，齐建武四年。中尉李彪，承间密表，告恂复与左右谋逆。高祖在长安，使中书侍郎邢峦与咸阳王禧献文子。奉诏赍椒酒诣河阳赐恂死。二十二年（498 年），齐明帝永泰元年。冬，御史台令史龙文观坐法当死，告廷尉，称恂前被摄之日，有手书自理不知状，而中尉李彪、侍御史贾尚，寝不为闻。尚坐系廷尉。时彪免归，高祖在邺，尚书表收彪赴洛，会赦，遂不穷其本末。贾尚出系，暴病数日死。案恂死时年十五，废时年仅十四，安知跨据恒、朔？则其事必别有主谋可知。穆泰之叛也，史云：泰时为定州刺史，魏于中山置定州。自陈病久，乞为恒州，遂转陆叡为定州，以泰代焉。泰不愿迁都，叡未发而泰已至，遂潜相扇诱，与叡及安陆侯元隆、抚冥镇将鲁郡侯元业、骁骑将军元超，隆、业、超皆丕子。阳平侯贺头、射声校尉元乐平、前彭城镇将元拔、代郡太守元珍、镇北将军乐陵王思誉等谋，推朔州刺史阳平王颐为主。朔州，魏置，今山西朔县。颐，景穆子阳平幽王新成之子。颐伪许以安之，而密表其事。高祖乃遣任城王澄发并、肆兵以讨之。并州治晋阳，今山西阳曲县。肆州治九原，在今山西忻县西。澄先遣治书侍御史李焕单车入代，出其不意。泰等惊骇，计无所出。焕晓谕逆徒，示以祸福。于是凶党离心，莫为之用。泰自度必败，乃率麾下数百人攻焕郭门，冀以一捷。不克，单马走出城西，为人擒送。《澄传》：高祖遣澄，谓曰："如其弱也，直往擒翦。若其势强，可承制发并、肆兵殄之。"澄行达雁门，太守夜告："泰已握众，西就阳平城下聚结。"澄闻便速进。右丞孟斌曰："事不可量。须依敕召并、肆兵，然后徐动。"澄不听，而倍道兼行。又遣李焕先赴，至即擒泰。澄亦寻到，穷治党与。《澄传》云：狱禁者凡百余人。高祖幸代，《纪》：太和二十一年正月北巡，二月至平城。亲见罪人，问其反状。泰等伏诛。陆叡赐死于狱。《新兴公丕传》：自高祖南伐以来，迄当留守之任。后又迁太傅，录尚书。冯熙薨于代都，熙，文明后兄。丕表求銮驾亲临。诏曰："今洛邑肇构，跂望成劳。开辟迄今，岂有以天子之重，亲赴舅国之丧？朕纵欲为孝，其如大孝何？纵欲为义，其如大义何？天下至重，君臣道悬，岂宜苟相诱引，陷君不德？令、仆已下，可付法官贬之。"《陆叡传》：叡表请车驾还代，亲临冯熙之丧，坐削夺都督恒、肆、朔三州诸军事。又诏以丕为都督，领并州刺史。丕前妻子隆，同产数人，皆与别居，后得宫人，所生同宅共产，父子情因此偏。丕父子大意不乐迁洛。高祖之发平城，太子恂留于旧京。及将还洛，丕前妻子隆，与弟超等，密谋留恂，因举兵断关，规据陉北。时丕以老居并州，虽不与其始计，而隆、超咸以告丕。丕外虑不成，口虽致难，心颇然之。及高祖幸平城，推穆泰等首谋，隆兄弟并是党。隆、超与元业等兄弟，并以谋逆伏诛。有司奏处孥戮。诏以丕应连坐，但以先许不死之身，躬非染逆之党，听免死，仍为太原百姓。其后妻二子听随。隆、超母弟及余庶兄弟，皆徙敦煌。案冯熙死于太和十九年三月。是岁，六月，诏恂赴平城宫。九月，六宫及文武，尽迁洛阳。《恂传》云：二十年，改字宣道。迁洛，诏恂诣代都。及恂入辞，高祖曰："今汝不应向代，但太师薨于恒壤，朕既居皇极之重，不容轻赴舅氏之丧，欲使汝展哀舅氏。"云云。此与十九年六月之诏，当即一事，叙于二十年改字之后，盖《传》之误。《丕传》所谓高祖发平城，太子留于旧京者，当即此时。高祖若至代都，称兵要胁之事，其势必不可免，代都为旧人聚集之地，势必难于收拾，故高祖拒而不往；又虑群情之滋忿也，乃使恂北行以慰抚之；自谓措置得宜矣，然魏以太子监国，由来旧矣；禅代，献文又特创其例矣。泰等是时，盖犹未欲显叛高祖，特欲挟太子据旧都，胁高祖授以监国之任？禅代盖尚非其意计所及。高祖本使恂往，意在消弭衅端，不意恂亦为叛党所惑，还洛之后，犹欲轻骑奔代也。然此必非恂所能为，洛京中人，必又有与叛党通声气者矣，亦可见其牵连之广也。恂既废，叛党与高祖调停之望遂绝，乃又谋推阳平，亦所谓相激使然者邪？穆泰者，崇之玄孙。以功臣子孙尚章武长公主。文明太后欲废高祖，泰切谏，乃止。高祖德之，锡以山河，宠待隆至。陆叡，俟之孙。沉雅好学，折节下士。年未二十，时人便以宰辅许之。又数征柔然有功。实肺腑之亲，心膂之任，乔木世臣，民之望也，而皆躬为叛首。《于烈传》言：代乡旧族，同恶者多，惟烈一宗，无所染预而已。当时情势，亦危矣哉？

南迁之计，于虏为损乎？为益乎？《齐书·王融传》：永明中，虏遣使求书，朝议欲不与，融上疏曰："今经典远被，诗史北流，冯、李之徒，必欲遵尚，直勒等类，居致乖阻。何则？匈奴以毡骑为帷床，驰射为糇粮。冠方帽则犯沙陵雪，服左衽则风骧鸟逝。若衣以朱裳，戴之玄冕，节其揖让，教以翔趋，必同艰桎梏，等惧冰渊，婆娑蹁躚，困而不能前已。及夫春水草生，阻散马之适；秋风木落，绝驱禽之欢；息沸唇于桑墟，别踶乳于冀俗；听韶雅如聋聩，临方丈若爰居；冯、李之徒，固得志矣，虏之凶族，其如病何？于是风土之思深，愎戾之情动；拂衣者连裾，抽锋者比镞。部落争于下，酋渠危于上；我一举而兼吞，卞庄之势必也。"其于魏末丧乱，若烛照之矣。《魏书·孙绍传》：绍于

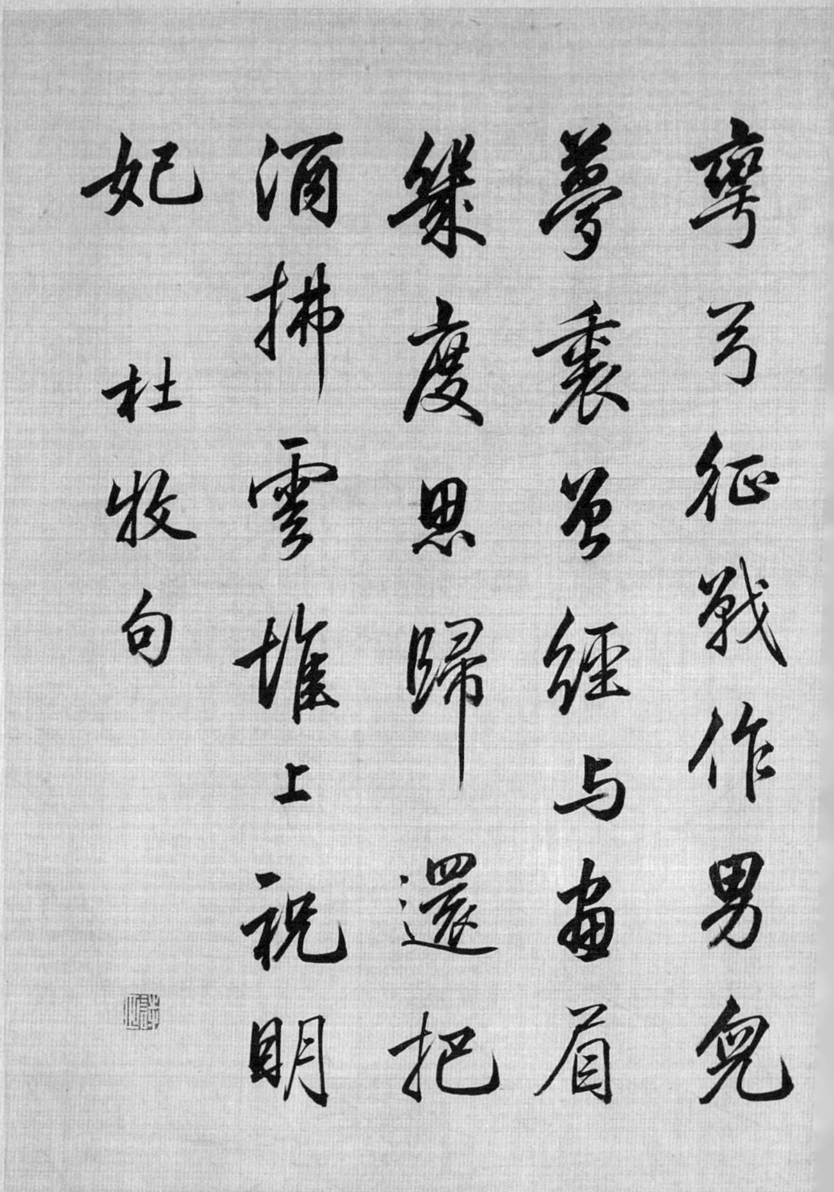

木兰像

选自《画丽珠萃秀》册　（清）赫达资/绘　（清）梁诗正/写

据学者考证，木兰生活在北魏太武帝年间，曾经替父从军，参加过北魏破柔然的战争，表现优秀，但直到战争结束都没有人发现她是女子。描述基本与北朝民歌《木兰辞》叙述一致。

梁木蘭

正光后表言："往者代都，武质而治安，中京以来，文华而政乱。故臣昔于太和，极陈得失；延昌、正光，奏疏频上。"今其所陈不可悉考，然谓武质而安，文华而乱，固已曲尽事情。离乎夷狄而未即乎中国，固不免有此祸。然遂终自安于夷狄可乎？子曰："朝闻道，夕死可矣。"一人如是，一族亦然。鸟飞准绳，岂计一时之曲直？是则以一时言，南迁于虏若为害，以永久言，于虏实为利也。孝文亦人杰矣哉！

《昭成子孙传》云：高祖迁洛，在位旧贵，皆难于移徙，时欲和合众情，遂许冬则居南，夏便居北。世宗颇惑左右之言，外人遂有还北之问。至乃榜卖田宅，不安其居。昭成玄孙晖，乃请间言："先皇移都，为百姓恋土，故发冬夏二居之诏，权宁物意耳。乃是当时之言，实非先皇深意。且北来迁人，安居岁久，公私计立，无复还情。陛下当终高祖定鼎之业，勿信邪臣不然之说。"世宗从之。《肃宗纪》：熙平二年（517年），梁武帝天监十六年。十月，诏曰："北京根旧，帝业所基。南迁二纪，犹有留住。怀本乐业，未能自遣。若未迁者，悉可听其仍停。"此可见孝文虽雷厉风行，实未能使代都旧贵一时俱徙，且于既徙者亦仍听其往还也。然以大体言之，南迁之计，固可谓为有成矣。

迁都之后，于革易旧俗，亦可谓雷厉风行。太和十八年（494年），齐建武元年。十二月，革衣服之制。明年，六月，诏不得以北俗之语，言于朝廷。若有违者，免所居官。又明年，正月，诏改姓元氏。又为其六弟各聘汉人之女，前所纳者，可为妾媵，事见《咸阳王禧传》。《传》又载：孝文引见群臣，诏之曰："今欲断诸北语，一从正音。年三十以上，习性已久，容或不可卒革；三十以下，见在朝廷之人，语音不听仍旧。若有故为，当降爵、黜官。所宜深戒。"又曰："朕尝与李冲论此，冲言四方之语，竟知谁是？帝者言之，即为正矣，何必改旧从新？冲之此言，应合死罪。"乃谓冲曰："卿实负社稷，合令御史牵下。"又引见王公卿士，责留京之官曰："昨望见妇女之服，仍为夹领小袖。我徂东山，虽不三年，既离寒暑，卿等何为，而违前诏？"案民族根柢，莫如语言，语言消灭，未有不同化于他族者，不则一切取之于人，仍必岿然独立为一民族。就国史观之，往昔入居中原诸族，及久隶我为郡县之朝鲜、安南，即其明证。人无不有恋旧之心，有恋旧之心，即无不自爱其语言者。孝文以仰慕中国文化之故，至欲自举其语言而消灭之，其改革之心，可谓勇矣。其于制度，亦多所厘定，如立三长之制，及正官制，修刑法是也，别于他章述之。史称孝文"雅好读书，手不释卷。《五经》之义，览之便讲。学不师授，探其精奥。史传、百家，无不该涉。善谈庄、老，尤精释义。才藻富赡，好为文章。诗赋铭颂，任兴而作。有大文笔，马上口授，及其成也，不改一字。自太和十年（486 年）已后，诏册皆帝之文也。"此自不免过誉，然

北魏彩绘石雕交脚菩萨像

北魏石灰石弥勒佛碑

其于文学，非一无所知审矣。亦虏中豪杰之士也。

拓跋氏之任用汉人，始于桓、穆二帝。其时之卫操、姬澹、卫雄、莫含等，虽皆乃心华夏，非欲依虏以立功名，然于虏俗开通，所裨必大，则可想见。六修之难，晋人多随刘琨任子南奔，虏之所失，必甚巨也。《卫操传》云：始操所与宗室、乡亲入国者：卫勤、卫崇、卫清、卫沈、段业、王发、范班、贾庆、贾循、李壹、郭乳。六修之难，存者多随刘琨任子遵南奔。昭成愚憨，其能用汉人，盖尚不逮桓、穆。其时汉人见用，著于魏史者，惟许谦、燕凤而已。据《魏书·传》：凤为昭成代王左长史，谦为郎中令，兼掌书记。道武性质，更为野蛮。破燕以后，不得不任用汉人，然仍或见诛夷，或遭废黜，实不能谓为能用汉人也。《道武本纪》谓参合陂之捷，始于俘虏之中，擢其才识，与参谋议。及并州平，初建台省，置百官，尚书郎已下，悉用文人。又云：帝初拓中原，留心慰纳。诸士大夫诣军门者，无少长，皆引入赐见，存问周悉，人得自尽。苟有微能，咸蒙叙用。此不过用为掾史之属而已，无与大计也。道武所用汉人，较有关系者，为许谦、燕凤、张衮、崔宏、邓渊、崔逞。谦、凤皆昭成旧人，其才盖非后起诸臣之敌。渊以从父弟晖与和跋厚善见杀。逞使妻与四子归慕容德，独与小子留平城，道武嫌之，遂借答晋襄阳戍将书不合杀之。张衮以先称美逞及卢溥，亦见黜废。《逞传》言：

北魏鲜卑勇士

1948年出土于河北省景县。

司马休之等数十人，为桓玄所逐，皆将来奔，至陈留南，分为二辈：一奔长安，一归广固。太祖初闻休之等降，大悦。后怪其不至，诏兖州寻访。获其从者，皆曰："闻崔逞被杀，故奔二处。"太祖深悔之。自是士人有过者，多见优容。此亦不过一时之悔而已，以道武之猜忍好杀，又安知惩前毖后邪？然既荐居中国之地，政务稍殷，终非鲜卑所能了，故汉人之见任者，亦稍多焉。崔浩见信于明元、太武二世，浩以谋覆虏诛，而太武仍任李孝伯；孝伯为顺从弟。《传》云：自崔浩诛后，军国之谋，咸出孝伯，世祖宠眷亚于浩。高允与立文成，初不见赏，《允传》云：高宗即位，允颇有谋焉，司徒陆丽等皆受重赏，允既不蒙褒异，又终身不言。文明后诛乙浑，乃引允与高闾入禁中，共参朝政；即可见此中消息。然允等之见任，实不过职司文笔而已，《允传》云：自高宗迄于显祖，军国书檄，多允文也。末年乃荐高闾以自代。《闾传》云：文明太后甚重闾，诏令书檄，碑铭赞颂皆其文也。《齐书·王融传》融上疏曰："虏前后奉使不专汉人，必介以匈奴，备诸觇获。且设官分职，弥见其情。抑退旧苗，扶任种戚。师保则后族冯晋国，总录则邽姓直勒渴侯，台鼎则丘颓、苟仁端，执政则目凌钳耳。至于东都羽仪，四京簪带，崔孝伯、程虞虬久在著作，李元和、郭季祐止于中书，李思冲饰虏清官，游明根泛居显职。"虏之遇汉人如何，当时固人知其情也。《允传》言：允谏诤，

北魏彩绘陶骆驼俑

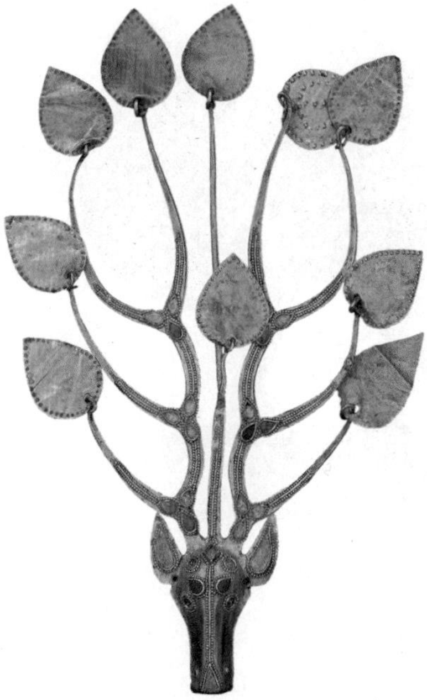

北魏鲜卑族贵族佩戴的带有马头和鹿角的金饰
1981年出土于内蒙古达尔汗茂明安联合旗。

高宗常从容听之。或有触迕，帝所不忍闻者，命左右扶出。事有不便，允辄求见。高宗知允意，逆屏左右以待之。礼敬甚重。晨入暮出，或积日居中，朝臣莫知所论。或有上事陈得失者，高宗省而谓群臣曰："君父一也。父有是非，子何为不作书于人中谏之，使人知恶，而于家内隐处也？岂不以父亲，恐恶彰于外也？今国家善恶，不能面陈，而上表显谏，此岂不彰君之短，明己之美？至如高允者，真忠臣矣。朕有是非，常正言面论。至朕所不乐闻者，皆侃侃言说，无所避就。朕闻其过，而天下不知其谏，岂不忠乎？汝等在左右，曾不闻一正言，但伺朕喜时，求官乞职。汝等把弓刀侍朕左右，徒立劳耳，皆至公王，此人把笔匡我国家，不过著作郎，汝等不自愧乎？"于是拜允中书令，著作如故。夫以言不忍闻，遂令左右扶出，所谓礼遇甚重者安在？高宗之爱允，不过以不彰其过而已，此实好谀恶直，岂曰能容谏臣？允之谏诤，史所举者，营建宫室，及婚娶丧葬，不依古式，此并非听者所不乐闻；又以不显谏自媚；而其见宠，尚不逮把持弓刀之人，虏之视汉人何等哉？

然史又言："魏初法严，朝士多见杖罚，允历事五帝，出入三省，五十余年，初无谴咎。"盖允虽貌若謇直，实不肯触虏之忌，其不欲尽忠于虏，犹崔宏之志也。《传》又言：高宗既拜允中书令，司徒陆丽曰："高允虽蒙宠待，而家贫，布衣，妻子不立。"高宗怒曰："何不先言？今见朕用之，方言其贫。"是日，幸允第。惟草屋数间，布被缊袍，厨中盐菜而已。初与允同征游雅等，多至通官，封侯，及允部下吏百数十人，亦至刺史、二千石，而允为郎二十七年不徙官。时百官无禄，允常使诸子樵采自给。又云：是时贵臣之门，皆罗列显官，而允子弟皆无官爵。盖允之仕虏，特不得已，求免死而已。虽不逮崔浩之能密图义举，视屈节以求富贵者，其犹贤乎？允之见征，在太武神䴥四年（431 年），宋文帝元嘉八年也。史云至者数百人，皆差次叙用，盖太武之世征用汉人最盛者也。事见《魏书·本纪》。即李冲见宠衽席之上，实亦佞幸之流，高祖特以太后私昵，虚加尊礼，非真与谋军国大计也。此外李彪、宋弁、郭祚、崔亮之徒，或佐铨衡，或助会计，碌碌者更不足道。虏之桢干，仍在其种戚之手。此辈一骄奢疲爽，而其本实先拨矣。此则非迁都所能求益，抑且助长其骄淫，所谓离乎夷狄，而未即乎中国也！

第二节　魏分东西

高欢虽灭尔朱氏，然时北方诸族，不为欢下者尚多，如斛斯椿，如贺拔氏兄弟，皆其佼佼者也。而宇文氏遭遇时会，遂获创立基业，与欢对峙。

后周之先，为匈奴之裔君临鲜卑部落者。侯豆归子陵，仕燕。魏道武攻中山，陵从慕容宝御之，宝败，归魏。天兴中，随例迁武川。陵生系。系生韬。韬生肱。破六汗拔陵作乱，其伪署王卫可孤，徒党最盛。肱纠合乡里，斩可孤，其众乃散。后避地中山，陷于鲜于修礼。为定州军所破，没于陈。四子：长颢，与卫可孤战殁。次连，与肱俱死。次洛生，葛荣破鲜于修礼，以为渔阳王，领肱余众。尔朱荣擒葛荣，定河北，随例迁晋阳。次泰，字黑獭，即周太祖文皇帝也。荣诛洛生，复欲害泰。泰自理家冤，辞旨慷慨，荣感而免之。泰与贺拔岳有旧，岳讨元颢，以别将从。孝武帝图高欢，以斛斯椿及岳兄弟为心腹。岳长兄允为侍中，胜为荆州刺史。初尔朱天光入洛，使岳行雍州，侯莫陈悦行华州事。普泰中，梁中大通三年（531 年）。以岳为雍州，悦为岐州刺史。天光率众赴洛，岳与悦下陇赴雍，擒其弟显寿，以应高欢。《周书·文帝纪》：天光东拒齐神武，留弟显寿镇长安。秦州刺史侯莫陈悦，为天光所召，将军众东下。岳知天光必败，欲留悦共图显寿，而计无所出。

太祖谓岳曰:“今天光尚迩,悦未有二心,若以此事告之,恐其惊惧。然悦虽为主将,不能制物。若先说其众,必人有留心。进失尔朱之期,退恐人情变动,乘此说悦,事无不遂。”岳大喜。即令太祖入悦军说之。悦遂不行,乃相率袭长安,令太祖轻骑为前锋。太祖策显寿怯懦,闻诸军将至,必当东走,恐其远遁,乃倍道兼行。显寿果已东走。追至华山,擒之。此说恐出文饰。观悦后附齐神武,此时恐已有叛尔朱氏之心,不待太祖之计也。华山,后魏郡,今陕西大荔县。孝武即位,加岳关中大行台。《北史·薛孝通传》曰:齐神武起兵河朔,尔朱天光自关中讨之,孝通以关中险固,秦、汉旧都,须预谋镇遏,以为后计。纵河北失利,犹足据之。节闵深以为然。问谁可任者?孝通与贺拔岳同事天光,又与周文帝有旧,二人并先在关右,因并推荐之。乃超授岳关西大行台、雍州牧,周文帝为左丞,孝通为右丞,赍诏书驰驿入关授岳等,同镇长安。后天光败于韩陵,节闵遂不得入关,为齐神武幽废。观此,知以关中为退据之资,当时事势实尔,东西魏之分立,非偶然矣。

永熙二年(533年),梁中大通五年。孝武密令岳图欢。岳自诣北境,安置边防。率众趣平凉西界。先是费也头万俟受洛干,铁勒斛拔弥俄突、纥豆陵伊利等,并拥众自守,至是皆款附。秦、南秦、河、渭四州刺史,又会平凉,受岳节度。惟灵州刺史曹泥不应召,而通使于欢。《周书·文帝纪》:太祖谓岳曰:“今费也头控弦之骑,不下一万;夏州刺史斛拔弥俄突,胜兵之士,三千余人;及灵州刺史曹泥;并恃其僻

北魏彩绘陶镇墓兽

远，常怀异望。河西流民纥豆陵伊利等，户口富实，未奉朝风。今若移军近陇，扼其要害，示之以威，服之以德，即可收其士马，以实吾军。西辑氐、羌，北抚沙塞，还军长安，匡辅魏室，此桓、文举也。”此言不知果出周文以否，然实当时西方之形势也。欢乃遣左丞翟嵩使至关中，间岳及悦。三年（534 年），梁中大通六年。岳召悦曾于高平。将讨曹泥，令悦为前驱。悦诱岳入营，令其婿元洪景斩岳于幕中。岳左右奔散。悦遣人安慰，云：“我别禀意旨，止在一人，诸君勿怖。”众皆畏服，无敢拒遣。悦心犹豫，不即抚纳。乃还入陇，止水洛城。其士众散还平凉。诸将以都督寇洛年最长，推总兵事。洛素无雄略，威令不行。岳之为关西大行台，以泰为左丞，领府司马。及次平凉，表为夏州刺史。于是大都督赵贵言于众，共推泰。《周书·赫连达传》：少从贺拔岳征讨，有功，拜都将。及岳为侯莫陈悦所害，军中大扰。赵贵建议迎太祖。诸将犹豫未决。达曰：“宇文夏州昔为左丞，明略过人，一

时之杰。今日之事，非此公不济。赵将军议是也。达请轻骑告哀，仍迎之。”诸将或欲南追贺拔胜，或云东告朝廷。达又曰：“此皆远水，不救近火，何足道哉？”贵于是谋遂定，令达驰往。泰乃率帐下轻骑，驰赴平凉。贺拔胜使其大都督独孤信入关，抚岳余众，泰已统岳兵矣。孝武帝闻岳被害，遣武卫将军元毗宣旨慰劳，追岳军还洛阳。亦敕追侯莫陈悦。悦不应召。泰表言：“军士多是关西之人，不愿东下。乞少停缓，徐事诱导。”孝武诏泰即统岳众。且曰：“今亦征侯莫陈悦。若其不来，朕当亲自致罚。宜体此意，不过淹留。”泰奉此诏后，表有“臣以大宥既颁，忍抑私憾”之语，则时孝武已赦悦罪。泰又表乞少停缓。而与悦书，约同东下。不则“枕戈坐甲，指日相见”。悦诈为诏书，与秦州刺史万俟普拨，《北齐书》本传：名拨，字普拨。令与悦为党援。普拨疑之，封诏呈泰。泰表言：“今若召悦，授以内官，臣亦列旆东辕，匪伊朝夕。若以悦堪为边捍。乞处以瓜、凉一藩。不然，则终致猜虞，于事无益。”初原州刺史史归，为岳所亲任。河曲之变，反为悦守。悦遣其党王伯和、成次安将兵二千人助归镇原州。泰遣都督侯莫陈崇率轻骑一千袭归，擒之，并获次安、伯和等。表崇行原州事。万俟普拨又遣骑二千来从军。三月，泰进军。四月，出陇。留兄子导镇原州。导，颢之子。军出木峡关，在今甘肃固原县西南。大雨雪，平地二尺。泰知悦怯而多猜，乃倍道兼行，出其不意。悦果疑其左右有异志者。左右亦不安。众遂离贰。闻大军且至，退保略阳。留一万余人，据守水洛。泰至，围之，城降。即率轻骑数百趋略阳。悦召其部将议之。皆曰：“此锋不可当。”劝悦退保上邽。悦弃城，南据山水之险，设阵候战。悦先召南秦州刺史李弼，从《周书》。《魏书》作李景和。景和，弼字也。弼妻，悦之姊也，特为悦所信委。弼遣人诣泰，密许翻降。至暮，乃勒所部，使上驴驼。复绐悦帐下云：“仪同欲还秦州，汝等何不装办？”众

北魏石雕赫莲子月碑
碑上刻的是维摩诘辩经场景。

谓为实，以次相惊。皆散走，趋秦州。弼先驰据城门，以慰辑之。遂拥众以归泰。悦由此败。案，悦之败，似由众皆欲走秦州，而悦逆之，故然。弼果有意叛悦？抑众已溃散，乃不得已而率之投泰，乃以摇惑军心为功；尚未可知也。悦之失，首在不能抚纳岳众；次则不敢与泰决战，而欲避入险僻之区，致逆众心；其失在于无勇。若能奋力迎战，泰之兵力，实亦有限，非不可敌也。与子弟及麾下数十骑遁走。泰曰：“悦本与曹泥应接，不过走向灵州。”乃令导要其前，都督贺拔颖等追其后。至牵屯山，追及悦，斩之。《魏书·悦传》云：悦部众离散，猜畏旁人。不听左右近己。与其二弟并儿及谋杀岳者八九人，弃军逆走。数日之中，盘回往来，不知所趣。左右劝向灵州，而悦不决。言下陇之后，恐有人所见。乃于中山令从者悉步，自乘一骡，欲向灵州。中路，追骑将及，望见之，遂缢死野中。弟、息、部下，悉见擒杀。惟先谋杀岳者悦中兵参军豆卢光走至灵州，后奔晋阳。案，《周书·李贤传》，太祖令导追悦，以贤为前驱，转战四百余里。至牵屯山，及之。悦自刭于阵。贤亦被重创，马中流矢。则《魏书》之言，似失其实。泰入上邽。令李弼镇原州，夏州刺史跋也恶蚝镇南秦州，渭州刺史可朱浑元还镇渭州，《元传》在《北齐书》，云：悦走，元收其众，入据秦州，为周攻围，苦战，结盟而罢。后仍奔高欢。赵贵行秦州事。征豳、泾、东秦、岐四州粟以给军。《周书·刘亮传》：悦之党豳州刺史孙定儿据州不下，泾、秦、灵等州，悉与相应，太祖令亮袭斩之，于是诸州皆即归款。自关以西，大致平定。是岁，正月，高欢西伐费也头，虏纥豆陵伊利，迁其部于河东。欢所得于西方者，如是而已。是时孝武帝志欲与欢决战，其欲并召泰及侯莫陈悦东下盖以此？使泰从命而东，不过行间之一将，且其势未必能与欢敌，在关西则有负嵎之势，且可自擅于远，泰固筹之熟矣。然当时欲与欢抗，自以持重为善，泰之计固未为失也。

秦州既捷，孝武征二千骑镇东雍州，仍令泰稍引军而东。泰乃遣大都督梁御，率步骑五千，镇河、渭合口，为图河东之计。泰之讨侯莫陈悦也，悦使请援于高欢。欢使其都督韩轨，将兵一万据蒲坂。雍州刺史贾显度送船与轨，请轨兵入关。泰因梁御之东，乃逼召显度赴军。御遂入雍州。孝武进泰关西大都督。于是以寇洛为泾州刺史，李弼为秦州刺史，前略阳守张献为南岐州刺史。南岐州，《魏书·地形志》不言治所。钱大昕曰：以《隋志》考之，当治固道郡之梁泉县。按，梁泉，后魏县，今陕西凤县。南岐州刺史卢待伯拒代，遣轻骑袭擒之。待伯自杀。时斛斯椿为侍中，密劝孝武帝置阁内都督、部曲。又增武直人数百；直阁已下，员别数百；皆选天下轻剽以充之。又说帝数出游幸，号令部曲。别为行阵，椿自约勒，指挥其间。军谋、朝政，一决于椿。尔朱荣之败，汝南王悦在梁，椿归之；后又归尔朱兆；兆败，与贾显智等覆尔朱氏；及是又图高欢；一似其人反覆无常者。史于椿尤多贬辞。然原其心而论之，椿实忠于魏朝，亦未尝不睠睠于尔朱氏，观其力谋和解兆与世隆、度律等可知。尔朱氏既不可辅，爱其身以有为，而不忍轻于一掷，此亦厚自期许者宜然，不能以硁硁小节责之也。贺拔胜始降尔朱仲远，又降高欢，又与武帝图欢，迹亦与椿相似，亦当以此观之。尔朱荣之死，胜与田怡等奔赴荣第。时宫殿之门，未加严防，怡等议即攻门。胜止之曰："天子既行大事，必当更有奇谋，吾众旅不多，何轻尔？"怡乃止。乃世隆夜走，胜随至河桥，以为臣无仇君之义，遂勒所部还都。于轻重之际，尤有权衡，非徒激于意气者比。要之椿与胜，以古义衡之，俱可谓有君子之风也。初后废帝之立也，以高乾为侍中，又拜司空。时乾遭丧，未得终制。及孝武立，乃表请解职，行三年之礼。诏听解侍中。既去内侍，朝廷罕所关知，居常怏怏。帝望乾为己用。华林园宴罢，独留乾。谓曰："司空奕世忠良，今日复建殊效。相与虽则君臣，实亦义同兄弟。宜立盟约，以敦情契。"殷勤逼之。乾不谓帝便有异图，遂不固辞，亦不启高欢。及帝置部曲，乾乃启欢。欢召乾诣并州，面论时事。启乾复为侍中。屡启，诏书竟不施行。乾知变难将起，求为徐州。将发，帝知乾漏泄前事，乃诏欢云："曾与乾邕，私有盟约，今复反覆两端。"欢便取乾前后启论时事者，遣使封送帝。帝遂赐乾死。乾弟慎、昂皆奔欢。封隆之、孙腾为侍中，皆逃归乡里。欢召隆之至晋阳。腾亦奔晋阳。娄昭，欢妻弟也，亦辞疾归晋阳。于是孝武与欢之相图，如箭在弦上矣。帝以斛斯椿兼领军。分置督将及河南关西诸刺史。华山王鸷在徐州，欢使邸珍夺其管籥。建州刺史韩贤，济州刺史蔡俊，皆欢党，帝省建州以去贤，而以贾显智为济州。俊拒之。五月，帝下诏云将南伐，发河南诸州兵，增宿卫守河桥。六月，帝密诏欢，言"宇文黑獭，事资经略，故假称南伐"。欢谋迁帝于邺。遣骑三千镇建兴，益

北魏彩绘陶骑驼

河东及济州兵。于白沟虏船，不听向洛。白沟，在今河南阳武、封丘二县间。诸州和籴粟，运入邺城。于是孝武下诏罪状欢，欢亦宣告诛斛斯椿，而兵事作。欢以高昂为前锋。武帝征兵关右，召贺拔胜赴行在所，遣大行台长孙稚、大都督颍川王斌之安乐王鉴弟。共镇虎牢。汝阳王暹镇石济。行台长孙子彦稚子。帅前弘农太守元洪略镇陕。贾显智率豫州刺史斛斯元寿椿弟。伐蔡俊。欢使窦泰与莫多娄贷文逆显智，韩贤逆暹。元寿军降。泰、贷文与显智遇于长寿津。在今河南滑县东北。显智阴约降，引军退。军司元玄菟觉之，驰还请益师。孝武遣大都督侯几绍赴之。战于滑台东，显智以军降，绍死之。七月，孝武躬率大众屯河桥。欢至河北十余里，再遣口申诚款。孝武不报，欢乃引军渡河。孝武问计于群臣。或云南依贺拔胜，或云西就关中，或云守洛口死战。帝未决，而元斌之与斛斯椿争权，弃椿径还，绐帝曰："欢兵至矣。"乃决西行。《周书·王思政传》曰：齐神武潜有异图，帝以思政可任大事，拜中军大将军大都督，总宿卫兵。思政乃言于帝曰："高欢之心，行路所共知矣。洛阳四面受敌，非用武之地。关中有崤、函之固，一人可御万夫。且士马精强，粮储委积。进可以讨除逆命，退可以保据关、河。宇文夏州，纠合同盟，愿立功效。若闻车驾西幸，必当奔走奉迎。借天府之资，因已成之业；一二年间，习战陈，劝耕桑，修旧京；何虑不克？"帝深然之。《北史·裴侠传》：孝庄授侠东郡太守。及孝武与齐神武有隙，征兵，侠率所部赴洛阳。王思政谓曰："当今权臣擅命，王室日卑，若何？"侠曰："宇文泰为三军所推，居百二之地，所谓已操戈矛，宁肯授人以柄？虽欲抚之，恐是据于蒺藜也。"思政曰："奈何？"侠曰："图欢有立至之忧，西巡有将来之虑，且至关右，日慎一日，徐思其宜耳。"思政然之。《周书·柳庆传》云：魏孝武将西迁，除庆散骑侍郎，驰传入关。庆至高平，见太祖，共论时事。太祖即请奉迎舆驾，仍命庆先还复命。时贺拔胜在荆州。帝屏左右谓庆曰："高欢已屯河北，关中兵既未至，朕欲往荆州，卿意何如？"庆对曰："荆州地非要害，众又寡弱，外迫梁境，内拒欢党，危亡是惧，宁足以固鸿基？"帝深纳之。合此三者观之，具见当日西行实非良图，然舍此又无他策。《北史·斛斯椿传》云：帝以椿为前驱大都督。椿因奏请率精骑二千，夜渡河掩其劳弊。帝始然之。黄门侍郎杨宽曰："高欢以臣伐君，何所不至？今假兵于人，恐生他变。今渡河，万一有功，是灭一高欢，生一高欢矣。"帝遂敕椿停行。椿叹曰："顷荧惑入南斗。今上信左右间构，不用吾计，岂天道乎？"此非实录。孝武与椿相信有素，何至临时，更生疑忌？椿即掩击克捷，亦岂能遽为高欢？《周书·文帝纪》云：齐神武稍逼京邑，魏帝亲总六军，屯于河桥，令左卫元斌之、领军斛斯椿镇武牢，遣使告太祖。太祖谓左右曰："高欢数日行八九百里，晓兵者所忌，正须乘便击之，而主上以万乘之重，不能决战，方缘津据守。且长河万里，捍御为难，若一处得度，大事去矣。”此乃附会之谈。决战须视兵力，岂能借万乘之空名徼幸？荡阴之役，晋惠帝独非万乘乎？战而不捷，则并关西亦不可得至矣。孝武当日，前驱之师，无不迎降、奔北者，人心士气，亦既可知，岂能徼幸于一捷？决战尚不可恃，况以二千骑掩袭？即获小胜，又何裨于大局邪？《北史·魏宗室传》：常山王遵之曾孙毗，武帝少亲之。及即位，出必陪乘，入于卧内。帝与齐神武有隙，议者各有异同，惟毗数人，以关中帝王桑梓，殷勤叩头请西入。策功论赏，与领军斛斯椿等十三人为首。然则劝入关者，椿固十三之一也。事势所限，虽有善者，亦如之何哉？以为由于元斌之之一言，则愈疏矣。

孝武帝之征兵于西也，宇文泰令前秦州刺史骆超率精骑一千赴洛，而传檄方镇，罪状高欢。七月，泰发自高平。前军至于弘农，欢稍逼京邑，泰又以赵贵为别道行台，自蒲坂济，趋并州；遣大都督李贤将轻骑一千赴洛。是月，孝武帝自洛阳率轻骑入关。高欢入洛阳，以清河王

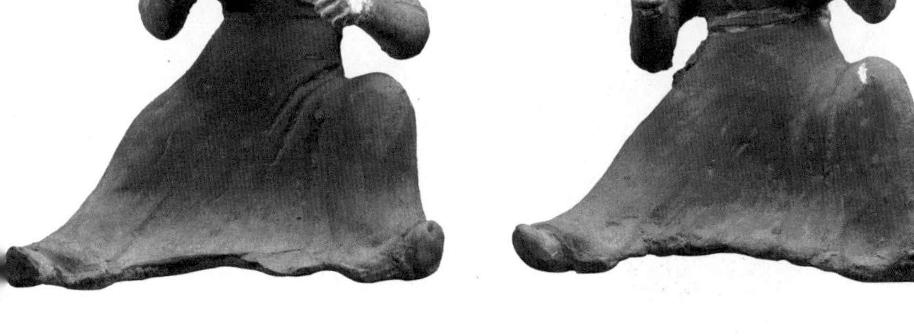

北魏彩绘陶驯鹰人俑

北魏彩绘石雕佛像残碑

亶为大司马，居尚书下舍，承制决事。亶，孝文子清河文献王怿之子。欢归至弘农。初北地三原人毛鸿宾，世为豪右。与兄遐共起兵以拒萧宝夤。明帝改北地郡为北雍州，以鸿宾为刺史；改三原县为建中郡；以旌其兄弟。孝武与高欢隙，令鸿宾镇潼关，为西道之寄。九月，欢攻潼关，克之，执鸿宾。至并州，以忧恚卒。命长史薛瑜守之。大都督库狄温守封陵。于蒲津西岸筑城，以守华州，以薛绍宗为刺史。使高昂行豫州事。还至洛阳，立清河世子善见，亶之世子。是为孝静帝。时年十一。魏于是分为东西。欢以孝武既西，恐逼崤、陕；洛阳复在河外，接连梁境；北向晋阳，形势不能相接；乃议迁邺。诏下三日便发。四十万户，狼狈就道。欢留洛阳部分毕，乃还晋阳。自是军国政务，皆归相府已。孝武帝至关中，闰十二月，见弑，立南阳王宝炬，是为西魏文帝。

贺拔胜至广州，治鲁阳，今河南鲁山县。犹豫未进，武帝已入关。胜还军南阳，令长史元颖行州事，自率所部，将赴关中。进至淅阳，今河南淅川县。闻高欢已平潼关，乃还荆州。州人邓诞执元颖，引欢军。时欢已遣行台侯景、大都督高昂赴之。胜战败，奔梁。在南三年，乃还长安。其兄允，为欢所杀。樊子鹄据兖州不服欢。南青州刺史大野拔率众就之。南青州，今山东沂水县。欢遣娄昭等攻之。大野拔斩子鹄以降。侯渊之平韩楼，为平州刺史，镇范阳。尔朱荣死，大守卢文伟，诱渊出猎。闭门拒之。渊帅部曲，屯于郡南，为荣举哀，勒兵南向。庄帝使东莱王贵平为大使，慰劳燕、蓟，渊乃诈降，执贵平自随。元晔立，授渊定州刺史。后随尔朱兆拒高欢于广阿。兆败，渊从欢，破尔朱氏于韩陵。永熙初，除齐州刺史。孝武末，渊与樊子鹄及青州刺史东莱王贵平相连结，又遣使通诚于高欢。及孝武入关，复还顾望。清河王亶承制，以汝阳王暹为青州刺史。渊不时迎纳。城人刘桃符等，潜引暹入据西城。渊争门不克，率骑出奔。会承制以渊行青州事，渊乃复还。贵平自以斛斯椿党，不受代。渊率轻骑夜趣青州。城人执贵平出降。渊自惟反覆，虑不获安，遂斩贵平，传首于邺，明不同于斛斯椿。及樊子鹄平，诏以封延之为青州刺史。渊既不获州任，情又恐惧，遂劫光州库兵反。其部下督帅叛拒之。渊奔梁。达南青州境，为卖浆者所杀，传首于邺。

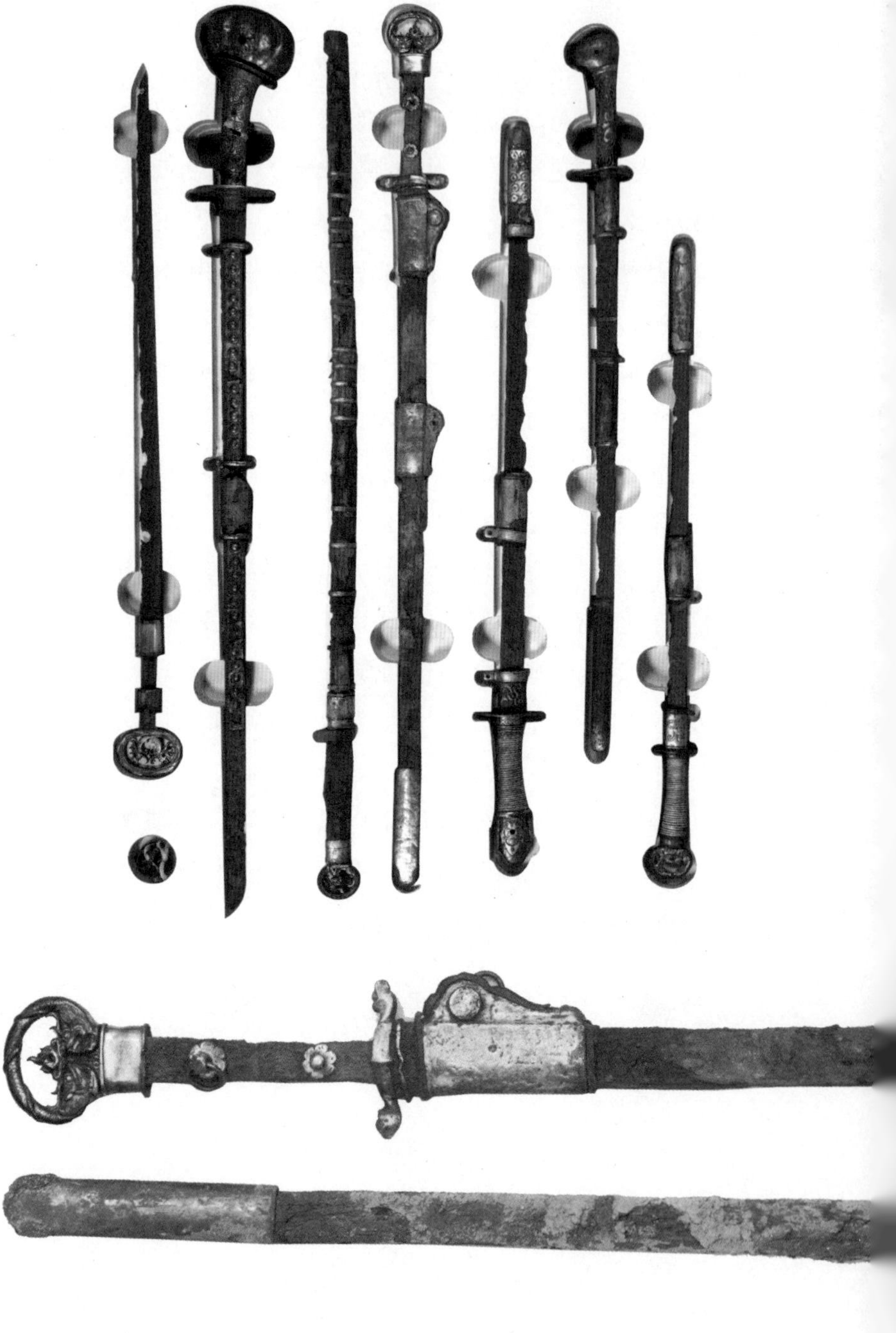

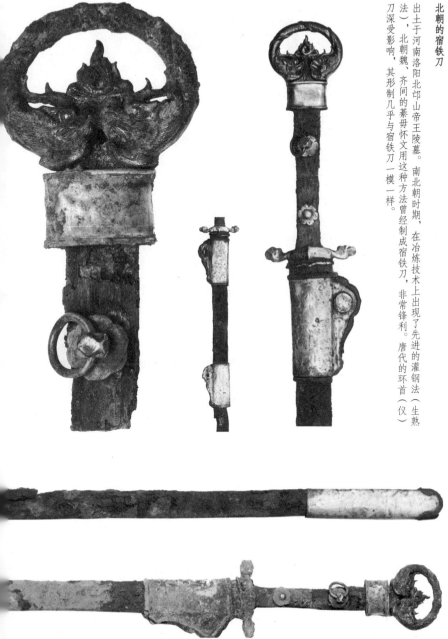

北朝的宿铁刀

出土于河南洛阳北邙山帝王陵墓。南北朝时期，在冶炼技术上出现了先进的灌钢法（生熟法），北朝魏、齐间的綦毋怀文用这种方法曾经制成宿铁刀，非常锋利。唐代的环首（仪）刀深受影响，其形制几乎与宿铁刀一模一样。

第三节　齐篡东魏

北齐基业，虽创自神武，而其能整顿内治，则颇由于文襄。文襄者，神武长子，名澄，文宣篡魏后，追谥为文襄皇帝，庙号世宗。武明皇后娄氏所生也。后为神武微时妃。《齐书·本传》云：少明悟。强族多聘之，并不肯行。及见神武于城上执役，惊曰："此真吾夫也。"乃使婢通意。又数致私财，使以聘己。父母不得已而许焉。盖实奸通，非聘娶也。《传》又云：神武既有澄清之志，倾产以结英豪，密谋秘策，后恒参与。此乃妄说。《传》又云：神武逼于茹茹，欲取其女而未决，后曰："国家大计，愿不疑也。"及茹茹公主至，后避正室处之。《北史·彭城太妃尔朱氏传》云：荣之女，魏孝庄后也。神武纳为别室，敬重逾于娄妃。《冯翊太妃郑氏传》云：名大车。初为魏广平王妃，迁邺后，神武纳之。宠冠后庭。神武之征刘蠡升，文襄蒸于大车。神武还，一婢告之，二婢为证。神武杖文襄一百而幽之。武明后亦见隔绝。时彭城尔朱太妃有宠，生王子浟，神武将有废立意。文襄求救于司马子如。子如来朝，伪为不知者，请武明后。神武告其故。子如曰："消难亦奸子如妾，如此事正可覆盖。妃是王结发妇，常以父母家财奉王；王在怀朔被杖，背无完皮，妃昼夜供给看创；后避葛贼，同走并州，贫困，然马矢，自作靴；恩义何可忘？夫妇相宜；女配至尊，男承大业；又娄领军勋；何宜摇动？一女子如草芥，况婢言不必信？”神武因使子如鞫之。子如见文襄，尤之曰：“男儿何意畏威自诬？”因告二婢反辞，胁告者自缢。乃启神武曰：“果虚言。”神武大悦，召后及文襄。武明后遥见神武，一步一叩头，文襄且拜且进，父子夫妻相泣，乃如初。观此数事，神武于父子夫妻之际薄矣。北夷本不严嫡庶之别，所重特在贵族，娄后之家世，自远不逮尔朱氏等，然神武不替文襄者？创业之际，长子未可轻动；抑文襄颇有吏才，政事实赖之；又娄后女配至尊，其弟昭，即子如所谓娄领军者，亦有勋绩；此正如汉高不替吕后、惠帝，为有种种牵制故也。《后传》又云：文宣将受魏禅，后固执不许，帝所以中止，此又妄说。文宣欲受禅，岂其谋及于后？且后亦曷尝能终止文宣之篡乎？其后孝昭、武成之篡，后若成之，则其地位使然，且亦二王势力已成，非真后之能有所作为也。读史者或以后为能通知政事，能豫政，其说实误，故一辩之。北夷入中国，多以不知政理败，如尔朱荣即是，齐神武虽有才，政事尚不能不借文襄为助，况于娄后邪？早豫军国筹策。天平三年（536年），梁武帝大同二年。入辅朝政。时年十六。元象元年（538年），梁大同四年。摄吏部尚书。《北齐书·本纪》云：魏自崔亮以后，选人常以年劳为制，文襄乃厘改前式，铨擢惟在得人。又沙汰尚书郎，妙选人地以充之。至于才名之士，咸被荐擢。假有本居显位者，皆致之门下，以为宾客。盖颇能于武人、勋贵之外，有所任用矣。《纪》又云：兴和二年（540年），梁大同六年。加大将军，领中书监，仍摄

纵酒妄杀

选自《帝鉴图说》法文外销画绘本 （明）佚名 收藏于法国国家图书馆

《齐史》记载，北齐文宣帝高洋嗜酒淫佚，肆行狂暴，以杀人为乐。他常命人打造烹人的大锅，解人的长锯，以及铁锉碓臼等刑具，摆放在朝廷中，一喝醉了便用这些刑具杀人。宰相杨愔不忍心看到他滥杀无辜，只能安排死囚供他杀，这被称为『供御囚』。

华林纵逸

选自《帝鉴图说》法文外销画绘本 （明）佚名 收藏于法国国家图书馆

《齐史》记载，北齐后主高纬好琵琶，弹的曲子悲哀凄惨，闻者皆悲，而他却称之为『无愁之曲』。因此，民间称他为『无愁天子』。更荒唐的是，他还在华林园建造『贫儿村』，身穿破烂的衣服在里面行乞作乐。

吏部尚书。自正光以后，天下多事，在任群官，廉洁者寡。文襄乃奏吏部郎崔暹为御史中尉，纠劾权豪，无所纵舍。于是风俗更始，私枉路绝。案，《孙腾传》云：腾早依附高祖，契阔艰危，勤力恭谨，深见信待。及高祖置之魏朝，寄以心腹，遂志气骄盈，与夺由己。求纳财贿，不知纪极。生官死赠，非货不行。府藏银器，盗为家物。亲狎小人，专为聚敛。在邺，与高岳、高隆之、司马子如号为四贵。非法专恣，腾为甚焉。腾、隆之、子如皆为尚书令、仆，岳为京畿大都督。《论》曰："高祖以晋阳戎马之地，霸图攸属，治兵训旅，遥制朝权，京台机务，委寄深远。孙腾等俱不能清贞守道，以治乱为怀。厚敛货财，填彼溪壑。赖世宗入辅，责以骄纵，厚遇崔暹，奋其霜简。不然，则君子属厌，岂易间焉？"《循吏传》曰："高祖以战功诸将出牧外藩。不识治体，无闻政术。非惟暗于前言往行，乃至始学依判、付曹。聚敛无厌，淫虐不已。虽或直绳，终无悛革。此朝廷之大失。"可见当时内外皆残民以逞之徒矣。《高隆之传》云：入为尚书右仆射。时初给民田，贵势皆占良美，贫弱咸受瘠薄。隆之启高祖，悉更反易，乃得均平。魏自孝昌已后，天下多难，刺史、太守，皆为当部都督。虽无兵事，皆立佐僚，所在颇为烦扰。隆之表请：自非实在边要，见有兵马者，悉皆断之。自军国多事，冒名窃官者，不可胜数。隆之奏请检括，获五万余人。而群小喧嚣，隆之惧而止。夫隆之等虽贪暴，然遇有益于公，无损于私者，则亦未尝无整顿之心，此实自古暴君污吏皆然。委寄深远，宜若可行其志，然犹以群情弗顺，有所慑惮而止，可见整顿之不易矣。文襄作辅，于崔暹之外，又任宋游道、卢斐、毕义云等，加以直绳。三人皆见《北齐书·酷吏传》。游道初为殿中侍御史，以风节著。孝庄即位，除左兵郎中，与尚书令临淮王彧相失，上书告之，解职。后除司州中从事。神武自太原来朝，见之曰："此人宋游道邪？常闻其名，今日始识其面。"

迁游道别驾。后日，神武之司州飨朝士，举觞属游道曰："饮高欢手中酒者大丈夫，卿之为人，合饮此酒。"及还晋阳，百官辞于紫陌，神武执游道手曰："甚知朝贵中有憎忌卿者，但用心；莫怀畏虑，当使卿位与之相似。"于是启以游道为中尉。文襄执请，乃以崔暹为御史中尉，以游道为尚书左丞。文襄谓暹、游道曰："卿一人处南台，一人处北省，当使天下肃然。"游道入省，劾太师咸阳王坦、太保孙腾、司徒高隆之、司空侯景、录尚书元弼、尚书令司马子如，官贷金银，催征酬价，虽非指事赃贿，终是不避权豪。又奏驳尚书违失数百条。省中豪吏王儒之徒，并鞭斥之。始依故事，于尚书省立门名，以记出入早晚。令、仆已下皆侧目。为高隆之所诬，处其死罪，朝士皆分为游道不济，而文襄闻其与隆之相抗之言，谓杨遵彦曰："此真是鲠直，大刚恶人。"遵彦曰："譬之畜狗，本取其吠，今以数吠杀之，恐将来无复吠狗。"诏付廷尉，游道坐除名。文襄使元景康谓曰："卿早逐我向并州，不尔，他经略杀卿。"游道后至晋阳，以为太行台吏部。卢斐，文襄引为相府刑狱参军。毕义云为尚书都官郎中。文襄令普句伪官，专以车辐考掠，所获甚多，然大起怨谤。会为司州吏所讼，文襄以其推伪众人怨望，并无所问，乃拘吏数人斩之，因此锐情讯鞫，威名日盛。紫陌，在邺城西北五里。遵彦，愔字。神武虽间以旧恩，有所纵舍，如尉景、司马子如是也。《景传》云：景以勋戚，每有军事，与库狄干常被委重，而不能忘怀财利，神武每嫌责之。转冀州刺史，又大纳贿。发夫猎，死者三百人。库狄干在神武坐，请作御史中尉。神武曰："何意下求卑官？"干曰："欲捉尉景。"神武大笑。令优者石董桶戏之。董桶剥景衣，曰："公剥百姓，董桶何为不剥公？"神武诫景曰："可以无贪也？"景曰："与尔计，生活孰多？我止人上取，尔割天子调。"神武笑不答。历位太保、太傅。坐匿亡人见禁止。使崔暹谓文襄曰："语阿惠：儿富贵，欲杀我邪？"神

古北齊校書圖世傳出於閻立本曾直畫記登載甚詳

齊文宣天保七年詔樊遜校定群書供皇太子，遜與冀州秀才高乾和、馬敬德、許散愁、韓同寶、傅懷德、古道子、李漢子、鮑長暄、景孫及梁州主簿王九元、水曹參軍周子深等十一人，借邢子才、魏收諸家本共刊定秘府紙繆，於是五經諸史殆無遺闕，此圖之所以作也。山谷所謂士大夫十二員，今范明州謂逸其半者，皆是矣。至唐已隔周隋二代，不知何自得其[illegible]……淳熙八年正月庚申潁川韓元吉題

南北之際，三光五嶽之氣分，而學者猶知自力。今所畫者，想皆一時儒學之士，惜其更於夷者甚多，此不幸而生於道喪之後者也耶。以義題

[illegible]

康熙戊子十二月震澤周雍齋、海寧陳簪泉、江都敦竟來同觀

唐右相閻君粉本北齊校書圖，士大夫十二員，執事者十三人，坐榻胡床四，書卷、筆、硯廿二，投壺一，琴二，懶几三，搘頤一，酒榼果樏十五。一人坐胡床，脫帽方落筆，左右侍者六人，似中書省中官。長四人共一榻，陳飲具，其下筆疾書，其一把筆若有所營，其一欲逃酒，為一同舍挽留之，且使侍者著靴，而猶對設坐者七人，其一開卷，其一捉筆顧視若有所訪問，其一以手指頰，顧侍者指酒，其一抱膝坐酒尚，其一右手執卷，左手據搘頤，其一右手捉筆拄頰，左手開半卷，其一仰負懶几，左右手開書，草法簡古不俗，殊去不亂，天下奇作也。[illegible]……建中靖國元年二月甲午，江西黃庭堅[illegible]

[illegible]

北齊天保校書儒，十二同時士大夫。方物衣冠認五胡，據牀著靴換虬鬚。一人欲去手牽襦，瓜果雜陳箭射壺。女侍啼妝三白敷，烏雖伺立侍招呼。周隋已往盛唐摹，閻令文貞繪作圖。右相丹青譽過吳，寫真豈肯失錙銖。涪州之跋等飛鳧，半為留題范石湖。南澗長歌景象符，放翁昌圖論其迂。宋朝官印累累鈐朱，名價值金鉅萬乎。彥遠所言當不誣，覓兒得此究勝守錢奴。

宣統二年庚戌仲冬朔

完顏景賢虞軒漫賦

《北齐校书图》

（北齐）杨子华　收藏于美国波士顿美术博物馆

南朝梁承圣三年（554 年），西魏军队逼近都城江陵，梁元帝萧绎见大势已去，便命人一把火烧掉了秘府所藏的 24 万典籍。北齐天保七年（556 年），文宣帝高洋命樊逊、高乾等 11 人在尚书省校定群书，以供皇太子学习。北齐的这次校书活动对于当时的古籍保护意义重大，为文坛之盛事。图中所绘内容为校定《五经》诸史的场景。

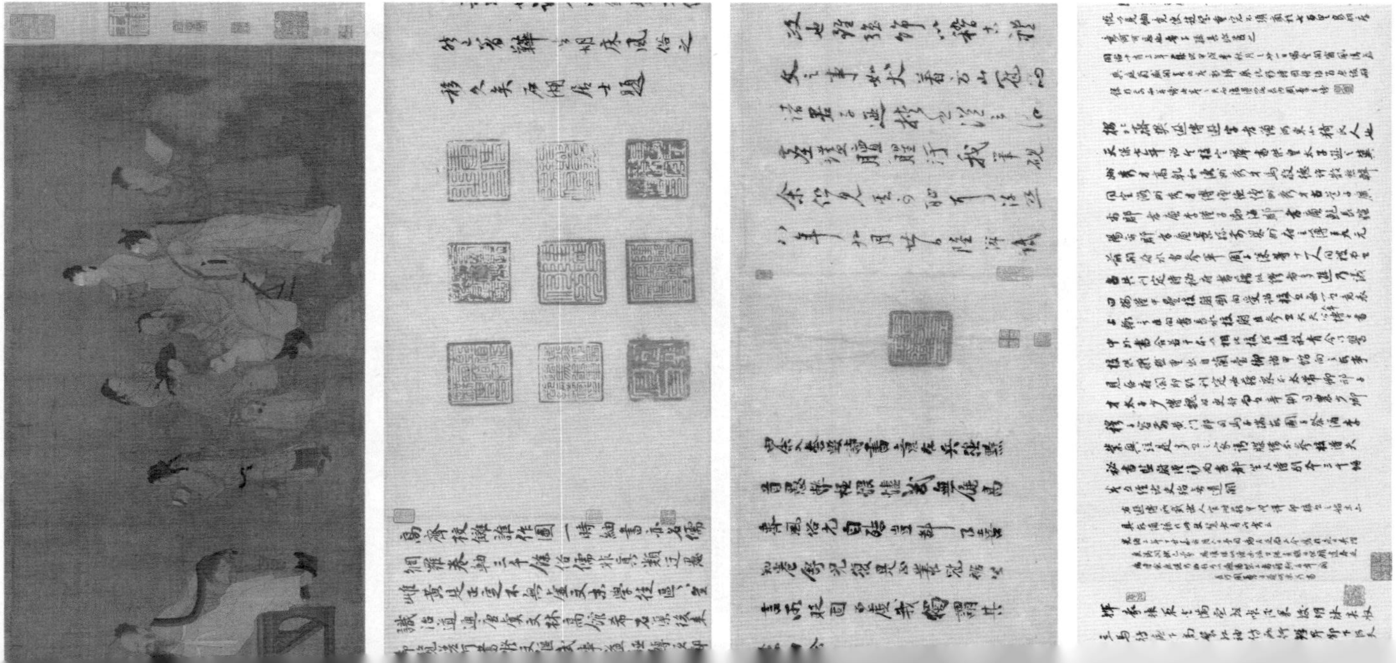

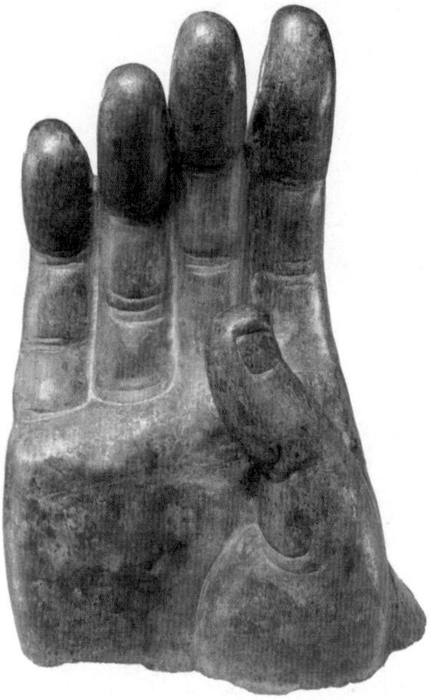

北齐北响堂山北窟石雕佛手

北齐灰陶器

武闻之，泣诣阙曰："臣非尉景，无以至今日。"三请，帝乃许之。于是黜为骠骑大将军、开府、仪同三司。神武造之。景恚，卧不动，叫曰："杀我时趣邪？"常山君谓神武曰："老人去死近，何忍煎迫至此？"又曰："我为尔汲水胝生。"因出其掌。神武抚景，为之屈膝。先是景有果下马，文襄求之，景不与，曰："土相扶为墙，人相扶为王，一马亦不得畜而索也？"神武对景及常山君责文襄而杖之。常山君泣救之。景曰："小儿惯去，放使作心腹，何须干啼湿哭，不听打邪？"常山君，景妻，神武姊也。《北史·司马子如传》曰：文襄辅政，以贿为崔暹劾在狱，一宿而发尽白。辞曰："司马子如本从夏州策一杖投相王，王给露车一乘，觿牸牛犊。犊在道死，惟觿角存，此外皆人上取得。"神武书敕文襄曰："马令是吾故旧，汝宜宽之。"文襄驻马行街，以出子如，脱其锁。子如惧曰："非作事邪？"于是除削官爵。神武后见之，哀其憔悴，以膝承其首，亲为择虱。赐酒百瓶，羊五百口，粳米五百石。然文襄能行其意者盖多。《宋游道传》曰：兖州刺史李子贞，在州贪暴，游道案之。文襄以贞豫建义勋，意将含忍。游道疑陈元康为其内助，密启云："子贞、元康交游，恐其别有请属。"文襄怒，于尚书都堂集百僚扑杀子贞。则虽豫建义之勋者，亦不必尽蒙宽宥；而亲要如元康，亦时有不能庇右者矣。《崔暹传》言：暹前后表弹尚书令司马子如，及尚书元羡、雍州刺史慕容献。又弹太师咸阳王坦，禧子。并州刺史可朱浑道元罪状极笔。并免官。其余死黜者甚众。高祖书与邺下诸贵曰："咸阳王、司马令，并是吾对门布衣之旧。尊贵亲昵，无过二人，同时获罪，吾不能救，诸君其慎之。"高祖如京师，群官迎于紫陌，高祖握暹手而劳之曰："往前朝廷岂无法官？而天下贪婪，莫肯纠劾。中尉尽心为国，不避豪强，遂使远迩肃清，群公奉法。冲锋陷阵，大有其人，当官正色，今始见之。今荣华富贵，直是中尉自取。高欢父子，无以相报。"赐暹良马，使骑之以从，且行且语。暹下拜，马惊走，高祖亲为拥之而授辔。魏帝宴于华林园，此邺下之华林园。谓高祖曰："自顷朝贵，牧、守、令长，所在百司，多有贪暴，侵削下人。朝廷之中，有用心公平，直言弹劾，不避亲戚者，王可劝酒。"高祖降阶跪而言曰："惟御史中丞崔暹一人。谨奉明旨，敢以酒劝。并臣所射赐物千匹，乞回赐之。"其所以风厉之者至矣。自是之后，诸勋贵亦颇知敛迹，如尉景获罪后，授青州刺史，史言其操行颇改。司马子如起行冀州事，亦能自厉改。不可谓非整顿之效也。从来恶直丑正之论，无如《北齐书·杜弼传》之甚者，不可不辞而辟之。《传》曰：弼以文武在位，罕有廉洁，言之于高祖。高祖曰："弼来，我语尔。天下浊乱，习俗已久。今督将家属，多在关西，黑獭常相招诱，人情去留未定。江东复有一吴儿老翁萧衍者，专事衣冠礼乐，中原士大夫望之，以为正朔所在。我若急作法网，不相饶借，恐督将尽投黑獭，士子悉奔萧衍，则人物流散，何以为国？尔宜少待，吾不忘之。"及将有沙苑之役，弼又请先除内贼，却讨外寇。高祖问内贼是谁？弼曰："诸勋贵掠夺万民者皆是。"高祖不答，因令军人皆张弓挟矢，举刀按矟以夹道。使弼冒出其间，曰："必无伤也。"弼战栗汗流。高祖然后喻之曰："箭虽注不射，刀虽举不击，矟虽按不刺，尔犹顿丧魂胆，诸勋人身触锋刃，百死一生，纵其贪鄙，所取处大，不可同之，循常例也。"弼于时大恐，因顿颡谢曰："愚痴无智，不识至理，今蒙开晓，始见圣达之心。"夫兵之所以可畏者，以其将杀伤人也，若明知其注而不射，举而不击，按而不刺，则人孰未尝见兵？弼即畏懦，何至战栗汗流？高欢乃一犷悍之夫，安知衣冠礼乐为何事？且果如所言，其任高澄以裁勋贵，又何为乎？稍深思之，即知此传所云，并非实录，而为不快于督责之治者所造作矣。《北史·文襄纪》云：少壮气猛，严峻刑法。高慎西叛，侯景南翻，非直本怀狼戾，兼亦有惧威略，亦此等人所

北齐南响堂山石窟彩绘石雕菩萨头像

北齐石灰石佛头

北齐陶瓶

造作也。其《论》曰："文襄志在峻法，急于御下，于前王之德，有所未同。盖天意人心，好生恶杀，虽吉凶报应，未皆影响，总而论之，积善多庆。然文襄之祸生所忽，盖有由焉。"此论亦必有本，可谓怨毒之情，形于辞表矣。果如此曹之意，则欲求辅弼者，必纵其虐民而后可乎？此真所谓盗憎主人者也。又案，《陈元康传》云：高仲密之叛，高祖知其由崔暹故也，将杀暹，世宗匿而为之谏请，高祖曰："我为舍其命，须与苦手。"世宗乃出暹而谓元康曰："卿若使崔暹得杖，无相见也。"暹在廷，解衣将受罚，元康趋入，历陛而升，且言曰："王方以天下付大将军，有一崔暹，不能容忍邪？"高祖从而宥焉。又云：侯景反，世宗逼于诸将，欲杀崔暹以谢之。密语元康。元康谏曰："今四海未清，纲纪已定。若以数将在外，苟悦其心，枉杀无辜，亏废刑典，岂直上负天神，何以下安黎庶？晁错前事，愿公慎之。"世宗乃止。《暹传》云：显祖初嗣霸业，司马子如挟旧怨，言暹罪重，谓宜罚之。高隆之亦言：宜宽政网，去苛察法官，黜崔暹，则得远近人意。显祖从之。及践阼，谮毁之者犹不息。帝乃令都督陈山提等搜暹家。甚贫匮，惟得高祖、世宗与暹书千余纸，多论军国大事。帝嗟赏之。仍不免众口。乃流暹于马城。昼则负土供役，夜则置地牢。岁余，奴告暹谋反，锁赴晋阳。无实，释而劳之。寻迁太常卿。帝谓群臣曰："崔太常清正，天下无双，卿等不及。"《崔季舒传》云：时勋贵多不法，文襄无所纵舍，外议以季舒及崔暹等所为，甚被怨疾。及文襄遇难，文宣将赴晋阳，黄门郎阳休之劝季舒从行，曰："一日不朝，其间容刀。"季舒性爱声色，心在闲放，遂不请行，欲恣其行乐。司马子如缘宿憾，及尚食典御陈山提等共列其过状，由是季舒及暹，各鞭二百，徙北边。天保初，文宣知其无罪，追为将作大匠。再迁侍中。俄兼尚书左仆射，仪同三司。大被恩遇。夫文宣犹知季舒、暹之无罪，况于神武及文襄？然当武夫构变之时，暹即几罹不测；至文宣，则竟为所胁，而暹、季舒并不免流徙、鞭责之祸，可见当时恶直丑正之徒，其势甚可畏也。《元康传》又云：世宗入辅京室，崔暹、崔季舒、崔昂等并被任使，张亮、张徽纂

北齐镀金青铜僧人

北齐彩绘石观音菩萨像

并高祖所待遇，然委任皆出元康之下，时人语曰："三崔二张，不如一康。"又云：元康溺于财利，受纳金帛，不可胜纪，放责交易，遍于州郡，为清论所讥。然则当时暹等虽云锋利，而真被宠任之徒，仍有为霜简所不及者矣。刬除贪暴，其难如此，而岂得如《弼传》所云，复故纵舍之哉？马城，汉县，晋废，在今察哈尔怀安县北。

文襄之为中书监也，移门下机事，总归中书。《北齐书·崔季舒传》。以其中兵参军崔季舒为中书侍郎，令监察魏主动静。武定五年（547年），梁武帝太清元年。正月，神武死，文襄秘丧，至六月乃发。

七月，魏主诏以文襄为使持节、大丞相、都督中外诸军、录尚书、大行台、渤海王，而以其母弟洋为尚书令、中书监、京畿大都督。八月，文襄朝于邺，固辞丞相。魏主诏复前大将军，余如故。《魏书·孝静帝纪》曰：文襄尝侍饮，大举觞曰："臣澄劝陛下酒。"帝不悦曰："自古无不亡之国，朕亦何用此活？"文襄怒曰："朕朕，狗脚朕。"文襄使季舒殴帝三拳，奋衣而出。明日，使季舒劳帝，帝亦谢焉。赐绢。季舒未敢受，以启文襄。文襄使取一段。帝束百匹以与之，曰："亦一段耳。"帝不堪忧辱，咏谢灵运诗曰："韩亡子房奋，秦帝鲁连耻。本自江海人，忠义动君子。"常侍侍讲荀济知帝意，乃与华山王大器、鸷子。鸷，高凉王孤六世孙。元瑾密谋，于宫内为山，而作地道向北城。至千秋门，门者觉地下响动，以告文襄。文襄勒兵入宫，曰："陛下何意反邪！臣父子功存社稷，何负陛下邪？"将杀诸妃。帝正色曰："王自欲反，何关于我？我尚不惜身，何况妃嫔？"文襄下床叩头，大啼谢罪。于是酣饮，夜久乃出。居三日，幽帝于含章堂。大器、瑾等皆见烹于市。《荀济传》云：燔杀之。见《北史·文苑传》。盖时侯景尚未平，故文襄未能遽篡也。六年（548年），梁太清二年。正月，侯景败；七年，梁太清三年。六月，颍川亦平；于是篡谋转急。七月，文襄如邺。八月，为盗所杀。时年二十九。《北齐书·文襄纪》云：初梁将兰钦子京，为东魏所虏，王命以配厨。钦请赎之，王不许。京再诉，王使监厨苍头薛丰洛杖之，曰："更诉当杀尔。"京与其党六人谋作乱。将欲受禅，与陈元康、崔季舒等屏斥左右，署拟百官。京将进食，王却之。谓诸人曰："昨夜梦此奴斫我，宜杀却。"京闻之，置刀于盘，冒言进食。王怒曰："我未索食，尔何遽来？"京挥刀曰："来将杀汝。"王自投伤足，入于床下。贼党去床，因而见杀。《北史》略同。案，此卷《齐书》实亡，盖后人取《北史》补之。《陈元康传》云：世宗将受魏禅，元康与杨愔、崔季舒并在世宗坐，将大迁除朝士，共品藻之。世宗家苍头奴兰固成，《北史·元康传》云：固成，一名京。先掌厨膳，甚被宠昵。先是世宗杖之数十。其人性躁，又恃旧恩，遂大忿恚。与其同事阿改，《北史》云弟阿改。谋害世宗。阿改时事显祖，常执刀随从。云若闻东斋叫声，即加刃于显祖。是日，东魏帝初建东宫，《魏书·本纪》：八月，辛卯，诏立皇子长仁为皇太子。案，时齐将篡

北齐石狮

北齐铜鎏金净瓶

而为魏立太子者，盖欲先行废立，后乃禅代也。群官拜表，事罢，显祖出东止车门，别有所之，未还而难作。固成因进食，置刀于盘下，而杀世宗。元康以身捍蔽，被刺伤重，至夜而终。杨愔狼狈走出。季舒逃匿于厕。盖魏人阴谋，欲并澄与洋而歼之也。而洋以邂逅得脱，乃入诛京等。旋归晋阳。明年，梁简文帝大宝元年（550 年），魏武定八年，齐文宣天保元年。五月，如邺，遂废魏主而自立。明年，十二月，遇鸩死。是为北齐显祖文宣皇帝。文宣之篡，高德政与杨愔实成之。时德政从文宣于晋阳，愔居邺。史言娄太后及勋贵多弗顺，然时篡势已成，必无人能阻之者，德政与愔，亦乘已成之势而成之耳，非能有所作为也。事见《北史·文宣纪》及《齐书·德政传》，以其无甚关系，今略之。

第四节　周篡西魏

从来北狄入中国者，其能否有成，恒视其能否通知中国之情形。以此言之，则尔朱荣不如高欢，高欢又不如宇文泰。欢之任其子澄以绳抑勋贵，特因诸勋贵纵恣太甚，纲纪荡然，不得不如是耳，非真能留意政事也，而泰则颇知治体。泰之平侯莫陈悦也，周惠达归之。惠达初从贺拔岳。泰任以后事。营造戎仗，储积食粮，简阅士马，时甚赖焉。赵青雀之叛，辅魏太子出渭桥以御之者，即惠达也。时惠达辅魏太子居守，总留台事。史称自关右草创，礼乐阙然，惠达与礼官损益旧章，仪轨稍备，其人盖亦粗知治制。为大行台仆射，荐行台郎中苏绰于泰。泰与语，悦之。即拜大行台左丞，参典机密。后又授大行台度支尚书，领著作，兼司农卿。辅泰凡十二年。自大统元年（535 年）至十二年，即自梁大同元年至中大同元年。史称绰之见泰，指陈帝王之道，兼述申、韩之要。指陈帝王之道，不过门面语，兼述申、韩之要，则实为当时求治之方，盖为治本不能废督责，而当文武官吏竞为贪虐之乱世为尤要也。绰始制文案程序，朱出墨入；及计账、户籍之法。又减官员，置二长。并置屯田，以资军国。又为六条诏书，奏施行之。一治心身，二敦教化，三尽地利，四擢贤良，五恤狱讼，六均赋役。牧、守、令长，非通六条及计账者，不得居官。饬吏治以恤民生，可谓得为治之要矣。泰于绰，实能推心委任。凡所荐达，皆至大官。泰或出游，常豫署空纸以授绰，须有处分，随事施行，及还，启之而已。泰又欲放《周官》改官制，命绰专掌其事。未几而绰卒，令卢辩成之。辩亦累世以儒学名者也。泰又立府兵之制，以整军戎。建国之规模粗备。

西魏文帝，以大统十七年（551年）死。梁简文帝大宝二年。太子钦立，是为废帝。废帝二年（553年），梁元帝承圣二年，废帝不建年号。尚书元烈谋杀宇文泰，事泄而死。废帝仍欲谋泰。时泰诸子皆幼；犹子章武公导、中山公护，复东西作镇，故惟托意诸婿，以为心膂。李远子基，李弼子晖，于谨子翼，俱为武卫将军，分掌禁旅，故

北周武帝宇文邕像
选自《历代帝王图》（唐）阎立本 收藏于美国波士顿博物馆
宇文邕（543—578年），字祢罗突，鲜卑族，祖籍代郡武川，周文帝宇文泰第四子，北周第三位皇帝，武成二年（560年）继位，建德六年（577年）灭北齐。宇文邕在位期间，励精图治，积极革新鲜卑旧俗，北周政治清明，百姓安居乐业，国力强盛。

密谋遂泄。据《周书·李远传》。案，泰长子毓，即明帝，当魏恭帝元年（554年），年已二十一，不为甚幼，盖其人本无能为，故泰不得不以后事属宇文护也。泰使尉迟纲典禁旅，密为之备。纲者，迥之弟。其父俟兜，娶泰姊昌乐长公主。迥与纲少孤，依托舅氏。明年，泰废帝，立齐王廓，宝炬第四子。是为恭帝。仍以纲为中领军，总宿卫。是年，泰死，梁敬帝之太平元年（556年）也。泰长子宁都郡公毓，其妻，独孤信之女也。次子曰宋献公震，前卒。第三子略阳郡公觉，母魏孝武帝妹，立为世子。《周书·李远传》云：太祖嫡嗣未建，明帝居长，已有成德，孝闵处嫡，年尚幼冲，乃召群公谓之曰："孤欲立嫡，恐大司马有疑。"大司马即独孤信，明帝敬后父也。众皆默，未有言者。远曰："夫立子以嫡不以长，《礼经》明义，略阳公为世子，公何所疑？若以信为嫌，请即斩信。"便拔刀而起。太祖亦起曰："何事至此？"信又自陈说。远乃止。于是群公并从远议。出外，拜谢信曰："临大事不得不尔。"信亦谢远曰："今日赖公，决此大议。"案，信在诸将中不为特异，太祖何至惮之？疑传之非其实也。泰长兄邵惠公颢，与卫可孤战死。次兄曰杞简公连，与其父俱死定州。三兄曰莒庄公洛生，为尔朱荣所杀。颢长子什肥，连子光宝，洛生子菩提，皆为齐神武所害。颢次子导，夙从泰征伐，死魏恭帝元年。导弟护，泰初以诸子并幼，委以家务，故泰死，宇文氏之实权集于护。《周书·于谨传》曰："太祖崩，孝闵帝尚幼，中山公护虽受顾命，《护传》云：太祖西巡，至牵屯山，遇疾，驰驿召护。护至泾州见太祖，而太祖疾已绵笃。"谓护曰："吾形容若此，必是不济。诸子幼小，寇贼未宁。天下之事，属之于汝。宜勉力以成吾志。"护涕泣奉命。行至云阳而太祖崩。护秘之，至长安，乃发丧。而名位素下，群公各图执政，莫相率服。护深忧之。密访于谨。谨曰："夙蒙丞相殊眷，情深骨肉，今日之事，必以死争之。若对众定策，公必不得辞让。"明日，群公会议。谨曰："昔帝室倾危，人图问鼎，丞相志任匡救，投袂荷戈，故得国祚中兴，群生遂性。今上天降祸，奄弃群僚。嗣子虽幼，而中山公亲则犹子，兼受顾托，军国之事，理须归之。”辞色抗厉，众皆悚动。护曰：“此是家事，素虽庸昧，何敢有辞？”谨既太祖等夷，护每申礼敬，至是，谨乃趋而言曰：“公若统理军国，谨等便有所依。”遂再拜。群公迫于谨，亦再拜。因是众议始定。观此，便知泰死后宇文氏急于图篡之故，盖不篡则魏相之位，人人可以居之，不徒若护之名位素下者，不能久据，即宇文氏亦且濒于危；既篡则天泽之分定，而护亦居亲贤之地，不复以名位素下为嫌矣。于是泰既葬，护使人讽魏恭帝，恭帝遂禅位于觉，是为周孝闵皇帝。

然众究不可以虚名劫也，于是赵贵、独孤信之谋起焉。《贵传》云：孝闵帝即位，晋公护摄政，贵自以元勋佐命，每怀怏怏，有不平之色。乃与信谋杀护。及期，贵欲发，信止之。寻为开府宇文盛所告，被诛。信以同谋坐免。居无几，晋公护又欲杀之，以其名望素重，不欲显其罪，逼令自尽于家。时闵帝元年（557 年）二月也。陈武帝永定元年，闵帝亦不建年号。及九月而闵帝亦废。《纪》云：帝性刚果，见晋公护执政，深忌之。司会李植、军司马孙恒，以先朝佐命，入侍左右，亦疾护之专。乃与宫伯乙弗凤、贺拔提等潜谋，请帝诛护。帝然之。又引宫伯张光洛同谋。光洛密白护。护乃出植为梁州刺史，恒为潼州刺史。潼州，今四川绵阳县。凤等遂不自安。更奏帝，将召群公入，因此诛护。光洛又白之。时小司马尉迟纲统宿卫兵，护乃召纲，共谋废立。令纲入殿中，诈呼凤等论事。既至，以次执送护第，并诛之。纲乃罢散禁兵。帝方悟无左右。独在内殿，令宫人持兵自守。护又遣大司马贺兰祥逼帝逊位，遂幽于旧邸。月余日，以弑崩，时年十六。植、恒等亦遇害。观闵帝欲召群公而诛护，则知是时朝贵之不服护者仍多矣。李植者，远之子，护并逼远令自杀。植弟叔谐、叔谦、叔让亦死。惟基以主婿，又为季父穆所请得免。远兄贤，亦坐除名。贺兰祥者，父初真，尚太祖姊建安长公主，祥年十一而孤，长于舅氏。与护中表，少相亲爱，军国之事，护皆与祥参谋。亦尉迟纲之流也。时与纲俱掌禁旅，递直殿省者，尚有蔡祐。祐父事太祖。闵帝谋害护，祐常泣谏，不从。盖时闵帝尚在幼冲，欲图摇动护，实非易也。闵帝既废，护乃迎太祖长子毓而立之，是为世宗明皇帝。明年，建元武成。陈永定三年（559 年）。正月，护上表归政。许之。军国大政，尚委于护。帝性聪睿，有识量，护深惮之。有李安者，本以鼎俎得幸于护，稍被升擢，至膳部下大夫。二年（560 年），陈帝天嘉元年。四月，护密令安因进食加以毒药弑帝。于是迎立太祖第四子鲁公邕，是为高祖武皇帝。百官总己，以听于护。

自太祖为丞相，立左右十二军，总督相府。太祖崩后，皆受护处分。凡所征发，非护书不行。护第屯兵禁卫，盛于宫阙。事无巨细，皆先断后闻。保定元年（561 年），陈天嘉二年。以护为都督中外诸军事。令五府总于天官。二年，陈天嘉三年。侯莫陈崇从高祖幸原州，高祖夜还，京师窃怪其故。崇谓所亲曰："吾昔闻卜筮者言：晋公今年不利，车驾今忽夜还，不过是晋公死耳。"于是众皆传之。有发其事者。高祖召诸公卿于大德殿责崇。崇惶恐谢罪。其夜，护遣使将兵就崇宅逼令自杀。《崇传》云："初魏孝庄帝以尔朱荣有翊戴之功，拜荣柱国大将军，位在丞相上。荣败后，此官遂废。大统三年（537 年），梁大同三年。魏文帝复以太祖建中兴之业，始命为之。其后功参佐命，望实俱重者，亦居此职。自大统十六年梁大宝元年。以前，任者凡有八人。太祖位总百揆，督中外军。魏广陵王欣，元氏懿戚，从容禁闱而已。欣，献文子广陵王羽之子。此外六人，各督二大将军，分掌禁旅，当爪牙御侮之寄。当时荣盛，莫与为比。故今之言门阀者，咸推八柱国家云。"六人者，李虎、李弼、独孤信、赵贵、于谨及崇也，而为护所杀者三焉。初太祖创业，即与突厥和亲，谋为掎角，共图高氏。是年，乃遣杨忠与突厥东伐。期后年更举。先是护母阎姬与皇第四姑，及诸戚属，并没在齐，皆被幽系。护居宰相之后，每遣间使寻求，莫知音息。至是并许还朝。四年，陈天嘉五年。皇姑先至，护母亦寻还。周为之大赦。护与母睽隔多年，一旦聚集，凡所资奉，穷极华盛。每四时伏腊，高祖率诸亲戚，行家人之礼，称觞上寿。荣贵之极，振古未闻。是年，突厥复率众赴期。护以齐氏初送国亲，未欲即事征讨，复虑失信蕃夷，更生边患，不得已，遂请东征。护性无戎略，此行又非本心，遂至败绩。天和二年（567 年），陈废帝光大元年。护母薨。寻有诏起令视事。高祖以护暴慢，密与卫王直图之。七年，诛护后改元建德。陈宣帝大建四年。三月十八日，护自同州还。帝御文安殿见护讫，引护入含仁殿朝太后。帝以玉珽自后击之。护踣于地。又令宦者何泉以御刀斩之。泉惶惧，斫不能伤。时卫王直先匿于户内，乃出斩之。初帝欲图护，王轨、宇文神举、宇文孝伯颇豫其谋，是日轨等并在外，更无知者。杀护讫，乃召宫伯长生览等告之。即令收护诸子及党与，于殿中杀之。李安亦豫焉。齐王宪白帝曰："李安出自皂隶，所典惟庖厨而已。既不预时政，未足加戮。"高祖曰："公不知耳，世宗之崩，安所为也。"护世子训，为蒲州刺史，蒲州，周置，今山西永济县。征赴京师，至同州，赐死。昌城公深使突厥，遣赍玺书就杀之。《于翼传》言：翼迁大将军，总中外宿卫兵事，晋公护以帝委翼腹心，内怀猜忌，转为小司徒，拜柱国，虽外示崇重，实疏斥之。武帝之图护，盖未尝用一兵；并王轨等数人，临事亦无所闻；可谓藏之深而发之卒矣。卫王直，太祖第四子，帝母弟也。太祖第五子齐王宪，才武。世宗时为益州刺史。后为雍州牧。数与齐人战。护雅相亲委，赏罚之际，皆得豫焉。护诛，以宪为太冢宰，实夺其权也。直请为大司马，帝以为大司徒。建德三年（574 年），陈太建六年。帝幸云阳宫，直在京师举兵反，袭肃章门。宫门。司武尉迟运纲子。时辅

丁家闸魏晋十六国墓壁画

1977年，甘肃省酒泉市果园乡丁家闸5号墓出土。原址保存。魏晋南北朝壁画墓沿用东汉晚期形制，壁画一般先用白粉涂底，然后用墨线勾勒轮廓，再染上赭石、朱红和石黄等色，总体上笔法简单，色彩单纯，画像粗放传神。丁家闸魏晋十六国墓壁画是其代表，其壁画题材有宴饮、出行、耕种、西王母、东王公、天象等，与汉魏墓葬壁画基本一致。壁画中畜牧与耕种的画面，一定程度上说明了当时河西地区的经济格局。壁画中“坞”出现很多，可见“坞”应为当时河西非常多见的建筑形式。

《乐舞图》

图上方有四位乐伎正在表演。男乐伎在弹卧箜篌，女乐伎有的持阮，有的吹笛，有的在拍细腰鼓。

《女墓主出行图》

高约85厘米，宽约110厘米。画中，有四辆牛车，每辆都有驭夫和女婢。最前面是女导从，中间是地位较高的女婢，由此构成了女墓主人出行的队伍。

《西王母图》

画中西王母不再是《山海经》和《淮南子》中『豹尾，虎齿，善啸，蓬发戴胜』的形象，而变得端庄持雅，是受人祭拜的神明。

《东王公图》

画中头戴三尖状冠的为东王公。

《飞马图》

画中一匹白马正向前飞奔。

《耕地图》

画中一个农民正手扶犁耙，鞭牛耕地。

《社树图》

画中有一棵树冠巨大的社树，有人正在树下祭拜。

《仁鹿图》

画中一只白鹿正奋蹄飞驰。

▲《捕兽图》

画中一位居于穹庐内的老者正在张网捕兽。

画中一位头梳高髻、长发飘逸、肩有双翼的神仙（应为女墓主形象）正在向上飞升。

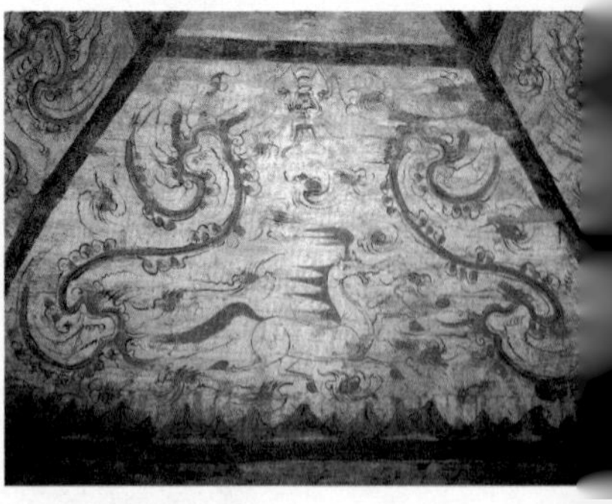

西魏身穿鲜卑军装的陶俑

太子居守。闭门拒守。直不得入，遁走。追至荆州，获之。免为庶人。囚于别宫。寻诛之，及其子十人。宇文护虽跋扈，亦不可谓无才。《周书·护传论》曰：“太祖崩殂，诸子冲幼，群公怀等夷之志，天下有去就之心，卒能变魏为周，俾危获乂者，护之力也。”太祖诸子，较长者无才，有才者多幼，微护，宇文氏之为宇文氏，盖有不可知者矣。其居相位时，政事亦似未太坏。《传》言护“凡所委任，皆非其人；兼诸子贪残，僚属纵逸，恃护威势，莫不蠹政害民”；或死后加罪之辞也。至周武帝之为人，则性极雄武。《周书·本纪》云：“帝沉毅有智谋。初以晋公护专权，常自晦迹，人莫测其深浅。及诛护之后，始亲万机。克己厉精，听览不怠。用法严整，多所罪杀。号令恳恻，惟属意于政。群下畏服，莫不肃然。性既明察，少于恩惠。凡布怀立行，皆欲逾越古人。身衣布衣，寝布被，无金宝之饰。诸宫殿华绮者，皆撤毁之，改为土阶数尺，不施栌栱。其雕文、刻镂、锦绣、纂组，一皆禁断。后宫嫔御，不过十余人。劳谦接下，自强不息。以海内未康，锐情教习。校兵阅武，步行山谷，履涉勤苦，皆人所不堪。平齐之役，见军士有跣行者，亲脱靴以赐之。每宴会将士必自执杯劝酒，或手付赐物。至于征伐之处，躬在行阵。性又果决，能断大事。故能得士卒死力，以弱制强。破齐之后，遂欲穷兵极武，平突厥，定江南，一二年间，必使天下一统，此其志也。”帝之为人，盖极宜于用兵。周之政治，本较齐为修饬，而帝以雄武乘齐人之昏乱，遂成吞并

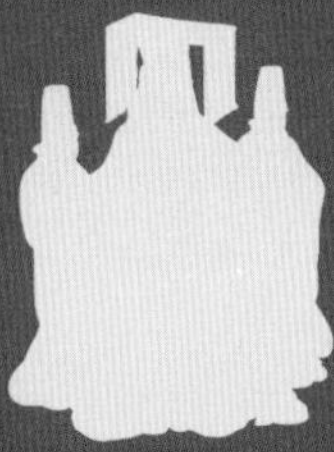

第四章

南朝概览

第一节　宋治盛衰

宋氏开国，政事粗有可观，实由武、文二世之恭俭，而孝武帝及明帝坏之。《宋书·良吏传》云："高祖起自匹庶，知民事艰难。及登庸作宰，留心吏职。而王略外举，未遑内务。奉师之费，日耗千金。播兹宽简，虽所未暇。而绌华屏欲，以俭抑身。左右无幸谒之私，闺房无文绮之饰。故能戎车岁驾，邦甸不扰。太祖幼而宽仁，入纂大业。及难兴陕方，六戎薄伐；命将动师，经略司、兖；费由府实，役不及民。自此区宇晏安，方内无事。三十年间，氓庶蕃息。奉上供徭，止于岁赋。晨出暮归，自事而已。守宰之职，以六期为断。虽没世不徙，未及曩时，而民有所系，吏无苟得。家给人足，即事虽难，转死沟渠，于时可免。凡百户之乡，有市之邑，歌谣舞蹈，触处成群，盖宋氏之极盛也。暨元嘉二十七年（450年），北狄南侵，戎役大起，倾资扫蓄，犹有未供，于是深赋厚敛，天下骚动。自兹至于孝建，兵连不息。以区区之江东，地方不至数千里，户不盈百万，荐之以师旅，因之以凶荒，宋氏之盛，自此衰矣。晋世诸帝，多处内房。朝宴所临，东西二房而已。孝武末年，清暑方构。高祖受命，无所改作。所居惟称西殿，不制嘉名。太祖因之，亦有合殿之称。及世祖承统，制度奢广。犬马余菽粟，土木衣锦绣。追陋前规，更造正光、玉烛、紫极诸殿。雕栾绮饰，珠窗网户。嬖女幸臣，赐倾府藏。竭四海不供其欲，单民命未快其心。太宗继祚，弥笃浮侈。恩不恤下，以至横流。莅民之官，迁变岁属。蒲、密之化，事未易阶。岂徒吏不及古，民伪于昔，盖由为上所扰，致治莫从。”案治道之隆污，系于君心之敬肆。高祖以衲衣付会稽长公主，使戒后嗣之奢。史又言：“上清简寡欲，严整有法度。未尝视珠玉舆马之饰，后庭无纨绮丝竹之音。宁州尝献虎魄枕，光色甚丽。时将北征，以虎魄治金创，上大悦，命捣碎，分付诸将。财帛皆在外府，内无私藏。宋台既建，有司奏东西堂施局脚床、银涂钉，上不许，使用直脚床，钉用铁。诸主出适，遣送不过二十万，无锦绣金玉。内外奉禁，莫不节俭。”又云：微

南朝宋武帝像

选自《古今君臣图鉴》明刻本　（明）潘峦/编绘

刘裕（363—422年），字德舆，幼名寄奴，庙号高祖。南北朝时期刘宋王朝的开国皇帝。他的父亲早逝，家境贫苦，幼年靠卖草鞋为生。隆安三年（399年）参军，屡有战功。元兴四年（405年），他击败桓玄，从此东晋朝政落入他手中。义熙五年（409年），刘裕北伐，灭南燕。义熙十二年（416年），后秦主姚兴死，姚泓继位，刘裕率大军分四路北伐，灭后秦。义熙九年（413年），刘裕派东晋大将朱龄石入蜀，灭西蜀。之后，刘裕枭卢循，灭刘毅，杀司马休之，直至南方各大割据势力全部灭亡，南方归为一统。元熙二年（420年），刘裕改国号宋，由此正式进入南北朝时期。

留衲戒奢

选自《帝鉴图说》法文外销画绘本 （明）佚名 收藏于法国国家图书馆

《南朝·宋史》记载，南朝宋高祖刘裕出身贫寒，称帝前，他以到新州砍芦苇为生。称帝后，他拿出当时妻子臧皇后为自己制作的补丁衲袄，对长女会稽公主说：『后世有骄奢不节者，可以此衣示之。』以此来告诫后代，不忘先辈立业的艰辛。

笑祖俭德

选自《帝鉴图说》法文外销画绘本　（明）佚名　收藏于法国国家图书馆

据记载，宋孝武帝刘骏性好奢侈，嫌弃他祖父（宋武帝刘裕）的宫室卑小，于是重新大修一番，墙壁门柱上都披着锦绣。宋高祖生前住的宫室叫阴室，后人用来收藏高祖的御服。刘骏想把阴室拆了，改造成玉烛殿，因此与群臣前往察看。阴室很简陋，大臣袁𫖮连连称赞高祖的俭朴，想要以此来劝说刘骏。刘骏却不以为意，并说：『高祖起于农亩而为天子，他有这个受用，已是过分了。岂可与今日同语哉！』讽刺的是，在这之后不到一年，刘骏就死在了他建造的玉烛殿里。

时躬耕于丹徒，及受命，耨耜之具，颇有存者，皆命藏之，以留于后。文帝幸旧宫，见而问焉。左右以实对。文帝色惭。及孝武大明中，坏高祖所居阴室，江左诸帝既崩，以其所居为阴室。于其处起玉烛殿。与群臣观之。床头有土障。壁上挂葛灯笼、麻蝇拂。侍中袁颉，盛称上俭素之德。孝武不答，独曰："田舍公得此，以为过矣。"盖文帝已稍陵夷，至孝武而尽忘其本矣。史称文帝性存俭约，不好奢侈。其邻乎侈者，惟元嘉二十三年筑北堤，立玄武湖于乐游苑，兴景阳山于华林园，史云役重人怨。然是岁固大有年也。以视孝武，其奢俭不可以道里计矣。至于明帝，则尤有甚焉。史称其时经略淮、泗，军旅不息。荒弊积久，府藏空竭。内外百官，并日料禄奉，而上奢费过度，务为凋侈。每所造制，必为正御三十，副御、次御，又各三十，须一物辄造九十枚。天下骚然，民不堪命。废帝元徽四年（476 年），尚书右丞虞玩之表陈时事曰："天府虚散，垂三十年。江、荆诸州，税调本少，自顷已来，军募多乏，其谷帛所入，折供文武。豫、兖、司、徐，开口待哺；西北戎将，裸身求衣；委输京都，益为寡薄。天府所资，惟有淮海，民荒财单，不及曩日。而国度引费，四倍元嘉。二卫台坊人力，五不余一。都水材官朽散，十不两存。备豫都库，材竹俱尽。东西二埼，砖瓦双匮。敕令给赐，悉仰交市。尚书省舍，日就倾颓。第宅府署，类多穿毁。视不遑救，知不暇及。寻所入定调，用恒不周，既无储蓄，理至空尽。积弊累耗，钟于今日。"盖实自孝武以来，积渐所致也。《沈昙庆传》言：元嘉十三年（436 年），东土潦浸，民命棘矣。太祖省费减用，开仓廪以振之。病而不凶，盖此力也。大明之末，积旱成灾。虽敝同往困，而救非昔主。所以病未半古，死已倍之。并命比室，口减过半。《宋书·本纪》：大明八年（464 年），去岁及是岁，东诸郡大旱，甚者米一斗数百，都下亦至百余，饿死者十有六七。一斗，《南史》作一升。案，作一斗者是也。《宋书·孔觊传》亦云：都邑一斗将百钱。政事之隆污，系于君心之敬肆，而民生之舒惨，即系于政事之隆污，可不戒哉！

檀道济像

选自《历代圣贤半身像》册　佚名

收藏于故宫博物院

檀道济（？—436年），高平郡金乡县（今山东济宁）人，东晋名将。檀道济幼年失双亲，由檀韶和姐姐抚养成人。东晋元兴三年（404年），他跟随刘裕从军，屡建战功。刘裕去世后，他又与谢晦、傅亮、徐羡之共同辅佐刘义隆。据《南齐书·王敬则传》：『檀公三十六策，走为上计，汝父子唯应走耳。』但是，檀道济在生死攸关的时候却没有选择『上计』。元嘉十三年（436年），刘义隆生重病，彭城王刘义康执政，因担心檀道济谋反，便矫诏召檀道济入朝。临走前，妻子曾劝他不要去，后被刘义康杀害。

《五岳图》卷

（南朝）陆探微　收藏于故宫博物院

陆探微（？—约485年），吴县（今苏州）人。《南史》记载：『宋明帝好《周易》，尝集朝臣于清暑殿讲，诏曼容执经。曼容素美风采，明帝恒以方嵇叔夜，使吴人陆探微画叔夜像以赐之。』可知，陆探微是侍奉宋明帝刘彧的宫廷画师，其画作内容多为帝王、权贵、功臣等，与顾恺之、张僧繇、曹不兴被并称为『六朝四大家』。

南朝荷花茶碟

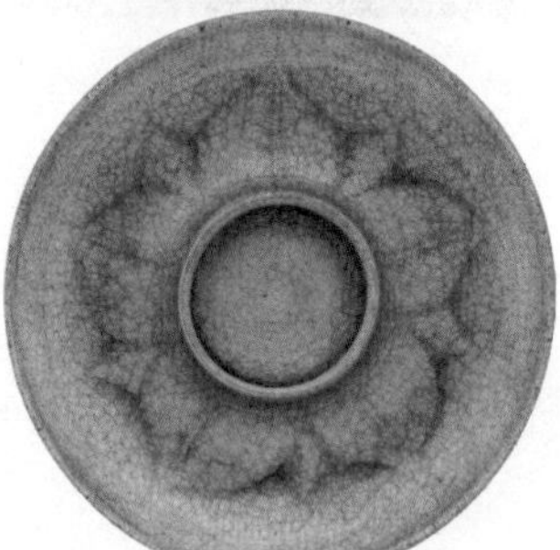

南朝脚灯

南朝越窑青瓷卧羊

高祖又非徒恭俭而已。《宋书·本纪》云：先是朝廷承晋氏乱政，百司纵弛。桓玄虽欲厘革，而众莫从之。高祖以身范物，先以威禁。内外百官，皆肃然奉职。二三日间，风俗顿改。元兴三年（404年）。又云：晋自中兴以来，治纲大弛。权门并兼，强弱相陵，百姓流离，不得保其产业。桓玄颇欲厘改，竟不能行。公既作辅，大示轨则。豪强肃然，远近知禁。义熙七年（411年）。《刘穆之传》云：从平京邑。时晋纲宽弛，威禁不行。盛族豪右，负势陵纵。小民穷蹙，自立无所。重以司马元显政令违舛，桓玄科条繁密。穆之斟酌时宜，随方矫正。不盈旬日，风俗顿改。《赞》曰："晋纲弛紊，其渐有由。孝武守文于上，化不下及；道子昏德居宗，宪章坠矣；重之以国宝启乱；加之以元显嗣虐；而祖宗之遗典，群公之旧章，莫不叶散冰离，扫地尽矣。主威不树，臣道专行。国典人殊，朝纲家异。编户之命，竭于豪门。王府之蓄，变为私藏。由是祸基东妖，难结天下。荡荡然王道，不绝者若綖。高祖一朝创义，事属横流。改乱章，布平道。尊主卑臣之义，定于马棰之间。威令一施，内外从禁。以建武、永平之风，变太元、隆安之俗。此盖文宣公之为也。为一代宗臣，配飨清庙，岂徒然哉？"然则江左之不振，非徒兵力之衰颓，政散民流，实为其本。虽桓玄犹未尝不知此义，而卒莫之能革。高祖一朝矫之，此其所以能扫荡青、齐，廓清关、洛欤？孝武以后，佞幸专朝，毒流氓庶，而此风息矣，岂不惜哉？

《绣像灵飞镜影词》（部分）

佚名

所谓影词，就是影戏之词，它是影戏的操演人影匠表演的稿本，在体裁上既像剧本，又像鼓词和弹词。影词在宋代也被叫作话本，这种话本虽然以代言体为主，也标记人物的宾白科介，却常间杂叙述句在其中，所以看起来又很像弹词中的一类。《绣像灵飞镜影词》现有评剧，又名《凌飞镜》《滑台关》，讲的就是南朝宋时檀道济的故事。奸臣刘湛之子刘门，在京城抢男霸女，兵马大元帅檀道济之子檀直痛打刘门。后来，刘湛用谗言将檀直调回治罪。再后来，北魏兵犯境，边陲告危，谢珍献灵飞镜一面，照明忠奸，除掉了刘湛。当然，这只是戏曲，史实并非如此。

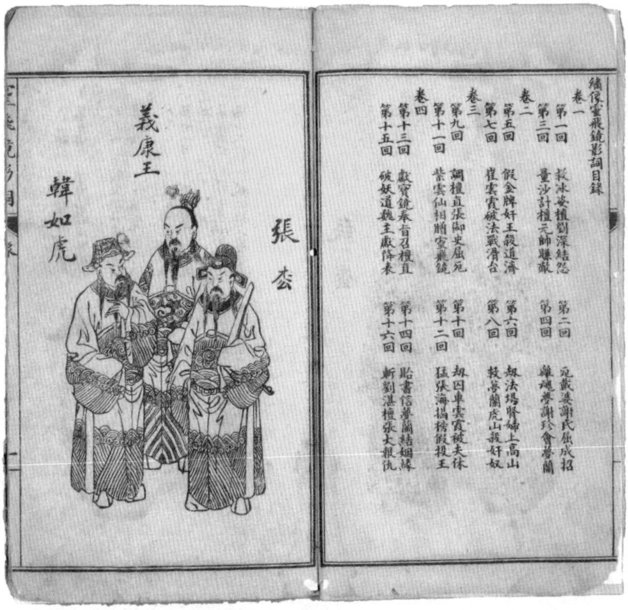

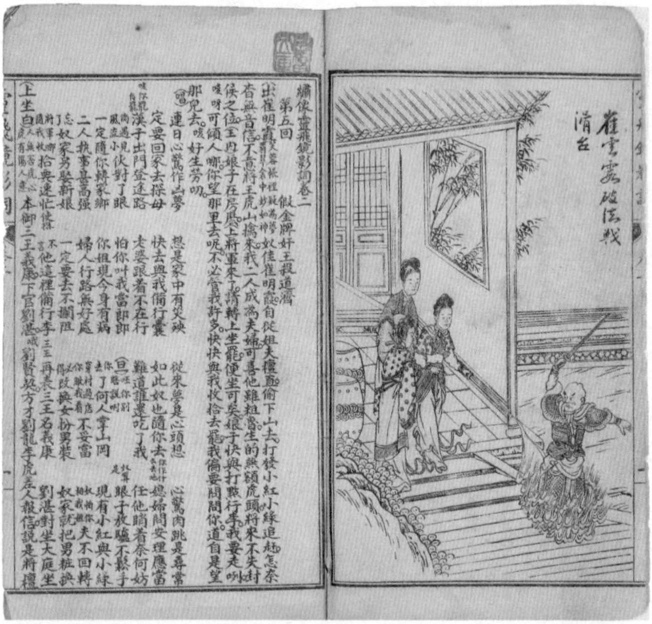

繡像靈飛鏡影詞卷二

第五回　假金牌奸王殺道濟

(出)崔明霞　奴佳崔明霞。自從姐夫檀直。偷下山去。打發小紅小綠追赶。怎奈杳無音信。不意將王虎山擒來。我二人成爲夫婦。可喜他雖粗鹵。生的燕頷虎頭。將來不失封侯之位。(王內)娘子在房麽。上將軍來了。請轉上坐。罷。便坐可矣。娘子快與打點行李。我要走咧。唗呀可傾人哪。你望那里去呢。不必管我許多。快快與我收拾去罷。我偏要問問你。道自是望那兒去。唗。好生勞叨。

(唱)連日心驚作噩夢　想是家中有災殃　從來學是心頭想　心驚肉跳是尋常
定要回家去探母　快去與我備行囊　如此奴也隨你去　媳婦閒安理應當
漢子出門登途路　丈要跟着不在行　難道誰還吃了我　任他瞧着奈何妨
倘遇見風流小伙對了眼　怕你叫我當郎郎　(旦)你去了何人掌山岡　眼子夜驢不鬆手
一定隨你轉家鄉　你姐現今身有病　不妥當　現有小紅與小綠
二人執事甚高強　婦人行路無好處　改換女扮男裝　夫不回轉
奴家另娶新娘　一定要去不攔阻　奴家就把男粧換
拾典速忙　他這裡備行李　三王再表三王名義康　劉湛對坐大庭堂

(上坐白)本御三王義康。下宮劉湛。劉賢契。方才劉龍李虎差人報信。說是將檀

青雲尚未得路。如今南宋北魏兩國相爭。國家正在用人之際。正好求取功名。約定姐丈王虎山。今日同行。行李早已備安。如何不見到來。(王五小子)稟大爺。王家堡王姑爺已到。這等看茶伺候。待我迎接。(下內)姊丈來了。請入書齋。賢弟請。姊丈請。(同上黑淨)姐丈請坐。大家同坐。伯母與我姐姐。俱各安好。好。多承賢弟費心。謝松看茶來。賢弟你我今日上京。家內無人料理。我還有些放心不下。有何懸掛。呪賢弟聽了。

(唱)你我住在成德縣　正是南北大通衢　南宋北魏相爭鬥　莫非因此甚要看
此處正是過兵地　弟把人欺　怎得兩國成一統　蒼民慶樂太平時
你我今日離家下　老母年高無所依　此事固然心懸掛　跳聽消息
一則惟恐遭荒亂　若少衣食　此事卻也無妨碍　何妨接來一處居
若得如此誠幸也　遣接賢弟理不宜　骨肉至親何須套　等我吩咐謝松知

(白)謝松。有。明日到王家堡。將太太與你大姑娘接來。咱家居住。好生照看家務。凡事小心謹慎

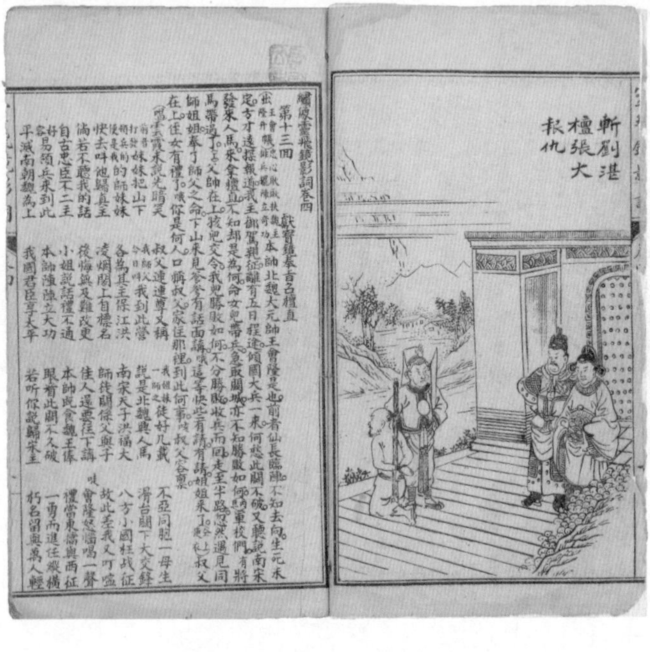

繡像靈飛鏡影詞卷四

第十三回　獻寶鐘奉旨召檀直

(出)本帥北魏大元帥王會隆是也。前者仙長臨陣。不知去向。生元未定。方才遠探報道。我主御駕親征。離有五日程途。傾國大兵一來。何愁此關不破。又聽說南宋發來人馬。來拿檀直。不知却是爲何。命女兒帶兵。急取關城。亦不知勝敗如何。(內)車校們。有將馬帶過了。(上)父帥在上。孩兒交令。我兒勝敗如何。不分勝敗。收兵而回。走至半路。忽然遇見同師姐姐。奉了師父之命。下山來見爹爹。有話面講。哦。這等快些有請。有請。姐姐來了。(旦上)叔父在上。侄女有禮了。哦。你是何人。口稱叔父。家住那裡。到此何事。叔父容稟。

(唱)雲霞未說先陪笑　叔父連連尊又稱　我姐妹一師之徒好几載　不亞同胞一母生
前番打發妹妹把山下　我師父今日叫我到此營　說是北魏與人馬　滑台關下大交鋒
便是我的師妹妹　各爲其主保江洪　南宋天子洪福大　八方小國枉戰征
快去叫他歸真主　凌煙閣上自標名　師徒關係父與子　故此差我又叮嚀
倘若不聽我的話　後悔無及難改更　佳人還要往下講　(唗)會隆怒喝一聲
自古忠臣不二主　小姐說話禮不通　本帥既食魏王俸　禮當東擋與西征
好容易領兵來到此　本帥陣陣立大功　眼看此關不久破　一勇而進任縱橫
平滅南朝魏爲上　我國君臣享太平　若听你說歸宋主　朽名留與萬人輕

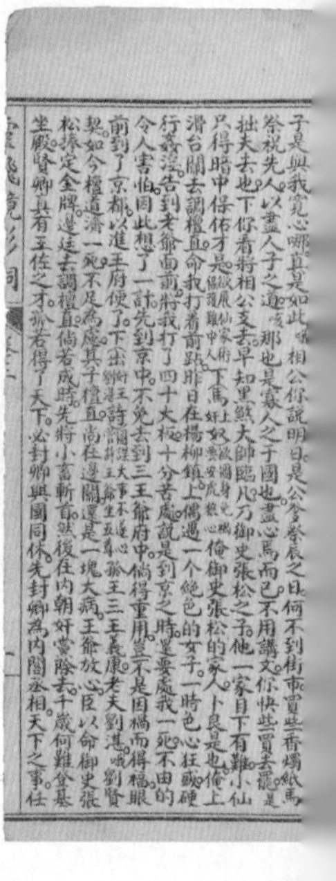

子是與我寬心哪。真是如此。相公你說明白。是公爹祭辰之日。何不到街市買些香燭紙馬祭祝先人。以盡人子之道。那也是寡人之子國也。盡心焉而已。不用講文。你快些買去罷。是。拙夫去也。下。你看將相公支去。早知黑煞大帥臨凡。乃御史張松之子。他一家目下有難。小仙只得暗中保佑才是。下。俺御史張松的家人。卜良是也。俺上滑台關去調檀直。命我打着前站。昨日在楊柳鎮上。偶遇一个絶色的女子。一時色心狂惑。硬行姦淫。告到老爺面前。將我打了四十大板。十分苦處。就是到京之時。還要處我一死。不由的令人害怕。因此想了一計。先到京中。不免去到三王爺府中。倘得重用。豈不是因禍而得福。眼前到了京都。以進王府便了。下(出)孤王三王義康。老夫劉湛。劉賢契。如今檀道濟一死。不足為慮。其子檀直尚在邊關。還是一塊大病。王爺放心。臣以命御史張松捧定金牌。邊廷去調檀直。倘若成時。先將小畜斬首。然後在內朝奸黨除去。千歲何難登基坐殿。賢卿具有王佐之才。孤若得了天下。必封卿與國同休。先封卿為內閣丞相。天下之事。任

量沙計
檀元帥
破敵

救
冰婆
檀劉滦
結怨
檀夢蘭
崔明霞
紫雲傻姑

猛張海揭榜假投

雲霞仙持贈靈飛鏡

第二节　齐治盛衰

萧齐诸主，猜忌杀戮，固略与刘宋相同，而其政事之得失，亦复相类。齐高帝性极节俭。当其辅政时，即罢御府，省尚方诸饰玩。昇明二年（478 年），又上表禁民间华伪，凡十七条。即位后，诏二宫诸王，悉不得营立邑邸，封略山湖。停大官池籞之税。《陈显达传》云：上即位，御膳不宰牲。显达上熊烝一盘，上即以充饭。《本纪》言：帝身不御精细之物。敕中书舍人桓景真曰："主衣中似有玉介导。此制始自大明末后泰始尤增其丽，留此置主衣，政是兴长疾源，可即时打碎。凡复有可异物，皆宜随例也。"后宫器物、阑槛以铜为饰者，皆改用铁。内殿施黄纱帐。宫人着紫皮履。华盖除金华爪，用铁回钉。每曰："使我治天下十年，当使黄金与土同价。"欲以身率天下，移风易俗云。庶几媲美宋武帝矣。然及武帝，即稍陵夷。武帝永明元年（483 年），诏还郡县丞、尉田秩。又诏莅民之职，一以小满为限。《南史·恩幸传》云：晋、宋旧制，宰人之官，以六年为限。近世以六年过久，又以三周为期，谓之小满。而迁换去来，又不依三周之制。送故迎新，吏人疲于道路。五年，诏："远邦尝市杂物，非土俗所产者，皆悉停之。必是岁赋攸宜，都邑所乏，可见直和市，勿使逋刻。"此皆不得谓非善政。然帝性实猜忌、刻薄。故史虽称其为治总大体，以富国为先，然又云：颇不喜游宴雕绮之事，言尝恨之，未能遽绝。《南史·豫章王嶷传》言：帝奢侈，后宫万余人，嶷后房亦千余人，则《本纪》之言，已为婉约矣。而帝之失德，尤在拒谏。《嶷传》又言：颍川荀丕，献书于嶷，极言其失。嶷咨嗟良久，为书答之，为之减遣。而丕后为荆州西曹书佐，上书极谏，其言甚直，竟于州狱赐死。《齐书·竟陵王子良传》言：帝好射雉，左卫殿中将军邯郸超上书谏，帝虽为止，久之，超竟被诛。此则绝似宋孝武矣。其施政亦近严酷。永明三年（485年），冬，富阳人唐宇之，以连年检籍，百姓怨望，聚党连陷桐庐、富阳、钱塘、盐官、诸暨、余杭。富阳，秦富春县，晋改曰富阳，今浙江富阳县。桐庐，吴

齐高帝像

选自《古今君臣图鉴》明刻本　（明）潘峦编绘

萧道成（427—482年），南朝齐开国皇帝。他出身于名门兰陵萧氏，宋明帝驾崩时，萧道成为右卫将军领卫尉，受遗诏，成为辅政大臣。后来刘昱因狂暴无道，为臣下所杀，萧道成趁机迎立宋顺帝刘准，独揽朝政。479年，萧道成篡宋自立，国号齐，在位期间崇尚节俭。建元四年（482年）三月，病重而逝，终年五十六岁。

潘贵妃像

选自《百美新咏图传》（清）颜希源/撰（清）王翙/绘

潘玉儿（？—501年），齐国皇帝萧宝卷的宠妃。她肤白貌美，有『玉儿』或者『玉奴』之称。萧宝卷继位后，荒淫无度，后宫佳丽多达万人，但他最宠爱潘玉儿，天天与她腻在一起。潘玉儿也不怕萧宝卷，还经常审讯他，动不动就罚他跪。萧宝卷忍不住与其他妃子偷欢时，潘玉儿还会加以杖责。萧宝卷被萧衍推翻后，也曾想将潘玉儿留在身边，被大臣们反对后才作罢，只得将她赏赐给手下的一个将领。潘玉儿下嫁『下四非类』，自缢而亡。苏东坡曾有『玉奴终不负东昏』之句。

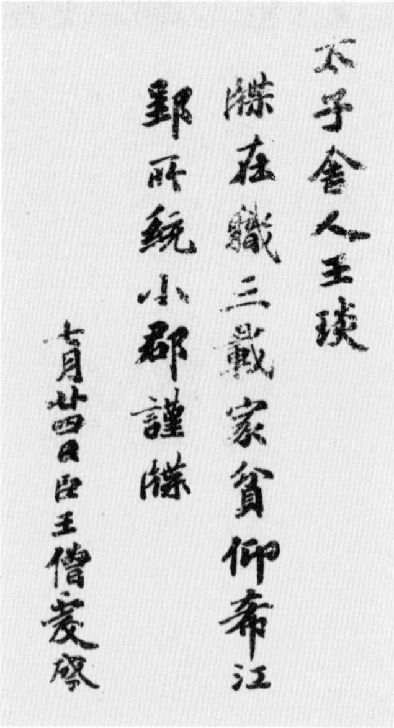

《王琰牒》

（南朝齐）王僧虔　收藏于辽宁省博物院

法帖内容为南齐太原人王琰通过王僧虔谋求外任，王僧虔为其请托江郢小郡的公牒文书。王僧虔（426—485年），字简穆，王羲之四世族孙。王僧虔的书法继承自祖法，淳朴而有骨力。

县，在今浙江桐庐县西。盐官，吴县，今浙江海宁县。诸暨，秦县，今浙江诸暨县。明年，遂僭号于钱塘。帝遣禁兵数千人平之。台军乘胜，百姓颇被掠夺。上闻之，收军主陈天福弃市，刘明彻免官、削爵，付东冶。天福，上宠将也，既伏诛，内外莫不震肃。此诚可谓能整饬纲纪。然豫章王嶷因此陈检籍之非，上答曰："欺巧那可容？宋世混乱，以为是不？蚊蚁何足为忧？已为义勇所破，官军昨至，今都应散灭。吾正恨其不辨大耳，亦何时无亡命邪？"又曰："宋明初九州同反。鼠辈但作，看萧公雷汝头。"此则殊非仁者之言也。

明帝亦颇节俭。在位时，尝罢世祖所起新林苑，以地还百姓。建武元年（495 年）十一月。废文惠太子所起东田，斥卖之。建武二年十月。断远近上礼。建武元年十月。又诏："自今雕文篆刻，岁时光新，可悉停省。蕃、牧、守、宰，或有荐献，事非任土，严加禁断。"十一月，诏曰："邑宰禄薄俸微，不足代耕，虽任土恒贡，亦为劳费，自今悉断。"是月，立皇太子，又诏："东宫肇建，远近或有庆礼，可悉断之。"二年十月，纳皇太子妃褚氏，亦断四方上礼。细作、中署、材官、车府诸工，悉开番假，递令休息。建武元年十一月。申明守宰六周之制。建武三年正月。诏所在结课屋宅田桑，详减旧价。建武四年十一月。《本纪》言：帝于永明中舆、辇、舟乘，悉剔取金银还主衣库。世祖掖庭中宫殿、服御，一无所改。《皇后传》言：太祖创命，宫禁贬约。毁宋明之紫极，革前代之逾奢。衣不文绣，色无红采。永巷贫空，有同素室。世祖嗣位，运藉休平。寿昌前兴，凤华晚构，香柏文柽，画梁绣柱。雕金镂宝，颇用房帷。赵瑟吴趋，承闲奏曲。岁费旁恩，足使充牣。事由私蓄，无损国储。高宗仗素矫情，外行俭陋，内奉宫禁，曾莫云改。《萧颖胄传》云：上慕俭约，欲铸坏太官元日上寿银酒鎗。尚书令王晏等咸称盛德。颖胄曰："朝廷盛礼，莫过三元，此一器既是旧物，不足为

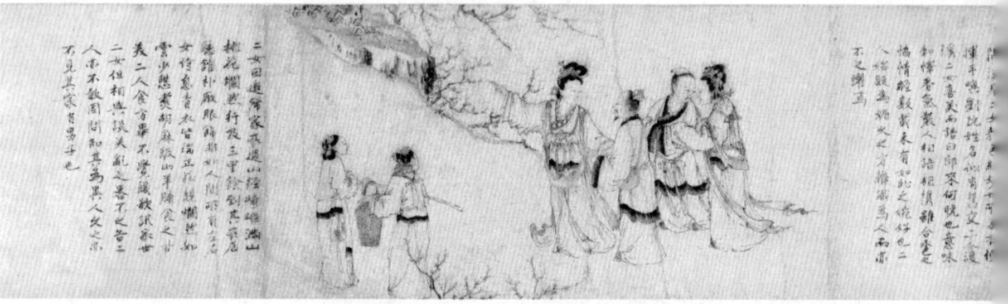

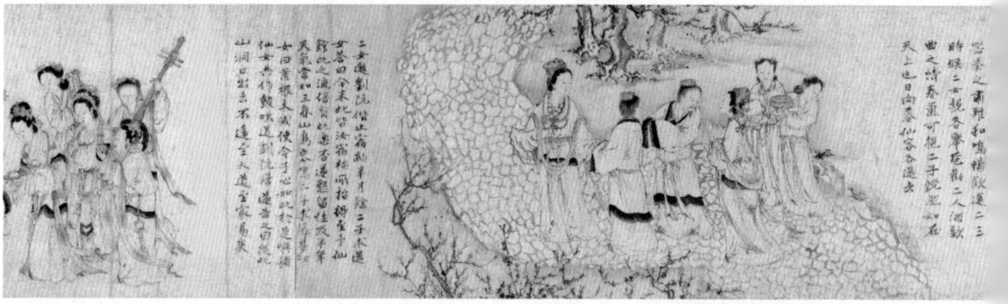

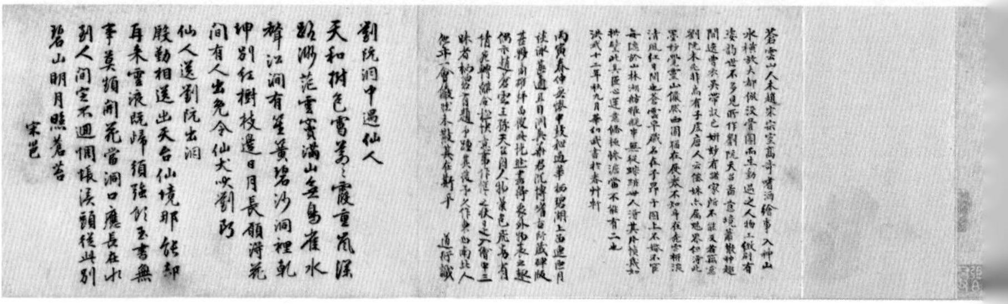
劉阮洞中遇仙人
天和樹色靄蒼蒼，霞重嵐深
路渺茫。雲竇滿山無鳥雀，水
聲沿澗有笙簧。碧沙洞裡乾
坤別，紅樹枝邊日月長。願得花
间有人出，免令仙犬吠劉郎。
仙人送劉阮出洞
殷勤相送出天台，仙境那能却
再來。雲液既歸須強飲，玉書無
事莫頻開。花當洞口應長在，水
到人间定不迴。惆悵溪頭從此别，
碧山明月照蒼苔。
宋芑

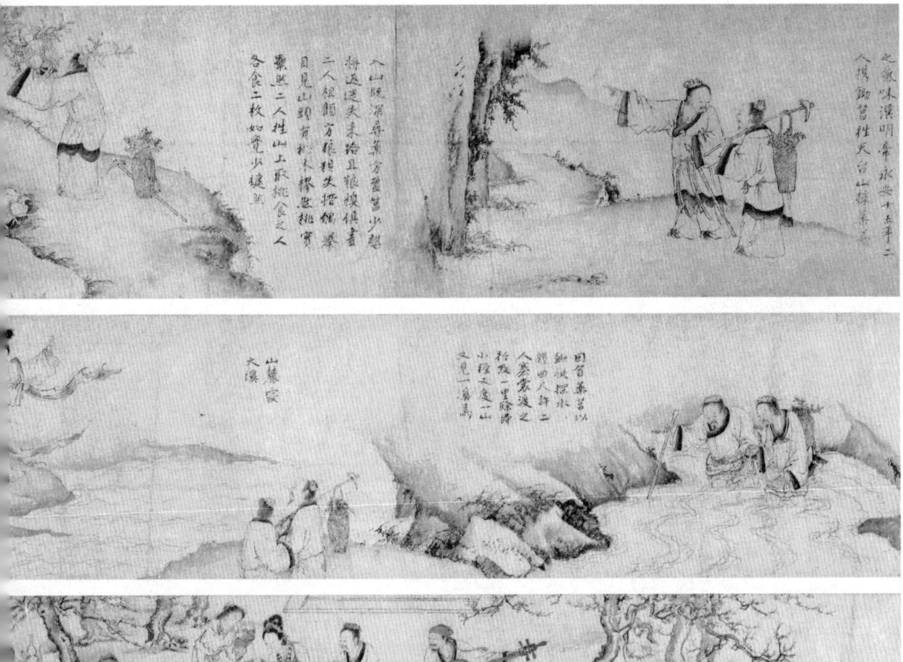

《刘晨阮肇入天台山图》卷 （元）赵苍云 收藏于美国纽约大都会艺术博物馆

『刘阮遇仙』为六朝神话传说故事，最早见于东晋干宝的《搜神记》，陶渊明在《搜神后记》中也有记载。相传，东汉永平年间，剡人刘晨、阮肇到天台山采药迷路，在溪边遇到两个美丽的女子，被她们邀请到家里热情款待，并结为连理。半年后，刘晨、阮肇回到故乡。他们发现旧居早就没有了，询问才知道，人间已过了七世。他们二人又想沿着小溪去找那两个女子，却再也没有找到原来的路。

南朝玉带扣

侈。”帝不悦。后豫曲宴，银器满席。颖胄曰：“陛下前欲坏酒鎗，恐宜移在此器也。”帝甚有惭色。此等颇近深文。《南史·本纪》言：帝用皂荚讫，授余泺与左右，曰：“此犹堪明日用。”大官进御食有裹蒸，帝十字画之，曰：“可四片破之，余充晚食。”此虽高帝，何以尚之？要之帝之俭德，实在武帝之上，更无论宋孝武、明帝也。帝亦有吏才。《本纪》云：持法无所借。制御亲幸，臣下肃清。《良政传》云：“永明继运，垂心治术，仗威善断，犹多漏网。明帝自在布衣，晓达吏事。君临亿兆，专务刀笔，未尝枉法申恩守宰以之肃震。”一家哭何如一路哭，当时之人民，必有实受其益者矣。《传》又云：“永明之世，十许年中，百姓无鸡鸣犬吠之警。都邑之盛，士女富逸。歌声舞节，袨服华妆，桃花绿水之间，秋月春风之下，盖以百数。及建武之兴，虏难猋急，征役连岁，不遑启居，军国糜耗，从此衰矣。”此则时会为之，不能归咎于人事也。惟帝之迷信，亦与宋明帝同。史言其每出行幸，先占利害。南出则唱云西行，东游则唱云北幸。简于出入，竟不南郊。初有疾，无辍听览，秘而不传。及寝疾甚久，敕台省府署文簿求白鱼以为治，外始知之。自衣绛衣，服饰皆赤，以为厌胜。巫觋云：后湖水头径过宫内，致帝有疾。后湖，玄武湖。帝乃自至大官行水沟。左右启：大官无此水则不立。帝决意塞之，欲南引淮流，会崩，事寝。此则亦由顾虑祸福大甚，有以致之也。

齐世政事，亦皆在佞幸手中。《幸臣传》云："中书之职，旧掌机务。汉元以令、仆用事，魏明以监令专权。及在中朝，犹为重寄。晋令舍人，位居九品。江左置通事郎，管司制诰。其后郎还为侍郎，而舍人亦称通事。宋文世，秋当、周纠，并出寒门。孝武以来，士庶杂选。及明帝世，胡母颢、阮佃夫之徒，专为佞幸矣。齐初亦用久劳，及以亲信关谳表启，发署诏敕。颇涉辞翰者，亦为诏文。侍郎之局，复见侵矣。建武世，诏命殆不关中书，专出舍人。省内舍人四人，所置四省。其下有主书令史，旧用武官，宋改文吏，人数无员，莫非左右要密。天下文簿、板籍，入副其省。万机严秘，有如尚书。外司领武官，有制局监，领器仗、兵役，亦用寒人被恩幸者。"其"尚书八坐、五曹，各有恒任。系以九卿、六府，事存副职。咸皆冠冕缙绅，任疏人贵。伏奏之务既寝，趋走之劳亦息"矣。《幸臣传》所列者，为纪僧真、刘系宗、茹法亮、吕文显、吕文度五人。僧真、系宗，并高帝旧人，与于禅代之事。法亮，武帝江州典签。文显亦逮事高帝。文度则武帝镇盆城时知军队杂役者也。僧真、系宗，高帝世已为中书舍人，法亮、文显，则武帝时为舍人，其任遇并历明帝世无替。文度则武帝时为制局监云。《幸臣传》言：吕文显与茹法亮等，迭出入为舍人，并见亲幸。四方饷遗，岁各数百万。并造大宅，聚山开池。《南史·法亮传》云：广开宅宇。杉斋光丽，与延昌殿相埒。延昌殿、武帝中斋也。宅后为鱼池、钓台、土山、楼馆。长廊将一里。竹林、花、药之美，公家苑囿，所不能及。郁林即

金莲布地
选自《帝鉴图说》法文外销画绘本
（明）佚名 收藏于法国国家图书馆

《齐史》记载，南朝齐主萧宝卷荒淫奢侈，凡后宫使用的御物，他必选些极品珍贵的。因宠爱潘玉儿，他还命人制造黄金莲花贴在地上，让其光脚行走。萧宝卷看后很开心，说道：『此步步生莲花也。』宫中开销巨大，百姓不堪重负，又无可奈何，只能在路边哭泣。

位，除步兵校尉。时有綦毋珍之，居舍人之任。凡所论荐，事无不允。内外要职及郡丞、尉，皆论价而后施行。货贿交至，旬月之间，累至千金。帝给珍之宅，宅边又有空宅，从取、并取，辄令材官营作，不关诏旨。《赞》又言其“贿赂日积，苞苴岁通，富拟公侯，威行州郡”。《南史·吕文显传》云：时中书舍人四人，各住一省，世谓之四户。既总重权，势倾天下。四方守宰饷遗，一年咸数百万。舍人茹法亮，于众中语人曰：“何须觅外禄？此一户内，年办百万。”盖约言之也。其后玄象失度，史官奏宜修祈禳之礼。王俭闻之，谓上曰：“天文乖忤，此祸由四户。”仍奏文显等专擅愆和，极言其事。上虽纳之，而不能改也。案，《齐书·倖幸传》云：永明中，敕亲近不得辄有申荐，人士免官，寒人鞭一百。上性尊严。吕文显尝在殿侧欬声高，上使茹法亮训诘之，以为不敬。故左右畏威承意，非所隶，莫敢有言也。虎贲中郎将潘敞，掌监功作，上使造禅灵寺，新成，车驾临视，甚悦。敞喜，要吕文显私登寺南门楼。上知之，系敞尚方，而出文显为南谯郡守，久之乃复。不能总揽事权，徒恃是等小数，诚无益耳。“制局小司，专典兵力。领护所摄，示总成规。若征兵动众，大兴民役，行留之仪，请托在手。断割牢廪，卖弄文符。害政伤民，于此为蠹”云。案，江左士大夫，大抵优哉游哉，不亲细务，欲求政事之修举，诚不能不任寒人；而此曹综核之才，亦容有过人者。明帝言：“学士不堪治国，惟大读书耳，一刘系宗足持如此辈五百人。”其言自非无因。然此辈徒能厘务，不识远猷；持守文法或有余，开拓心胸则不足，欲与之大有为则难矣。齐初所尊者褚渊，所任者王俭，皆赞成禅让，以取富贵之徒，不徒不逮刘穆之，尚远在宋文帝所任诸臣之下也。此其为治之规模，所以尚不若宋氏欤？

第三节　梁武政治废弛

孟子曰："国家闲暇，及是时，明其政刑，虽大国，必畏之矣；及是时，般乐怠敖，是自求祸也。"斯言也，观于梁世而益信。南北朝时，南北兵争，论者皆谓北强南弱，其实不然。当时兵事，南方惟宋元嘉二十七年（450年）一役，受创最巨，然魏亦无所得。此后宋明帝之失淮北，齐东昏之失寿春，皆内乱为之，非魏之力征经营也。梁武得国，魏政日衰，继以内乱。自此至东西分裂，凡三十三年；至高欢死，侯景叛魏，则四十六年。此数十年，实为南方极好之机会。生聚教训，整军经武；恢复国土，攘除奸凶；在此时矣。乃不徒不能发愤为雄，并政刑亦甚废弛，致有可乘之机会而不能乘，而反以招祸，此则可为痛哭流涕者也。

梁武帝之为人也，性甚恭俭，亦能勤政恤民，《梁书·本纪》云：帝"勤于政务，孜孜无怠。每至冬月，四更竟，即敕把烛看事。执笔触寒，手为皴裂。日止一食。膳无鲜腴，惟豆羹、粝食而已。身衣布衣。木绵皂帐。一冠三载，一被二年。后宫衣不曳地，旁无锦绮。不饮酒。不听音声。非宗庙祭祀、大会、飨宴及诸法事，未尝作乐。历观古昔，人君恭俭庄敬，艺能博学，罕或有焉。"此非虚语。下引《循吏传序》，可以参观。又其敕责贺琛自述之辞，虽或过实，亦必不能全虚也。然实非政事之才，故绝不能整饬纲纪。其时散骑常侍贺琛，尝启陈事条，读之最可见当时政俗之弊，今节录其辞如下：其一事曰：“户口减落，诚当今之急务。虽是处凋流，而阙外弥甚。郡不堪州之控总，县不堪郡之裒削，更相呼扰，莫得治其政术，惟以应赴征敛为事。百姓不能堪命，各事流移。或依于大姓，或聚于屯封。盖不获已而窜亡，非乐之也。国家于关外，赋税盖微？乃致年常租课，动致逋积，而民失安居，宁非牧守之过？东境户口空虚，皆由使命繁数。大邦大县，舟舸衔命者，非惟十数。穷幽之乡，极远之邑，亦皆必至。每有一使，属所搔扰。驽困邑宰，则拱手听其渔猎；桀黠长吏，又因之而为贪残。纵有廉

《梁武帝半身像》
佚名　收藏于中国台北「故宫博物院」
梁武帝（464—549年），名萧衍，字叔达，南兰陵郡武进县东城里（今江苏丹阳访仙）人。梁武帝最初是南齐官员，后来逼迫齐和帝「禅位」，建立南梁。梁武帝颇有政治谋略，是南朝皇帝中最有作为的。不过晚年痴迷佛法，逐渐荒于政事，「侯景之乱」时死于台城。

平，郡犹掣肘。故邑宰怀印，类无考绩。细民弃业，流冗者多。虽年降复业之诏，屡下蠲赋之恩，而终不得反其居也。”案，流移之弊，当时实为极甚。天监十七年（518年），正月朔，诏曰：“夫乐所自生，含识之常性；厚下安宅，驭世之通规。朕矜此庶氓，无忘待旦。亟弘生聚之略，每布宽恤之恩。而编户未滋，迁徙尚有。轻去故乡，岂其本志？资业殆阙，自返莫由。巢南之心，亦何能弥。今开元发岁，品物惟新，思俾黔黎，各安旧所。将使郡无旷土，邑靡游民；鸡犬相闻，桑柘交畛。凡天下之民，有流移他境，在天监十七年正月一日以前，可开恩半岁，悉听还本，蠲课三年。其流寓过远者，量加程日。若有不乐还者，即使著土籍为民，准旧课输。若流移之后，本乡无复居宅者，村司、三老及余亲属，即为诣县告请村内官地、官宅，令相容受，使恋本者还有所托。凡坐为市、埭诸职，割盗、衰灭，应被封籍者，其田宅、车牛，是民生之具，不得悉以没入，皆优量分留，使得自止。其商贾富室，亦不得顿相兼并。遁叛之身，罪无轻重，并许首出，还复民伍。若有拘限，自还本役。并为条格，咸使知闻。”其后大通元年（527年），大同元年（535年）、十年，中大同元年（546年），太清元年（547年），皆有逋叛流移，听复宅业，蠲课役五年之诏。而大同七年诏曰：“凡是田桑、废宅没入者，公创之外，悉以分给贫民，皆使量其所能，以受田分。如闻顷者，豪家富室，多占取公田，贵价僦税，以与贫民。伤时害政，为蠹已甚。自今公田悉不能假与豪家。”又诏：“州牧多非良才，守宰虎而傅翼。至于民间，诛求万端。或供厨帐，或供厩库，或遣使命，或待宾客，皆无自费，取给于民。又复多遣游军，称为遏防。奸盗不止，暴掠繁多。或求供设，或责脚步，又行劫纵，更相枉逼。良人命尽，富室财殚。此为怨酷，非止一事。亦频禁断，犹自未已。外司明加听采，随事举奏。又复公私传屯、邸冶，爰至僧尼，当其地界，止应依限守视。乃至广加封固，越界分断，水陆采捕，及以樵苏。遂至细民，措手无所。凡自今，有越界禁断者，禁断之身，皆以军法从事。若是公家创内，止不得辄自立屯，与公竞作，以收私利。至百姓樵采，以供烟爨者，悉不得禁；及以采捕，亦勿诃问。若不遵承，皆以死罪结正。”先是天监七年（508年），已有“薮泽山林，毓材是出，斧斤之用，比屋所资，而顷世相承，普加封固，岂所谓与民同利，惠兹黔首？凡公家诸屯戍见封熂者，可悉开常禁”之诏。及大同十二年（546年），又诏：“四方所立屯传、邸冶、市埭、桁渡、津税、田园，新旧守宰，游军戍逻，有不便于民者，尚书州郡，各速条上，当随言除省，以舒民患。”其求民瘼，未尝不勤。然《南史·郭祖深传》载祖深舆榇诣阙上封事，言：“朝廷擢用勋旧，为三陲州郡。不顾御人之道，惟以贪残为务。迫胁良善，害甚豺狼。江、湘之人，尤受其弊。自三关以外，是处遭毒。而此勋人，投化之始，但有一身。及被任用，皆募部曲。而扬、徐之人，逼以众役，多投其募。利其货财，皆虚名上簿。止送出三津，名在远役，身归乡里。又惧本属检问，于是逃亡他境。侨户之兴，良由此故。”则所以致民流移者，实即当时之官吏也。空言无施，虽切何补？况又有害之者乎？三关、三津，皆未详。其二事曰：“今天下宰守，所以皆尚贪残，罕有廉白者，良由风俗侈靡，使之然也。淫奢之弊，其事多端。粗举二条，言其尤者。今之燕喜，相竞夸豪。积果如山岳，列肴同绮绣。露台之产，不周一燕之资。而宾主之间，裁取满腹，未及下堂，已同见腐。又歌姬舞女，本有品制。今虽庶贱，皆盛姬、姜。务在贪污，争饰罗绮。故为吏牧民者，竞为剥削。虽致赀巨亿，罢归之日，不支数年，便已消散。乃更追恨向所取之少，今所费之多。如复傅翼，增其搏噬。一何悖哉？其余淫侈，著之凡百。习以成俗，日见滋甚。欲使人守廉隅，吏尚清白，安可得邪？”其三事曰：“斗筲之人，藻棁之子，既得伏奏

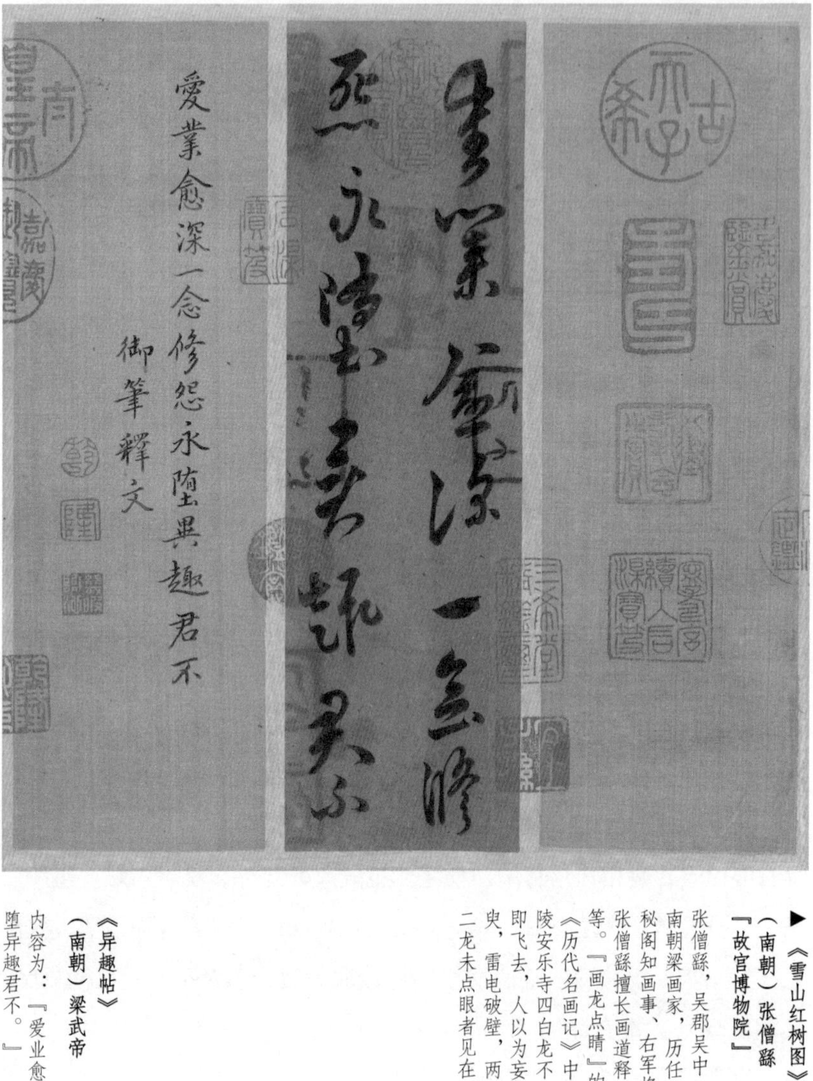

▶《雪山红树图》轴
（南朝）张僧繇 收藏于中国台北『故宫博物院』

张僧繇，吴郡吴中（今江苏苏州）人，南朝梁画家，历任武陵王国侍郎、直秘阁知画事、右军将军、吴兴太守等。张僧繇擅长画道释人物、山水、花鸟等。『画龙点睛』的典故便与他有关。《历代名画记》中记载：『……又金陵安乐寺四白龙不点眼睛，每云点睛即飞去，人以为妄诞，固请点之。须臾，雷电破壁，两龙乘云腾去上天，二龙未点眼者见在。』

《异趣帖》
（南朝）梁武帝
内容为：『爱业愈深。一念修怨。永堕异趣君不。』

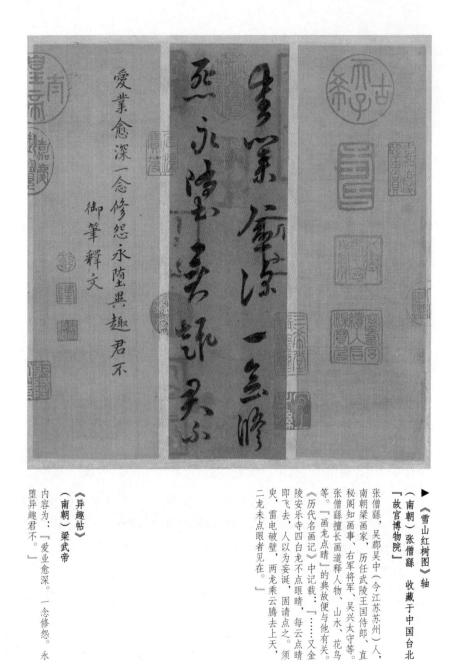

青女遣素英少昊鼓粉白依
然五大夫須鬢轉寒碧丹楓
未落盡隱風鳴琴琴墜黏文
石凹似點壽陽額斷橋驢
背人彷彿孤山客
乾隆庚申御題

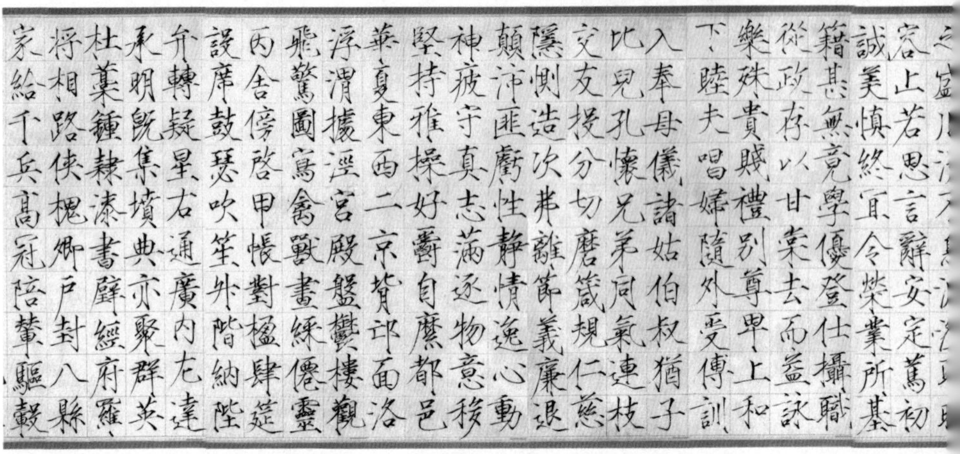
容止若思言辭安定篤初
誠美慎終宜令榮業所基
籍甚無竟學優登仕攝職
從政存以甘棠去而益詠
樂殊貴賤禮別尊卑上和
下睦夫唱婦隨外受傅訓
入奉母儀諸姑伯叔猶子
比兒孔懷兄弟同氣連枝
交友投分切磨箴規仁慈
隱惻造次弗離節義廉退
顛沛匪虧性靜情逸心動
神疲守真志滿逐物意移
堅持雅操好爵自縻都邑
華夏東西二京背邙面洛
浮渭據涇宮殿盤鬱樓觀
飛驚圖寫禽獸畫綵仙靈
丙舍傍啟甲帳對楹肆筵
設席鼓瑟吹笙升階納陛
弁轉疑星右通廣內左達
承明既集墳典亦聚群英
杜稾鍾隸漆書壁經府羅
將相路俠槐卿戶封八縣
家給千兵高冠陪輦驅轂

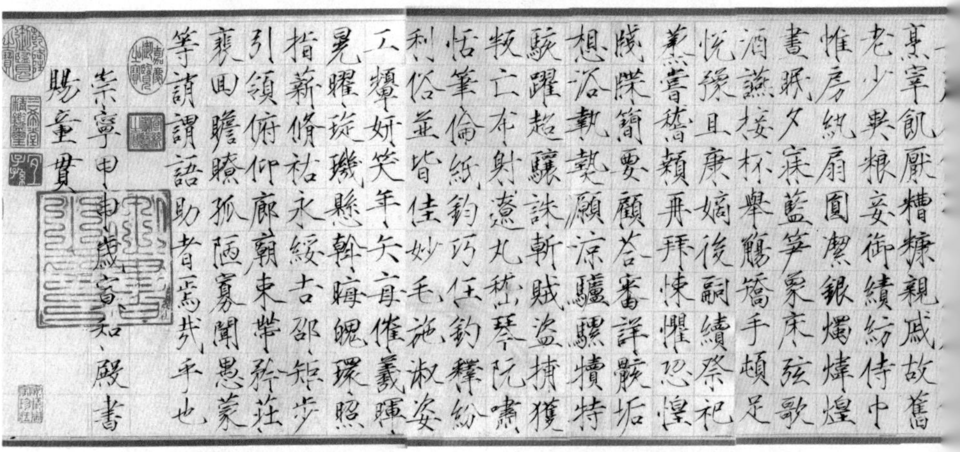
烹宰飢厭糟糠親戚故舊
老少異糧妾御績紡侍巾
帷房紈扇圓潔銀燭煒煌
晝眠夕寐藍筍象床弦歌
酒讌接杯舉觴矯手頓足
悅豫且康嫡後嗣續祭祀
蒸嘗稽顙再拜悚懼恐惶
箋牒簡要顧答審詳骸垢
想浴執熱願涼驢騾犢特
駭躍超驤誅斬賊盜捕獲
叛亡布射遼丸嵇琴阮嘯
恬筆倫紙鈞巧任鈞釋紛
利俗並皆佳妙毛施淑姿
工顰妍笑年矢每催羲暉
朗曜璇璣懸斡晦魄環照
指薪修祜永綏吉劭矩步
引領俯仰廊廟束帶矜莊
徘徊瞻眺孤陋寡聞愚蒙
等誚謂語助者焉哉乎也
崇寧甲申歲宣和殿書
賜童貫

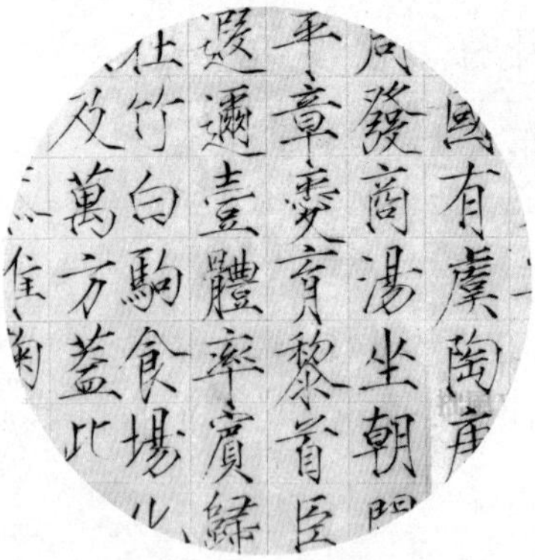

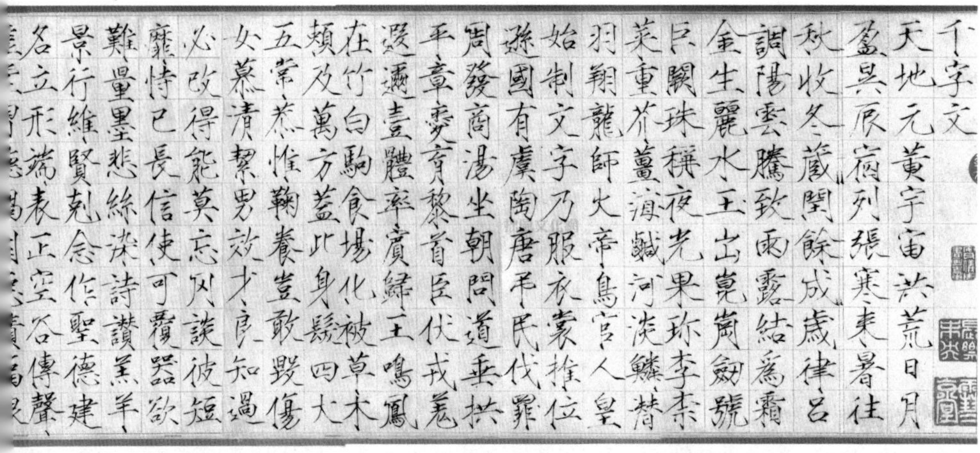

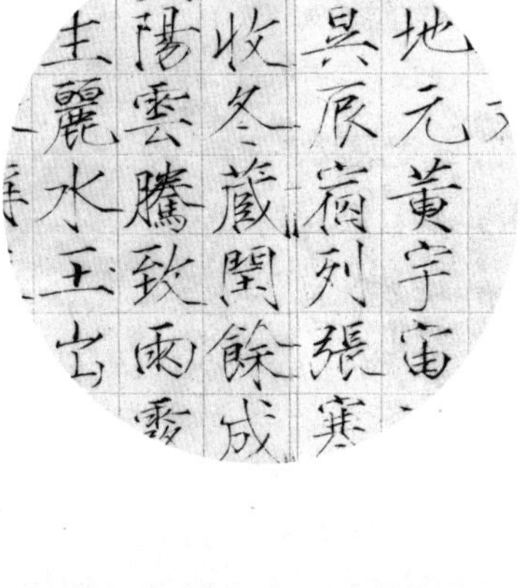

瘦金书《千字文》

（北宋）宋徽宗赵佶　收藏于上海博物馆

《千字文》原名《次韵王羲之书千字》。据《尚书故实》记载，梁武帝命大臣殷铁石临摹王羲之的碣碑字迹，并拓出一千个不重复的字，以教王室子弟学习。殷铁石拓出后，梁武帝觉得它们不好记诵，便又命周兴嗣将这一千个字编成句子，『卿有才思，为我韵之』。周兴嗣才思敏捷，只用一夜便将其编成了一篇由四字短句构成的文章，流传于世。

帷扆，便欲诡竞求进。不说国之大体。不知当一官，处一职，贵使理其紊乱，匡其不及；心在明恕，事乃平章。但务吹毛求疵，擘肌分理。运挈瓶之智，徼分外之求。以深刻为能，以绳逐为务。迹虽似于奉公，事更成其威福。犯罪者多，巧避滋甚。旷官废职，长弊增奸，实由于此。”其四事曰：“自征伐北境，帑藏空虚。今天下无事，而犹日不暇给者，良有以也。夫国弊则省其事而息其费。事省则养民，费息则财聚。止五年无事，必能使国丰民阜；若积以岁月，斯乃范蠡灭吴之行，管仲霸齐之由。今应内省职掌，各检所部。凡京师治署、邸肆应所为，或十条宜损其五，或三条宜除其一。及国容戎备，在昔宜多，在今宜少；虽于后应多，即事未须；皆悉减省。应四方屯传、邸治，或旧有，或无益，或妨民，有所宜除除之，有所宜减减之。凡厥兴造，凡厥费财，有非急者，有役民者；又凡厥讨召，凡厥征求，虽关国计；权其事宜，皆息费休民。不息费则无以聚财，不休民则无以聚力。故蓄其财者，所以大用之也；息其民者，所以大役之也。若言小事不足害财，则终年不息矣；以小役不足妨民，则终年不止矣。扰其民而欲求生聚殷阜，不可得矣。耗其财而务赋敛繁兴，则奸诈盗窃弥生。是弊不息，而其民不可使也，则难可以语富强而图远大矣。自普通已来，二十余年，刑役荐起，民力凋流。今魏氏和亲，疆埸无警，若不及于此时，大息四民，使之生聚；减省国费，令府库蓄积；一旦异境有虞，关、河可扫，则国弊民疲，安能振其远略？事至方图，知不及矣。”观其言，当时政俗之弊，略可见矣。《梁书·良吏传》曰：“齐末昏乱，政移群小。赋调云起，徭役无度。守宰多倚附权门，互长贪虐，掊克聚敛，侵愁细民。天下摇动，无所措其手足。高祖在田，知民疾苦。及梁台建，仍下宽大之书，昏时杂调，咸悉除省。于是四海之内，始得息肩。逮践皇极，躬览庶事。日昃听政，求民之瘼。乃命辎轩，以省方俗。《本纪》：帝即位之后，即分遣内侍，周省四方。天监三年（504年），六月，又诏可分将命，巡行州部。其有深冤巨害，抑郁无归，听诣使者，依源自列。置肺石以达穷民。《本纪》：天监元年（502年），诏可于公车府谤木、肺石旁，各置一函。若肉食莫言，山阿欲有横议，投谤木函。若从我江、汉，功在可策；次身才高妙，摈压莫通；大政侵小，豪门陵贱；若欲自申，并可投肺石函。六年，诏四方士民，若有欲陈言刑政，可各诠条，布怀于刺史、二千石。有可申采，大小以闻。大同二年（536年），诏画可外牒，或致纰缪。凡政事不便于民者，州、郡、县即时皆言，勿得欺隐。如使怨讼，当境任失。而今而后，以为永准。务加隐恤，舒其急病。元年，始去人赀，计丁为布。身服浣濯之衣。御府无文饰。宫掖不过绫采，无珠玑锦绣。大官撤牢馔，每日膳菜蔬。饮酒不过三盏。以俭先海内。每选长吏，务简廉平。皆召见御前，亲勖治道。"又著令："小县有能，迁为大县；大县有能，迁为二千石。"剖符为吏者，往往承风焉。帝之志在恤民，盖无疑义。然徒法不能自行。当时后军参军郭祖深，又尝诣阙上封事，言："愚辈各竞奢侈，贪秽遂生，颇由陛下，宠勋太过，驭下太宽，故廉洁者自进无途，贪苛者取人多径。直弦者沦溺沟壑，曲钩者升进重沓。饰口利辞，竞相推荐；讷直守信，坐见埋没。劳深勋厚，禄赏未均；无功侧入，反加宠擢。昔宋人卖酒，犬恶致酸，陛下之犬，其甚矣哉！"则帝于督责之术，实有所未尽也。《魏书·岛夷传》曰："衍所部刺史、郡守，初至官者，皆责其上礼。献物多者，便云称职；所贡微少，言为弱惰。故其牧守在官，皆竞事聚敛，劫剥细民，以自封殖。多妓妾、粱肉、金绮。百姓怨苦，咸不聊生。又发召兵士，皆须锁械，不尔便即逃散。其王侯贵人，奢淫无度。弟兄子侄，侍妾或及千数，至乃回相赠遗。其风俗颓丧，纲维不举若此。"虽敌国诽谤之辞，亦不能谓其全属子虚也。帝所任者，周舍、徐勉。舍豫机要二十余年，性极俭

舍身佛寺

选自《帝鉴图说》法文外销画绘本 （明）佚名 收藏于法国国家图书馆

梁武帝萧衍晚年笃信佛教，不仅著书数百卷，还四次出家到同泰寺讲经，不过每次都被群臣花费巨资赎回，他还主张全面素食，后被大臣劝阻。

素，身后更蒙褒奖。勉当王师北伐时，候驿填委，参掌军书，劬劳夙夜，动经数旬，乃一还宅；而亦不营产业，家无蓄积。可谓股肱心膂之臣。然终不能有裨于时者，盖其所为，亦不免贺琛所谓以深刻为能，绳逐为务，即能尽其用，已不克大有所为，况帝又宽纵于上乎？周舍卒后，朱异代掌机密，《南史·朱异传》云：自徐勉、周舍卒后，外朝则何敬容，内省则异。敬容质悫无文，以纲维为己任。异文华敏洽，曲营世誉。二人行异，而俱见幸。《敬容传》云：自晋、宋以来，宰相皆文义自逸，敬容独勤庶务。简文频于玄圃，自讲老、庄，学士吴孜，每日入听，敬容谓孜曰："昔晋氏丧乱，颇由祖尚虚玄，胡贼遂覆中夏，今东宫复袭此，殆非人事，其将为戎乎？"免职出宅，无余财货。其为人，亦可谓庸中佼佼者，然亦不过能应簿书期会而已。周舍卒于普通五年（524 年），徐勉卒于大同元年（535 年）。居权要二十余年，徒以善窥人主意旨，曲能阿谀闻，而又贪冒财贿，《南史》本传言其产与羊侃相埒。《恩幸传》云：陆验、徐驎，并吴人。验，朱异故尝有德，言于武帝拔之，与驎递为少府丞、大市令，并以苛刻为务，百贾畏之。异尤与之昵。世人谓之三蠹。观下引鱼弘之事，可谓文臣武将，取之各有其道矣。遂酿大清之祸。盖帝至晚岁，实已耄荒，而又不免于自满，国内、国外，情形如何，实非所深悉也。贺琛书奏，帝大怒，召主书于前，口授敕责琛。其辞多自辩白，实则饰非拒谏而已。訑訑之声音颜色，拒人于千里之外，尚安能自闻其过哉？郭祖深言：当时"执事，皆同而不和，答问唯唯而已。入对则言圣旨神衷，出论则云谁敢逆耳"。好谀恶直者，固势必至此也。《魏书·岛夷传》曰："衍好人佞己，末年尤甚。或有云国家强盛者，即便忿怒；有云朝廷衰弱者，因致喜悦。朝臣左右，承其风旨，莫敢正言。"此其所以招侯景之祸也。

当时将帅，亦极骄横。羊侃可谓乃心华夏者，侃归国，侯景作乱，台城被围时，守御惟侃是杖，亦可谓有将帅之才。然史言其豪侈，乃殊出意计之外。《南史·侃传》云：性豪侈。善音律。姬妾列侍，穷极奢靡。初赴衡州，于两艖䑢起三间通梁水斋，饰以珠玉，加之锦绣。盛设帷屏，列女乐。乘潮解缆，临波置酒。缘塘傍水，观者填咽。大同中，魏使阳斐与侃在北尝同学，有诏命侃延斐。同宴宾客，三百余人，食器皆金玉杂宝。奏三部女乐。至夕，侍婢百余人，俱执金花烛。侃不饮酒，而好宾游，终日献酬，同其醉醒。以贺琛之言衡之，其所费为何如邪？衡州，梁置，治含洭，在今广东英德县西。夫侃，晚而归国；其归国也，乃在败逋之后；势不能多有所携，而其富厚如此，何所取之，实不能令人无惑。观于鱼弘之贪暴，《南史·弘传》：尝谓人曰："我为郡有四尽：水中鱼鳖尽，山中獐鹿尽，田中米谷尽，村里人庶尽。"而知当时武将之剥民，或更甚于文吏矣。此等人，尚安能驱之使立功业哉？

帝于诸王，宽纵尤甚，遂为异日之祸根。帝八子：长昭明太子统，以天监元年（502年）立，中大通三年（531年）卒。有五子：曰华容公欢，曰枝江公誉，曰曲江公詧，曰䜭，曰鉴。次子豫章王综，实齐东昏侯子也，其事别见下节。三子晋安王纲，昭明太子母弟也。昭明太子之薨，帝犹豫，自四月上旬至五月二十一日，乃决立纲为太子。而封欢为豫章郡王，誉为河东郡王，詧为岳阳郡王，䜭为武昌郡王，鉴为义阳郡王，以慰其心。昭明太子母曰丁贵嫔，以普通七年（526年）卒。《南史·太子传》曰：太子遣人求得善墓地。将斩草。有卖地者，因阉人俞三副求市。若得三百万，许以百万与之。三副密启帝，言太子所得地，不如今所得地于帝吉。帝末年多忌，便命市之。葬毕，有道士善图墓，云"地不利长子，若厌伏，或可申延"。乃为蜡鹅及诸物，埋墓侧长子位。宫监鲍邈之、魏雅，初并为太子所爱，邈之晚见疏于雅，密启帝云：雅为太子厌祷。帝密遣检掘，果得鹅等物，大惊，将穷其事。

徐勉固谏，得止。于是惟诛道士。由是太子迄终，以此惭慨，故其嗣不立。后邵陵王临丹阳郡，因邈之与乡人争婢，议以为诱略之罪，牒宫。简文追感太子冤，挥泪诛之。案，此事为《梁书》所无。不足以消弭争端，而复授以争夺之资，同室操戈之机，伏于此矣。第四子曰南康简王绩，第五子曰庐江威王续，并先帝卒。绩卒于大通三年（531年），续卒于中大同二年（547年）。第六子曰邵陵携王纶。第七子曰湘东王绎，即元帝也。第八子曰武陵王纪。史惟于绩无贬辞。于续即言其贪财，而纶悖戾尤甚。《南史·纶传》：普通五年（524年），摄南徐州事。在州轻险躁虐，喜怒不恒。车服僭拟，肆行非法。遨游市里，杂于厮隶。尝问卖鳝者曰："刺史何如？"对者言其躁虐。纶怒，令吞鳝以死。自是百姓惶骇，道路以目。尝逢丧车，夺孝子服而着之，匍匐号叫。签帅惧罪，密以闻。帝始严责。纶不能改，于是遣代。纶悖慢愈甚。乃取一老公短瘦类帝者，加以衮冕，置之高坐，朝以为君。自陈无罪。使就坐，剥褫，棰之于庭。忽作新棺木，贮司马崔会意，以辒车挽歌，为送葬之法，使妪乘车悲号。会意不堪，轻骑还都以闻。帝恐其奔逸，以禁兵取之。将于狱赐尽。昭明太子流涕固谏，得免。免官，削爵土，还第。大通元年（527年），复封爵。中大通四年（532年），为扬州刺史。纶素骄纵，欲盛器服，遣人就市赊买锦采丝布数百匹，拟与左右职局防阁为绛衫，内人帐幔。百姓并关闭邸店不出。台续使少府市采，经时不能得。敕责，府丞何智通具以闻。因被责还第。恒遣心腹马容、戴子高、戴瓜、李撤、赵智英等于路寻何智通。于白马巷逢之，以矟刺之，刃出于背。智通以血书壁作邵陵字乃绝。帝悬钱百万购贼。西州游军将宋鹊子条姓名以启。敕遣舍人诸昙粲领斋仗五百人围纶第。于内人槛中禽瓜、撤、智英。子高骁勇，逾墙突围，遂免。纶锁在第。昙粲并主帅领仗身守视，免为庶人。经三旬，乃脱锁。顷之，复封爵。后

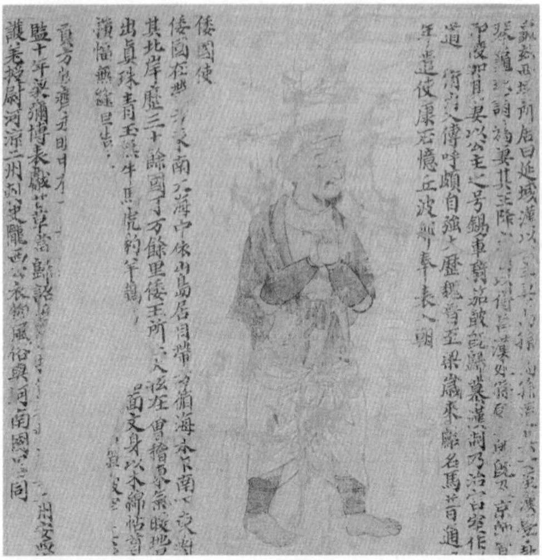
倭國使

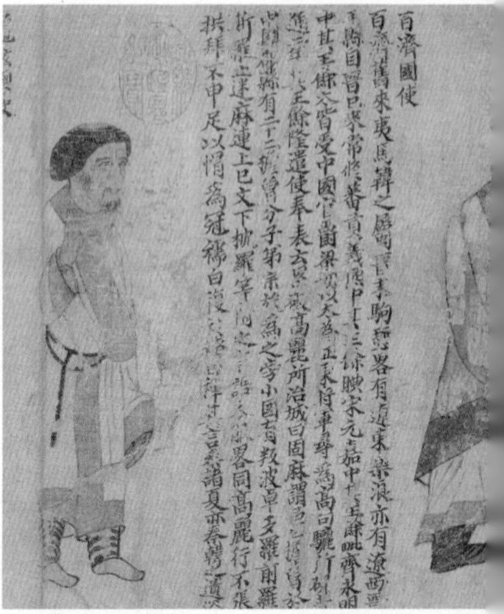
百濟國使

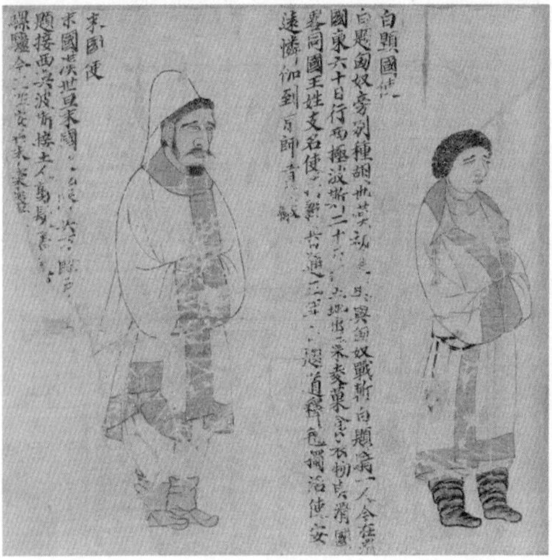
白題國使
末國使

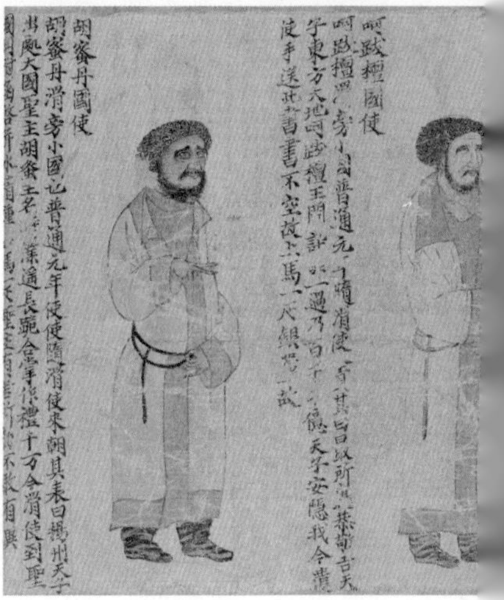
呵跋檀國使
胡蜜丹國使

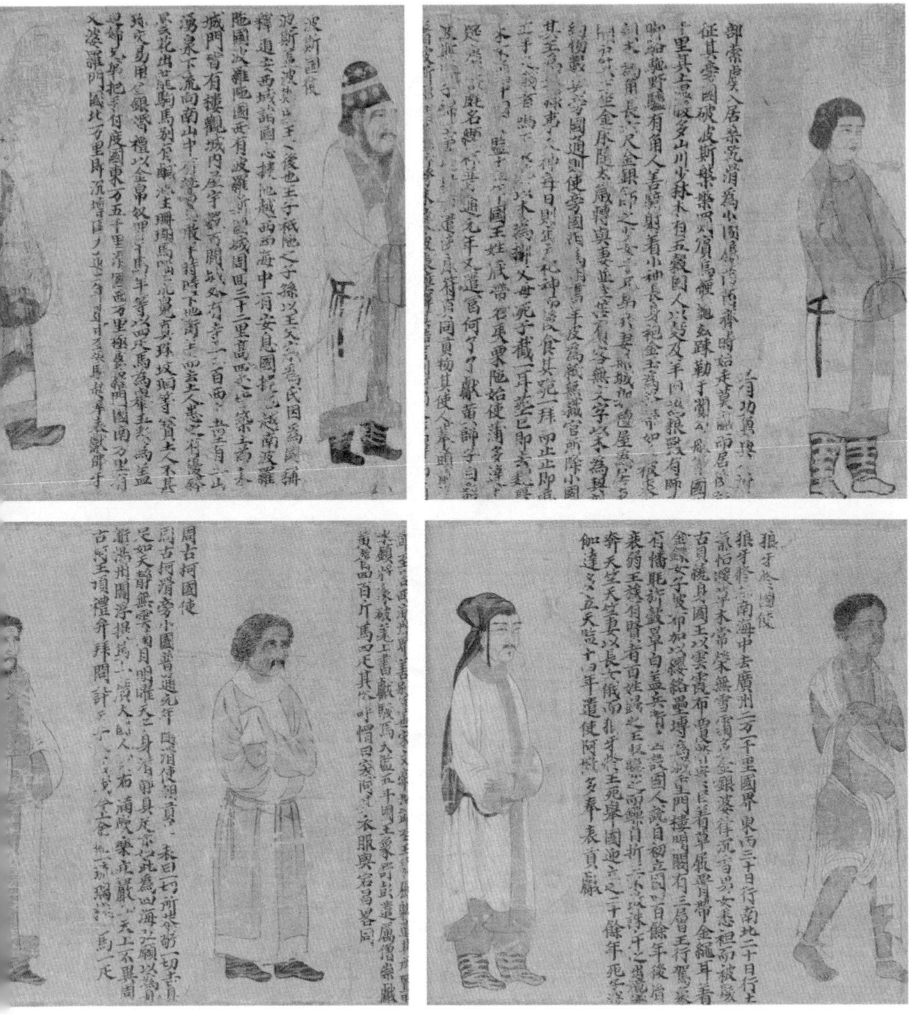

《职贡图》
（南朝梁）梁元帝萧绎
收藏于国家博物馆

梁元帝萧绎是颇有作为的皇帝，也擅长绘画。《历代名画记》记载：『梁元帝常画圣僧，武帝亲为作赞。任荆州刺史时，画《蕃客入朝图》，帝极称善。又画《职贡图》，并序外国贡献之事。』《职贡图》原有35国使，现存12国使，分别为滑国、波斯、百济、龟兹、倭国、狼牙修、邓至、周古柯、呵跋檀、胡密丹、白题、末国的使者，展现了南朝梁的外交情况。

预饯衡州刺史元庆和，于坐赋诗十二韵。末云：“方同广川国，寂寞久无声。”大为武帝所赏，曰：“汝人才如此，何虑无声？”旬日间，拜郢州刺史。初昭明之薨，简文入居监抚，纶不谓德举，而云时无豫章，故以次立。及庐陵之没，纶觖望滋甚。于是伏兵于莽，用伺车驾。而台舍人张僧胤知之，其谋颇泄。又纶献曲阿酒百器，上以赐寺人，饮之而毙。上乃不自安，颇加卫士，以警宫内。而纶亦不惧。帝竟不能有所废黜。案，《南史》言诸王之恶，多为旧史所无；其中邵陵王纶当侯景难作后，差能尽忠君父，而史乃言其再谋弑逆；故颇有疑其不实者。然其辞必不能尽诬。而帝之宽纵，又不但己子，于昆弟，于昆弟之子，无不如是者。史所载者：如临川静惠王宏，《南史·本传》云：宏自洛口之败，常怀愧忆。都下每有窃发，辄以宏为名。屡为有司所奏。帝每贳之。十七年，帝将幸光宅寺，有士伏于骠骑航，待帝夜出。帝将行，心动，乃于朱雀航过。事发，称为宏所使。帝泣谓宏曰：“我人才胜汝百倍，当此犹恐颠坠，汝何为者？我非不能为周公、汉文，念汝愚故。”宏顿首曰：“无是无是。”于是以罪免。而纵恣不悛，奢侈过度，修第拟于帝宫。后庭数百千人，皆极天下之选。所幸江无畏，服玩拟于齐东昏潘妃，宝屧直千万。好食鲭鱼头，常日进三百。其他珍膳，盈溢后房，食之不尽，弃诸道路。宏未几复为司徒。普通元年，迁太尉、扬州刺史，侍中如故。七年，薨。宏恣意聚敛。库室垂有百间，在内堂之后，关籥甚严。有疑是铠仗者，密以闻。宏爱妾江氏，寝膳不能暂离。上他日送盛馔与江，曰：“当来就汝欢宴。”惟携布衣之旧射声校尉邱佗卿往，与宏及江大饮。半醉后，谓曰：“我今欲履行汝后房。”便呼后阁舆，径往屋所。宏恐上见其贿货，颜色怖惧。上意弥言是仗。屋屋检视。宏性爱钱，百万一聚，黄榜标之；千万一库，悬一紫标。如此三十余间。帝与佗卿屈指计，见钱三亿余万。余屋贮布、绢、丝、绵、漆、蜜、纻、蜡、朱砂、黄屑、杂货，但见满库，不知多少。帝始知非仗，大悦，曰："阿六，汝生活大可。"方更剧饮，至夜，举烛而还。宏都下有数十邸，出悬钱立券。每以田宅、邸店，悬上文券，期讫便驱券主，夺其宅。都下、东土百姓，失业非一。帝后知，制悬券不得复驱夺，自此后，贫庶不复失居业。宏又与帝女永兴主私通。因是遂谋弑逆。许事捷以为皇后。帝尝为三百斋，诸主并豫。永兴乃使二僮，衣以婢服。僮逾阈失屦，阍帅疑之，密言于丁贵嫔。欲上言，惧或不信，乃使宫帅图之。帅令内舆人八人，缠以纯锦，立于幕下。斋坐散，主果请间。帝许之。主升阶，而僮先趋帝后，八人抱而擒之。帝惊，坠于扆。搜僮得刀，辞为宏所使。帝秘之。杀二僮于内，以漆车载主出。主恚死，帝竟不临之。宏性好内乐酒，沉湎声色。侍女千人，皆极绮丽。如南平元襄王伟，《南史·本传》云：齐世青溪宫，改为芳林苑。天监初，赐伟为第。又加穿筑。果木珍奇，穷极凋靡，有侔造化。立游客省，寒暑得宜，冬有笼炉，夏设饮扇，每与宾客游其中。命从事中郎萧子范为之记。梁蕃邸之盛无过焉。如临贺王正德，临川靖惠王子。《南史·本传》云：少而凶慝。招聚亡命，破冢屠牛。兼好弋猎。齐建武中，武帝胤嗣未立，养以为子。及平建康，生昭明太子，正德还本。自谓应居储嫡，心常怏怏。普通三年（522 年），奔魏。魏不礼之。又逃归。武帝泣而诲之，特复本封。正德志行无悛。常公行剥掠。东府有正德及乐山侯正则，潮沟有董当门子暹，南岸有夏侯夔世子洪，为百姓巨蠹。多聚亡命。黄昏杀人于道，谓之打稽。时勋豪子弟多纵恣，以淫盗屠杀为业，父祖不能制，尉逻莫能御。后正则为劫杀沙门徙岭南死。洪为其父奏系东治，死于徙。暹坐与永阳王妃王氏乱诛。三人既除，百姓少安，正德淫虐不革。六年，为轻车将军，随豫章王北伐，辄弃军走，为有司所奏，下狱，免官削爵土，徙临海郡。未至，道追赦之。八年，复封爵。

大通四年，特封临贺郡王。后为丹阳尹，坐所部多劫盗，复为有司所奏，去职。出为南兖州，在任苛刻，人不堪命。广陵沃壤，遂为之荒，至人相食啖。既累试无能，从是黜废，转增愤恨，乃阴养死士，常思国衅。正则，正德弟也。恒于第内私械百姓令养马。又盗铸钱。大通二年（528 年），坐匿劫盗，削爵，徙郁林。与西江督护靳山顾通室。招诱亡命，将袭番禺。未及期而事发，遂鸣鼓会将攻州城。刺史元景仲命长史元孝深讨之。正德败逃于厕。村人缚送之。诏斩于南海。其罪恶无不骇人听闻。有一于此，纲纪已不可问，况其多乎？帝之不诛齐室子孙，颇为史家所称道，事见《南史·齐高帝诸子传》。《廿二史札记》曰："宋之于晋，齐之于宋，每当革易，辄取前代子孙尽殄之。梁武父顺之，在齐时，以缢杀鱼复侯子响事，为孝武所恶，不得志而死，故梁武赞齐明帝除孝武子孙以复私仇，然亦本明帝意，非梁武能主之也。后其兄懿又为明帝子东昏侯所杀，故革易时亦尽诛明帝子以复之，所谓自雪门耻也。至于齐高子孙，犹有存者，则皆保全而录用之。"又云："高、武子孙，已为明帝杀尽，惟豫章王一支尚留。"案，齐明帝十一男：长巴陵隐王宝义，次东昏侯，三江夏王宝玄，五庐陵主宝源，六鄱阳王宝寅，八和帝，九邵陵王宝攸，十晋熙王宝嵩，十一桂阳王宝贞。史云余皆早夭，谓第四、第七二皇子也。东昏侯、和帝外，宝玄为东昏侯所杀。宝攸、宝嵩、宝贞，皆以中兴二年（502 年）见杀。宝玄亦死于是年，史书薨，然恐实非良死也。宝寅奔虏。宝义封巴陵郡王，奉齐后，天监七年（508 年）薨，盖以幼有废疾，故独得全也。宝攸，《南史》本传作宝修，《本纪》亦作宝攸。然其纵恣亲贵，诒害于民如此，以一家哭何如一路哭之义衡之，觉列朝之诛戮功臣、亲贵者，其流毒，反不若是之巨矣。

帝之诒讥后世者，为信佛法。其实信佛法而无害于政事，初未足以召乱，帝之所以召乱者，亦以其纲纪之废弛耳。郭祖深言："都下佛寺，五百余所，穷极侈丽。僧尼十余万，资产丰沃。所在郡县，不可胜言。道人又有白徒，尼则皆畜养女，皆不贯人籍。天下户口，几亡其半。而僧尼多非法。养女皆服罗纨。蠹俗伤法，抑由于此。请精加检括。若无道行，四十已下，皆使还俗附农。罢白徒养女，听畜奴婢。婢惟着青布衣。僧尼皆令蔬食。如此，则法兴俗盛，国富人殷。不然，恐方来处处成寺，家家剃落，尺土一人，非复国有。”僧尼之害治如此，崇信之者，复何以为国哉？帝之学问，在历代帝王中，自当首屈一指。当其在位时，修饰国学，增广生员；立五经馆，置五经博士；又撰吉、凶、军、宾、嘉五礼一千余卷。史称“自江左以来，年逾二百，文物之盛，独美于兹”，《南史·本纪》赞。良亦有由，然粉饰升平之为，终非所以语于郅台之实也。

《西行求法图》
敦煌残本　佚名　收藏于大英博物馆
魏晋南北朝时期，佛教虽然有所发展，但佛经的数量较少，尤其是戒律方面的佛经。东晋安帝隆安三年（399年），六十多岁的法显决意西行。法显，俗姓龚，平阳武阳（今长治襄垣）人。法显在长安与慧景、道整、慧应、慧嵬四人结伴，后又遇智严、慧简、僧绍、宝云、僧景等，共十一位僧人同行，但最后回来的只有法显一人，其他人要么滞留途中，要么殁于道途。此次『取经』，法显带回了多部梵语典籍。回国后定居建康（今南京），与佛驮跋陀罗合译经、律、论共六部二十四卷。义熙十二年（416年）冬，法显应邀写出西行求法的经历，即著名的《佛国记》。法显曾应净土宗始祖慧远的邀请，到庐山讲经。

两晋南北朝佛教及高僧

两晋南北朝时期，随着佛教东渐，信众日多，寺数及僧尼数日增。西晋时，据《洛阳伽兰记·序》记载，“洛阳至晋永嘉唯有寺四十二所”，很快发展到“西晋两京合寺一百二十所”。《辨正论》记载，南朝到梁时，共有寺院2346所，僧尼82700人，比东晋时寺院增加一千余所，僧尼增加三倍多。

鸠摩罗什像

选自《绣像搜神记》插图 （清）佚名

鸠摩罗什，意译『童寿』，南北朝时期著名的佛学家。他七岁时就随母亲出家，每天诵读一千首偈经。401年，被邀进长安，受到国师的礼遇。姚兴请鸠摩罗什入往逍遥园西明阁，组织了大量译经人员和讲经活动。弘始十五年（413年），鸠摩罗什在长安大寺去世。临终前，他对弟子们说：『今于众前，发诚实誓：若所传无谬者，当使焚身之后，舌不焦烂。』果然，他在焚身之后『薪灭形碎，唯舌不灰』。

《达摩像》
（清）陈邦选
菩提达摩，世称达摩，中国禅宗初代祖师，被尊称为『达摩祖师』。

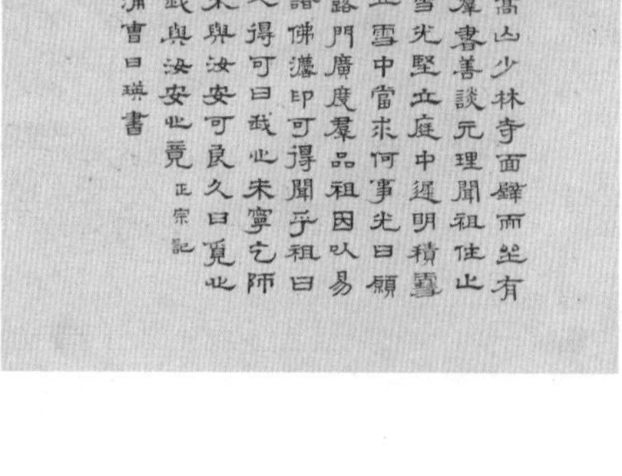

面壁示禅

选自《冷枚白描罗汉图》册　（清）冷枚　收藏于日本国立国会图书馆

达摩到达嵩山少林寺后，于寺中面壁九年，称『壁观婆罗门』。传说达摩就是此时撰写了《易筋经》《洗髓经》，创少林七十二绝技。

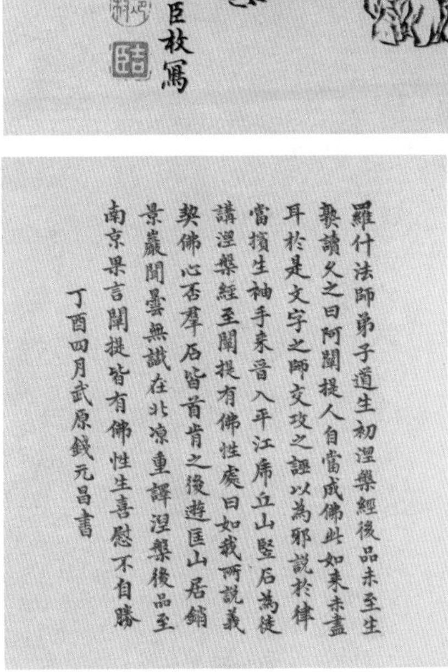
羅什法師弟子道生初涅槃經後品未至生獨讀久之曰阿闡提人自當成佛此如來未盡耳於是文字之師交攻之誣以為邪說於律當擯生袖手來晉入平江虎丘山豎石為徒講涅槃經至闡提有佛性處曰如我所說義契佛心否群石皆首肯之後遊匡山居銷景巖聞曇無讖在北涼重譯涅槃後品至南京果言闡提皆有佛性生喜慰不自勝

丁酉四月武原錢元昌書

顽石点头

选自《冷枚白描罗汉图》册 （清）冷枚 收藏于日本国立国会图书馆

《莲社高贤传》载：『竺道生入虎丘山，聚石为徒，讲《涅槃经》，群石皆点头。』竺道生，本姓魏，巨鹿（今河北邢台）人。竺道生出身官宦世家，幼年就跟从竺法汰出家，遂改姓竺。后来跟从鸠摩罗什译经，是鸠摩罗什的著名弟子之一。据说，竺道生认为『众生皆有佛性』，但这样的说法不为寺庙所容，遂被逐出。竺道生回到南方后，居住在虎丘山的寺庙里，整日为石头讲《涅槃经》，讲完后，还会问石头懂了没，石头们都点头示意。看到的人把这件事传出去后，前去拜他为师的人越来越多。

译经

童子

浴足

溪流

《庐山记》日本刊本　（宋）陈舜俞

《庐山记》记载，东林寺离龙泉精舍十五里，建于太元九年（384年）。慧远在庐山期间，聚徒讲学，并组织译经事业。402年，慧远邀请僧人、名流、居士共123人起誓，建立莲社。参加莲社的名流有陶潜、谢灵运、宗炳、陆修静、周续之、刘程之、张野等。因当时东林寺的池子里种有白莲，故起名白莲社，简称莲社，后来净土宗又称『莲宗』。图为慧远与众多名士讲经场景及庐山环境。

树林

讲经

煮茶

论佛

陶潜上庐山

小桥流水

童子挑担

宗炳昙顺

慧远

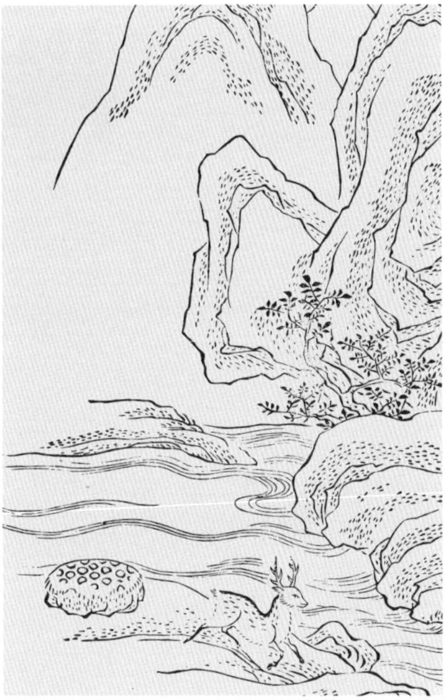
野鹿

谢灵运

枯松

第四节　隋并梁陈

自周灭北齐之后，北方吞并之形势已成，隋文帝篡立之初，内忧未弭，故与陈仍敦邻好。然开皇元年（581 年），陈太建十三年。三月，以贺若弼为楚州总管，镇广陵；此据《隋书·本纪》。《弼传》楚州作吴州。韩擒虎为庐州总管，镇庐江；已稍为用兵之备矣。司马消难之来降也，陈以樊毅督沔、汉诸军事，使任忠趋历阳，宜阳侯慧纪高祖从孙。为前军都督，趋南兖州。诸军并无甚功绩。惟樊毅等据甑山，镇名，消难以之来降，在今湖北汉川县南。周罗睺攻陷胡墅。太建十四年，隋开皇二年。九月，隋以长孙览、元景山为行军元帅，来伐。仍命高颎节度诸军。景山出汉口，甑山守将弃城遁。明年，陈后主至德元年，隋开皇三年。陈遣使请和于隋，归隋胡墅。高颎乃以礼不伐丧，奏请班师。盖隋是时之志，仅在复消难叛时所失之地而已。

至德三年（585 年），隋开皇五年。梁主萧岿死，伪谥孝明皇帝，庙号世宗。子琮嗣。初尉迟迥等起兵，岿将帅皆密请兴师，与迥等为连衡之势，进可以尽节周氏，退可以席卷山南。岿以为不可。《隋书·柳庄传》：庄仕后梁，为鸿胪卿。高祖辅政，萧岿令庄奉书入关。时三方构难，高祖惧岿有异志，庄还，执手使申意于梁主。庄言于岿曰："尉迥虽曰旧将，昏耄已甚；消难、王谦，常人之下者；非有匡合之才。况山东、庸、蜀，从化日近，周室之恩未洽。在朝将相，多为身计，竞效节于杨氏。以臣料之，迥等终当覆灭，隋公必移周国。未若保境息民，以观其变。”岿深以为然。众议遂止。未几，消难奔陈，迥及谦相次就戮。岿谓庄曰：“近者若从众人之言，社稷已不守矣。”案，高祖初辅政时，未必有篡周之势。庄之说，乃事后附会之谈，不待深辨。梁欲尽节于周，本无此理；即谓欲尽节，在当时，亦岂易辨高祖与尉迟迥等之顺逆邪？然使迥等而成，必不能责萧岿之不协力；岿即与之协力，亦未必能遂据山南；迥等而败，则祸不旋踵矣。利害明白，中智所知，又岂待庄之决策也。开皇二年，隋文帝纳岿女为晋王妃；晋王广，即炀帝。又欲以其子玚尚兰陵公主；由是罢江陵总管，岿专制其国。及琮立，复置总管以监之。后二岁，陈祯明元年（587 年），隋开皇七年。隋征琮入朝，遣崔弘度将兵戍之。军至鄀州，琮叔父岩及弟瓛等虏居民奔陈。宜黄侯慧纪时为荆州刺史，以兵迎之。隋遂废梁国。先是隋已以杨素为信州总管，今四川奉节县。及梁亡，而顺流之势成矣。

祯明二年（588 年），隋开皇八年也。十月，隋置淮南行台于寿春，以晋王广为尚书令。旋命晋王广、秦王俊、文帝第三子。清河公杨素并为行军元帅以伐陈。于是晋王广出六合，秦王俊出襄阳，杨素出信州，荆州刺史刘仁恩出江陵，王世积出蕲春，汉县，北齐以为齐昌郡。韩擒虎出庐江，贺若弼出吴州，燕荣出东海。东魏海州，隋改为东海郡，今江苏东海县。合总管九十，兵五十一万八千，皆受晋王节度。

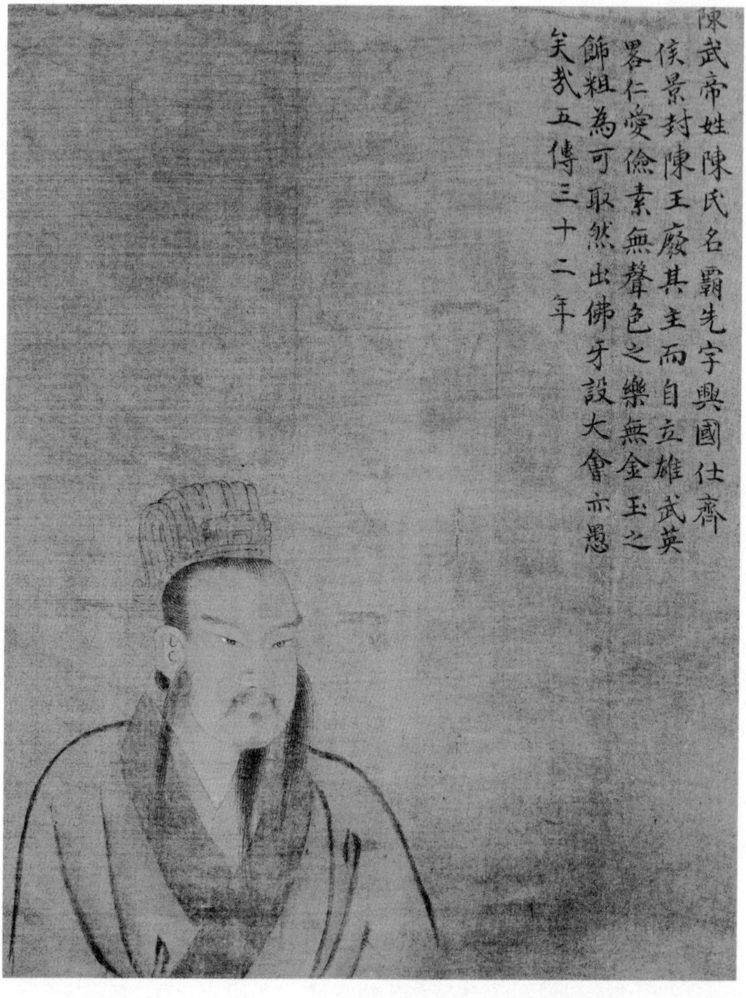
陳武帝姓陳氏名霸先字興國仕齊
侯景封陳王廢其主而自立雄武英
畧仁愛儉素無聲色之樂無金玉之
飾粗為可取然出佛牙設大會亦愚
矣哉五傳三十二年

陈武帝像

选自《历代圣贤半身像》册

佚名 收藏于故宫博物院

陈霸先（503—559年），字兴国，吴兴郡长城县（今浙江长兴）人，南朝陈的开国皇帝，史称陈武帝。他怀有雄心壮志，恭俭勤劳，可谓一代英主。但隋灭陈后，王颁为了替父亲王僧辩报仇（王僧辩被陈霸先诛杀），竟然掘开陈霸先之墓，挖出骨骸，焚化成灰后化水而饮。

萧岩、萧瓛之至也，后主忌之，远散其众，以岩为东扬州，瓛为吴州刺史。使领军任忠出守吴兴，欲以襟带二州。使南平王嶷镇江州，永嘉王彦镇南徐州。皆后主子。寻诏二王赴明年元会，命缘江诸防船舰，悉从二王还都，为威势以示梁人之来者。由是江中无一斗船。上流诸州兵，皆阻杨素军不得至。然都下甲士，尚十余万人。及闻隋军临江，后主曰："王气在此，齐兵三度来，周军再度至，无不摧没，虏今来者必自散。"《南史·施文庆传》曰：时湘州刺史晋熙王叔文，高宗第十二子。在职既久，大得人和，后主以其据有上流，阴忌之。自度素与群臣少恩，恐不为用，无所任者，乃擢文庆为都督、湘州刺史，配以精兵，欲令西上。仍征叔文还朝。文庆深喜其事。然惧居外后执事者持己短长，因进沈客卿以自代。尚书仆射袁宪、骠骑将军萧摩诃及文武群臣共议，请于京口、采石各置兵五千；并出金翅二百，缘江上下；以为防备。文庆恐无兵从己，废其述职；而客卿又利文庆之任，己得专权；俱言于朝曰："必有论议，不假面陈，但作文启，即为通奏。"宪等以为然。二人赍启入白后主，曰："此是常事，边城将帅，足以当之，若出人船，必恐惊扰。"及隋军临江，间谍数至，宪等殷勤奏请，至于再三。文庆曰："元会将逼，南郊之日，太子多从，今若出兵，事便废阙。"后主曰："今且出兵，若北边无事，因以水军从郊，何为不可？"又对曰："如此，则声闻邻境，便谓国弱。"后又以货动江总。总内为之游说。后主重违其意，而迫群官之请，乃令付外详议。又抑宪等。由是未决而隋师济江。《孔范传》云：时孔贵人极爱幸，范与结为兄妹，宠遇优渥，言听计从，朝廷公卿咸畏。范因骄矜，以为文武才能，举朝莫及。从容白后主曰："外间诸将，起自行伍，匹夫敌耳，深见远虑，岂其所知？"后主以问施文庆。文庆畏范，益以为然。自是将帅微有过失，即夺其兵，分配文吏。隋师将济江，群官请为备防，文庆沮坏之，后主未决，范奏曰："长江天堑，古来限隔，虏军岂能飞渡？边将欲作功劳，妄言事急。臣自恨位卑，虏若能来，定作太尉公矣。"或妄言北军马死。范曰："此是我马，何因死去？"后主笑以为然，故不深备。案，史所言施文庆、沈客卿罪状，皆近深文周内。二人者盖文法之吏。凡文法吏，往往不知大局，即遇非常之事，亦以寻常公务视之，此等人吾数见不鲜矣。谓孔范自负才能，亦非其实。如范者，岂知以才能自负？徒知取媚而已。文法之吏，狃于故常；谐臣媚子，惟知谐媚；承当时上下相猜之习，惟求中于时主之心，大兵压境，灭亡在即，而仍无所委任，无所措置，此则当时朝局之真相。故曰：猜忌与荒淫，同为江左灭亡之大原因也。谐臣媚子，惟知谐媚，即国亡家破，彼亦漠然无所动于其中，此真隋文帝所谓全无心肝者。文法之吏，似愈于彼矣，然狃于故常，罔知大局，虽国事由彼而败坏，彼尚以为世运如此，吾之所为固未尝误也。野老早知今日事，朝臣犹护昔年非，处存亡绝续之交，而以国事付诸此等人之手，诚使旁观者不胜其叹息矣。

祯明三年（589 年），隋开皇九年。正月，乙丑朔，贺若弼自广陵济京口。韩擒虎趣横江济采石，自南道将会弼军。丙寅，采石戍主徐子建驰启告变。丁卯，召公卿入议军旅。以萧摩诃、樊毅、鲁广达并为都督。遣南豫州刺史樊猛帅舟师出白下。散骑常侍皋文奏将兵镇南豫州。庚午，贺若弼攻陷南徐州。辛未，韩擒虎又陷南豫州。时樊猛第六子巡摄行州事，及家口并见执。猛与左卫将军蒋元逊、南康嗣王方泰领水军于白下游奕，以御隋六合兵。隋行军元帅长史高颎溯流当之。猛及元逊并降。方泰所部将士离散，乃弃船走。方泰，昙朗子。文奏败还。隋军南北道并进。辛巳，贺若弼进据钟山。初弼镇广陵，后主以萧摩诃为南徐州刺史，委以备御之任。是年元会，征摩诃还朝，弼乘虚济江袭京口。摩诃请兵逆战。后主不许。及弼进军钟山，摩诃又请曰："贺若

玉树新声
选自《帝鉴图说》法文外销画绘本 （明）佚名 收藏于法国国家图书馆
陈后主陈叔宝是南朝陈的末代皇帝，在位期间不务朝政，沉迷诗文和音乐，还亲创《玉树后庭花》等乐曲。祯明三年（589年），隋灭陈，《玉树后庭花》由此成为亡国之音的代名词。晚唐诗人杜牧的《泊秦淮》中有『隔江犹唱后庭花』之句。

弼悬军深入，声援犹远；且其营垒未坚，人情惶惧；出兵掩袭，必大克之。”后主又不许。任忠入赴，后主召摩诃以下于内殿定议。忠执议曰：“客贵速战，主贵持重，宜且益兵坚守宫城，遣水军分向南豫州及京口，断寇粮道。待春水长，上江周罗睺等众军，必沿流赴援。此良计也。”而众议不同。任蛮奴请不战而己渡江攻其大军。司马消难言于后主曰：“弼若登高举烽，与韩擒虎相应，鼓声交震，人情必离。请急遣兵北据蒋山，南断淮水。质其妻子，重其赏赐。陛下以精兵万人，守城莫出。不过十日，食尽，二将之头，可致阙下。”孔范冀欲立功，志在于战，案，此说亦未必实。范在此时，不过束手无策，乃姑徇后主之意请战而已。乃曰：“司马消难狼子野心，任蛮奴淮南伧士，语并不可信。”事遂不行。隋军既逼，蛮奴又欲为持久计。范又奏请作一决：“当为官勒石燕然。”后主从之。案，隋当是时，兵力固较任约、徐嗣徽等为厚，而陈是时兵力，亦远厚于武帝时。武帝之御任约、徐嗣徽，其得策，全在断其后路，而陈此时乃徒为孤注一掷之计，其轻亦甚矣。轻为用兵之大忌，此陈之所以速亡也。甲申，后主遣众军与贺若弼合战。中领军鲁广达陈兵白土冈，居众军之南偏，与弼旗鼓相对。任忠次之。樊毅、孔范又次之。萧摩诃最居北。

▶张丽华像

选自《古代美人图》（清）周培春 收藏于圣彼得堡国立大学图书馆

据载，张丽华头发长七尺，美貌绝世，陈叔宝继位后，她被封为贵妃，深受宠幸。但因恃宠专权，一度控制朝政。隋开皇八年（588年），隋军攻进建康，发现前线的告急飞书竟被陈后主放在张丽华的床头，还未启封。张丽华被俘后，晋王杨广想纳她为妃，元帅长史高颎劝谏说：『武王灭殷，戮妲己。今平陈国，不宜娶丽华。乃命斩之。』于是，晋王杨广便将张丽华斩杀，弃尸青溪中桥。

陳后

众军南北亘二十里，首尾进退，各不相知。广达躬擐甲胄，手执桴鼓，率厉敢死，冒刃而前。隋军退走。逐北至营，杀伤甚众。如是者数四。弼分军趣北。孔范出战，兵交而走。诸将支离，陈犹未合，骑卒溃散，驻之弗止。萧摩诃无所用力，为隋军所执。后同汉王谅反，见杀。弼乘胜至乐游苑。广达犹督散兵力战，不能拒。弼进攻宫城，烧北掖门。广达督余兵苦战，斩获数十百人。会日暮，乃解甲，面台再拜恸哭，谓众曰："我身不能救国，负罪深矣。"士卒皆涕泣歔欷。于是就执。入隋，遘疾不治卒。是时韩擒虎自新林至石子冈。在今江宁县南。任忠驰入台见后主言败状。启云："陛下惟当具舟楫，就上流众军，臣以死奉卫。"后主信之，敕忠出部分。忠辞云："臣处分讫，即当奉迎。"后主令宫人装束以待忠，久望不至。忠乃率数骑往石子冈降韩擒虎。仍引擒虎经朱雀航趣宫城。自南掖门入。台城遂陷。后主闻兵至，自投于井。及夜，为隋军所执。丙戌，晋王广入据京城。三月，己巳，后主与王公、百司，发自建业，入于长安。隋仁寿四年（604 年），十一月，薨于洛阳。隋师之至也，宗室王侯在都者百余人。后主恐其为变，乃并召入，令屯朝堂，使豫章王叔英宣帝第三子。总督之，而又阴为之备。及六军败绩，相率出降。因从后主入关。至长安，隋文帝并配于陇西及河西诸州，各给田业以处之。大业二年（606 年），炀帝以后主第六女女婤为贵人，绝爱幸，因召陈氏子弟尽还京师，随才叙用，由是并为守宰，遍于天下焉。《陈书·世祖九王传》。

隋师之济江也，荆州刺史宜黄侯慧纪率将士三万，船舰千余，沿江而下，欲趣台城。遣南康太守吕肃将兵据巫峡，《南史·慧纪传》。案，巫峡恐系西陵峡之误。杨素击之。肃力战，久之乃败。慧纪至汉口，为隋秦王俊所拒，不得进。闻肃败，尽烧公安之储，伪引兵东下。时晋熙王叔文自湘州还朝，因推为盟主，而叔文已请降于隋矣。水军都督周罗

南朝辟邪兽石雕

南朝螭身盂

睺，与郢州刺史荀法尚守江夏。晋王广遣使以慧纪子正业来谕，又使樊猛喻罗睺。上流城戍悉解甲。慧纪及巴州刺史毕宝巴州，治巴陵，今湖南岳阳县。乃恸哭俱降。罗睺亦降。王世积以舟师自蕲水趣九江。与陈将纪瑱战于蕲口，蕲水入江之口。破之。建业平，世积乃移书告谕。陈江州司马黄偲弃城走。南川守将并诣世积降。杨素兵下荆门，山名，在今湖北宜都县西北，与江北岸虎牙山相对。别遣庞晖略地，南至湘州。刺史岳阳王叔慎，宣帝第十六子。与助防遂兴侯正理诈降，缚晖斩之。招合士众，数日之中，兵至五千人。衡阳太守樊通，武州刺史邬居业武州，今湖南常德县。皆请赴难。隋遣薛胄为湘州刺史，闻庞晖死，请益兵。隋遣行军总管刘仁恩救之。未至，薛胄兵次鹅羊山，叔慎遣正理及樊通等拒之。战，自旦至于日昃，隋兵迭息迭战，正理兵少不敌，于是大败。胄乘胜入城，擒叔慎。时邬居业来赴，刘仁恩亦至。战，居业又败。仁恩虏叔慎、正理、居业及其党与十余人，秦王斩之汉口。叔慎时年十八。初后主除王勇为东衡州刺史，《南史》作王猛，云本名勇。清子。清为新野、东阳二郡太守，文帝攻杜龛，龛告难于清，清引兵援之。欧阳頠初同清，中更改异，杀清而归陈武帝。猛终文帝世，不听音乐，疏食布衣，以丧礼自处，宣帝立，乃求位。见《王淮之传》。领始兴内史，与广州刺史陈方庆共取马靖，祯明二年（588 年），徙镇广州。未之镇，而隋师济江。勇遣高州刺史戴智烈迎方庆，欲令承制，总督征讨诸军事。是时隋行军总管韦洸帅兵度岭，宣文帝敕云："若岭南平定，留勇与丰州刺史郑万顷且依旧职。"方庆闻之，恐勇卖己，乃率兵以拒智烈。智烈与战，败之。斩方庆于广州，虏其妻子。勇又令其将王仲宣、曾孝武迎西衡州刺史衡阳王伯信。文帝第七子。伯信惧，奔清远。汉县，梁置郡，今广东清远县。孝武追杀之。时韦洸兵已上岭。郑万顷初居周，深被隋文帝知遇，万顷随司马消难奔陈。乃率州兵拒勇，遣使由间道降于隋军。而陈将徐憕，以南康拒守，韦洸至岭下，逡巡不敢进。初高凉冼氏，世为南越首领。罗州刺史冯融，治石龙郡，在今广东化县东北。为其子高凉太守宝聘其女为妻。融本北燕苗裔。大父业，以三百人浮海归宋，留于新会。宋郡，今广东新会县。自业及融，三世为守牧。他乡羁旅，号令不行。夫人诫约本宗，使从民礼。自此政令有序，人莫敢违。李迁仕据大皋口，遣召宝，夫人止宝勿往，而自袭破其将杜迁虏，与陈武帝会于灨石。及宝卒，岭表大乱，夫人怀集百越，新州晏然。欧阳纥反，夫人发兵拒境，帅百越迎章昭达。时夫人子仆为石龙太守，诏册夫人为石龙大夫人。至德中，仆卒。陈亡，岭南未有所附，数郡共奉夫人，号为圣母，保境安民。晋王广遣陈后主遗夫人书，谕以国亡，令其归化。夫人遣其孙魂迎韦洸入广州。王勇计无所出，乃降。萧瓛、萧岩拥兵拒守。隋行军总管宇文述讨之。燕荣以舟师自海至。陈永新侯君范，自晋陵奔瓛。瓛战败，彼执。岩、君范降。送长安斩之。南方悉平。